와이미
Why me?

김춘근 지음

베드로서원

와이 미
(Why Me?)

평생동안 나를 위해 희생하고 수고하시다가 지금은 천국에 계신
어머님 김순덕 권사님과 인생 전체를 다 바쳐서 헌신적으로 오늘까지
나를 돕는 나의 사랑하는 연인이요
동반자요 아내인 김성매 집사께 이 책을 바칩니다.

책 머리에

　인류 역사상 지식의 힘(The Power of Knowledge)이 인간성을 변화시켰거나 인간의 영혼을 구원한 사실을 본 일이 있는가, 들은 일이 있는가 또는 그렇게 기록된 것을 읽은 일이 있는가? 한 사건도 없다. 우리는 역사를 통해서 노벨상을 받은 유명한 과학자나 혹은 세계적인 학자라 할지라도 그 지식의 힘으로 인간성을 변화시키거나 인간의 영혼을 구원한 사실이 한 건도 없음을 잘 알고 있다.

　인류 역사상 돈의 힘(The Power of Wealth)이 인간성을 변화시켰거나 인간의 영혼을 구원한 사실을 본 일이 있는가, 들은 일이 있는가 또는 기록된 것을 읽은 일이 있는가? 한 사건도 없다. 세계에서 가장 부자인 빌 게이츠(Bill Gates)가 그 많은 돈을 다 쓴다고 해도 한 사람의 인간성을 변화시키거나 그의 영혼을 구원할 수 없다는 것도 우리는 누구나 다 잘 알고 있다.

　인류 역사상 정치 권력의 힘(Political Power)이 인간성을 변화시켰거나 인간의 영혼을 구원한 사실을 본 일이 있는가, 들은 일이 있는가 또는 기록된 것을 읽은 일이 있는가? 한 사건도 없다. 세계를

와이 미(Why me?)

움직였던 가이사 로마 황제의 그 강한 정치 권력이라 할지라도 인간성을 변화시켰거나 인간의 영혼을 구했다는 기록이 없다. 세계적으로 그렇게 팽창했던 소련 공산주의의 그 무시무시한 정치 권력이 인간성을 변화시켰다거나 인간의 영혼을 구했다는 기록이 없다.

 나는 1988년부터 소련을 방문하면서 소련 공산주의의 정치 권력의 힘이 얼마나 무시무시했던가를 직접 경험했다. 그렇게 대단했던 정치 권력이라 할지라도 1991년 소련 제국이 무너지고 1992년에 러시아와 그 외 14개 국가로 나누어진 지금 러시아는 세계에서 가장 이혼율이 높고, 마피아의 행패, 알코올과 마약 중독 그리고 각종 범죄 사건 등 사회악이 극에 달한 것을 보고 있다. 정치 권력이 인간성을 변화시킬 수 있다면 공산주의가 망한 후 러시아가 왜 그렇게도 무서운 인간 타락을 경험하고 있겠는가? 세계 국가들 중에서 유일한 슈퍼 파워 미국의 클린턴 대통령이라 할지라도 그 정치 권력으로 내 인간성을 변화시킬 수 없고 내 영혼을 구원할 수 없다.

 그러나 인류 역사상 오직 성령 충만의 능력만이 인간성을 변화시킬 수 있고 인간의 영혼을 구원할 수 있다. 우리는 이것을 직접 경험했고, 보았고, 들었고, 기록을 통하여 읽었다. 나도 그 중 한 사람임을 고백한다. 특별히 나는 지식의 힘을 철저하게 믿고 지독하게 노력하며 살았던 사람이다. 그런 나를 성령님께서 변화시키셨다. 그리고 성령의 능력이 나로 하여금 주 예수 그리스도를 나의 구주, 나의 하나님으로 영접하게 하셨다. 그 후 나는 오직 하나님의 은혜로 인하여 믿음으로 말미암아 구원의 확신을 얻었고 하나님의 능력 안에서 세상의 어떤 힘도 감당할 수 없는 놀랍고 풍성한 삶을 살고 있다.

책 머리에

이 책은 성령님께서 나를 어떻게 변화(transformation)시키셨고, 나를 변화시키신 후 나의 자신과 가정과 교회와 사회와 나라와 세계를 위해서 지금까지 내 삶을 어떻게 인도해 오셨고 인도하고 계시는지를 구체적으로 기록한 것이다. 나는 이 책에 나의 변화되기 전과 변화된 후의 삶을 적나라하게 적는데 최선을 다했다.

아직도 하나님과 예수님과 성령님을 모르는 사람들에게는 이 책을 통해서 꼭 예수님을 구주로 영접함으로 구원을 얻을 뿐만 아니라 넘치도록 풍성한 그리스도인의 삶을 살게 되기를 바라며, 이미 예수님을 구주로 영접했고 중생의 경험이 있으나 아직도 그리스도인으로서 초자연적인 삶을 살지 못하는 성도들에게는 이 책이 삶에 큰 도전이 되기를 바라는 마음 간절하다.

이 책은 지금까지 13년 동안 전 미국과 세계 많은 나라들로부터 나의 간증과 체험을 꼭 책으로 써서 더 많은 사람들 특히 많은 젊은 이들이 은혜를 받을 수 있도록 했으면 좋겠다는 권고를 받고 몇 년 전에 시작한 것인데 이제야 발간되게 되었다.

제1권 '와이 미(Why me?)'에는 내가 하나님과의 관계 속에서 경험한 나의 삶을 기록했고, 앞으로 발간할 예정인 제2권 '한 번 사는 인생 어떻게 살 것인가?(One Life to Live)'는 미국과 세계를 향한 하나님의 비전을 기록하려고 한다. 그리고 이 두 권의 책이 영어로도 곧 출간될 것이다.

이 책이 발간되기까지 많은 분들이 수고해 주셨다. 내 아내는 내가

와이 미(Why me?)

말씀을 전할 때 녹음한 테이프를 몇 달에 거쳐 일일이 노트에다 다 풀어서 기록해 주었고 또 많은 조언을 해 주었다. 나는 아내가 수고해서 만들어 준 그 노트를 기초로 해서 이 책을 쓸 수 있었다. 내가 책을 쓸 수 있도록 기초를 만들어준 아내의 고마움을 잊을 수 없다. 나는 32년 동안이나 한국어로 책이나 논문을 쓴 적이 없기 때문에 250페이지나 되는 책을 한글로 쓴다는 것은 너무나 힘든 일이었다. 어떤 때는 말하고 싶은 것을 글로 정확하게 표현하기가 어려워서 많은 고충을 겪기도 했다. 사실 나는 이 책을 탈고하면서 원고 전체를 두 차례나 직접 손으로 써야만 했다.

하나님의 크신 은혜로 몬트레이 소재 미국방성 언어학교(Defence Language Institute)에서 스텝으로 일하는 우리 교회 이원신 집사님께서 내 원고를 자진해서 한글 컴퓨터로 타이프해 주셨다. 몇 번이나 교정을 했는데도 끝까지 성실하게 최선을 다해서 이 일을 마쳐 주셨다. 이 집사님의 이 일에 대한 헌신과 수고에 충심으로 감사를 드린다. 또 현재 JAMA에서 나와 함께 생명을 바쳐 동역하고 있는 강운영 형제가 밤을 새워 원고를 일일이 읽으면서 마지막 손질을 해 주었고, JAMA 스텝인 데보라(Deborah)가 많은 도움을 주었다. 특히 내 원고를 읽고 베드로서원을 소개해 준 한순진 목사님 그리고 이 책을 기꺼이 출판해 주신 베드로서원 한영진 사장님과 직원 여러분께 충심으로 감사를 드린다.

사실 나는 이 책을 나의 심장으로 썼다. 하나님께서 내 삶 속에서 행하신 일을 나눔으로 하나님께서는 영광이 되고 독자들에게는 은혜와 격려와 도전이 되기를 소망한다. 끝으로, 나는 이 책에서 나오는 모든 이익금을 우리 젊은이들과 후손들의 장래를 위해서 JAMA 기금으로 쓸 것이다. 이것이 하나님께서 주신 JAMA의 비전(Vision)을 온전히 이루는데 밀알이 되기를 기도한다.

차 례

와이 미
(Why me?)

책 머리에 ··· 5

제1부 하나님의 사랑

1. 왜 하필이면 나입니까? ························ 15
2. 빅 베어 마운틴(Mt. Big Bear)에서 ············ 21
3. 하나님의 음성과 비전 ························· 43
4. 응답받은 기도 ································· 48
5. 완전 건강 회복 ································ 56
6. 체험 ·· 63
7. 콧수염 ·· 71

제2부 풍성한 삶

1. 진리가 너희를 자유케 하리라 ················· 81
2. 복받는 가정 -부부- ··························· 96
3. 복받는 가정 -자녀- ·························· 111
4. 너는 가라, 알라스카로 ······················· 143
5. 교회를 통한 풍성한 삶 ······················· 173
6. 알라스카 요셉의 꿈 ·························· 200

제1부 하나님의 사랑

왜 하필이면 나입니까?

사형선고

1976년 여름이었다. 방학을 잘 마치면서 새 학기 강의를 준비하는 무렵 내 몸에 이상이 왔다. 아침에 일어나기가 싫고 늘 피곤을 느끼며 배가 점점 단단해지면서 자리에 반듯이 눕게 되면 마치 고무풍선을 타고 올라가는 그런 기분이었다. 처음에는 담석 때문에 그런 줄 알았다. 의사도 여러 가지 진단 결과 담석증으로 결론을 내리고 병원에 입원하여 수술을 하자고 했다. 그러나 수술 바로 전에 다시 내 피를 정밀하게 조사를 한 결과 의사는 간이 너무 나빠져서 수술을 할 수 없다고 했다.

나는 몹시 실망했다. 담석을 떼어내고 속히 건강을 회복하여 대학 강의를 다시 계속하려고 했는데 간이 좋지 않아 수술을 못한다고 하니 실망할 수밖에 없었다. 의사는 나를 병원 4층에 올려 보내어 간검사(liver scanning)를 하고, 티슈를 꺼내어 검사도 하고, 많은 엑스레이도 찍고…, 또 피검사를 더하기 위해 피를 뽑아갔다. 3일 후 간

와이 미(Why me?)

전문의사 두 사람과 우리 가정의사(family doctor)는 나를 응급실에 뉘어 놓고 모든 진단의 결과를 그대로 말해 주었다.

"당신은 간이 두 배로 되었습니다. 간이 완전히 쏘로씨스(cirrhosis)로 악화되어(deteriorated) 그 기능을 잃었으며 회생이 절대로 불가능합니다. 악성 간경화이므로 수술할 수도 없고 당신은 일 년 안에 죽습니다."

청천벽력의 사형 선고를 받았다. 그날이 10월 1일이었다. 내 나이 37세였다. 나는 의사의 말이 사실같이 들리지 않았다. 담석 수술하러 병원에 입원하였다가 이제는 의학적으로 치료가 절대 불가능한 간병으로 둔갑하여 일 년 안에 죽는다는 쇼킹한 뉴스(Shocking News)를 들은 것이다. 믿어 지지가 않았다. 나는 응급실 밖에서 초조하게 기다리는 아내에게 이 비참한 소식을 직접 말할 수가 없어서 우리 가정의사에게 부탁했다. 의사 웨이클린(Dr. Wakelin)이 응급실 문을 열고 나가서 내 아내에게 내 병을 소상하게 알려 주었다. 조금 후에 밖에서 아내의 비통한 목소리가 들려왔다.

"노(No)!!"

얼마나 기가 막혔겠는가? 나의 가슴은 찢어지듯 아팠다. 나는 미국에 와서 박사학위를 받고 미국 대학교에서 유명한 교수가 되어 보겠다는 청운의 꿈을 품고 사랑하는 아내와 함께 단돈 2백 불과 가방 셋을 가지고 미국에 도착했다. 공부가 생명보다 귀하다고 생각할 정도로 악착같이 공부하여 한국 사람 1세로서, 아니 동양 사람 1세로서 누구도 하지 못한 미국 정치학(정책을 중심으로)을 전공하여 학위를 받았다. 그리고 108대 1의 경쟁을 물리치고 1973년 1월부터

L.A. 북서쪽 아름다운 바닷가 언덕에 자리잡은 유명한 사립대학인 페퍼다인 대학교(Pepperdine University)에서 조교수로 강의를 시작했다. 1976년 봄 교수가 된 지 4년만에 내가 가르치던 페퍼다인 대학교에서 전체 학생들의 투표를 거쳐 최우수 교수상(The most outstanding faculty)을 받게 되었다. 그 해 여름에 8살 된 딸 샤론(Sharon)과 2살 배기 아들 폴(Paul) 그리고 아내와 함께 '그 많은 고생 끝에 우리가 이제는 미국에서 잘 살게 되었구나' 생각하며 여름방학을 재미있게 보냈다.

그런데 내 인생을 보장 받은 탄탄 대로를 걸어가는 기쁨을 길게 누리기도 전에 그만 인생의 막을 내리라고 하니 그 비통함은 이루 다 형용할 수가 없었다. 의사들에 의하면 간에 전혀 성한 곳이 없기 때문에 수술할 수도 없고 의학적으로는 치료가 절대 불가능하니 이제 집에 돌아가서 잘 쉬라는 것이었다. 사실은 죽을 날만 기다리라는 말이었다.

◆아프기 전 김춘근 교수, 가족들과 함께

와이 미(Why me?)

투병

　큰 방망이로 얻어 맞은 기분으로 병원을 나서야 했던 그날, 나는 아내에게 아무런 말도 할 수가 없었다. 그 많은 고생과 희생을 감수하면서 남편을 뒷바라지하여 이제는 학위를 받고 교수가 되어 살만하게 되자 남편이 일 년 안에 죽는다니 얼마나 기가 막혔겠는가? 아내의 모든 꿈도 이 혹독한 현실 앞에서 다 산산이 부서지고 말았다. 그토록 고생한 아내가 생각할수록 불쌍하고 미안했다. 나는 살고 싶었다. 병원에서 퇴원하여 아파트로 돌아왔다. 나는 너무 피곤하여 집에 들어 오자마자 응접실에 있는 소파에 누웠다. 마침 딸이 TV를 보고 있었는데 그 영화에 나오는 여자 주인공이 간암으로 죽는 장면이 나왔다.

　그 장면은 나에게 굉장히 큰 심리적 자극을 주었다. 나도 저렇게 죽는가 보다 생각되었다. 그날 밤 교회 목사님께 내 사정을 알리고 성도들의 기도를 부탁했다. 병세는 점점 악화되기 시작했다. 입맛도 완전히 잃었다. 그렇게 좋아하던 고기 냄새와 김치 냄새도 이제는 맡으면 구토증이 났다. 체중은 165파운드에서 127파운드로 38파운드가 줄고 배는 만삭된 여인처럼 팽팽하게 늘어났다. 간이 완전히 악화되어 제 기능을 발휘하지 못함으로 피는 독소로 점점 탁해지고, 피부는 독이 퍼져 가려워서 견딜 수가 없었다. 이러한 과정에서 나는 깊은 밤 아내가 옆방에서 흐느끼며 기도하는 소리도 들었고, 어린 딸과 아들은 아버지가 어떻게 될 줄도 모르고 쌕쌕거리며 자는 모습도 보았다. 가슴이 메어지듯 아프고 한스러웠다.

"하나님, 와이 미?(Why me?) 왜 하필이면 나입니까? 제가 무엇을 얼마나 잘못하고 무슨 죄를 지었기에 이 젊은 나이에 이렇게 비참하게 죽어야 합니까?"

나는 하나님께 울부짖었다. 내 마음은 하나님에 대한 원망과 반항심으로 꽉 차 있었다.

아주 친한 미국 친구 에드워드 홀(Mr. Edward Hall) 부부가 내 소식을 듣고 찾아와(그 분들은 평생 잊을 수 없는 참 크리스천의 사랑을 우리 가족에게 베풀어 준 분들이다) 자연음식요법으로 암도 낫는다고 설명하면서 L.A. 서쪽 싼타 모니카(Santa Monica)에 있는 한 클리닉(clinic)을 소개해 주었다. 아내는 나를 데리고 즉시 그곳을 찾아갔다. 우리는 제2의 의사 의견(second opinion)도 듣고 싶었다. 하터(Dr. Brad Harter)라는 의사가 나를 진찰한 후 실험실(laboratory)에 가서 피검사와 오줌검사를 하라고 하면서 며칠 후 그 테스트 결과를 놓고 상의하자고 했다. 우리는 며칠 후에 의사 사무실에서 의사 하터(Dr. Harter)를 만났다.

"당신의 몸 안에는 지금 1%의 에너지도 없습니다. 지금 당신이 살아 있는 것도 기적입니다. 당신은 정신력이 대단한 사람입니다. 당신의 간은 이미 회복될 수 없는 단계로 들어갔습니다(beyond abnormal). 나는 지금까지 당신 같은 컨디션에서 산 사람을 본 일이 없습니다. 당신의 경우는 오직 기적으로만 나을 수 있습니다. 하여튼 최선을 다해 봅시다."

그는 자기도 크리스천이라고 하면서 기도까지 해 주었다. 아내는 최선을 다하여 시간에 맞추어 나에게 식이요법을 적용하기 시작했

와이 미(Why me?)

다. 그러나 무엇보다 어려웠던 것은 물 한 모금만 마셔도 배가 터질 것 같아서 도무지 아무것도 마실 수가 없었다. 자연 음식이라 해도 섭취하기가 너무 고통스러웠다. 나는 모든 고통을 견디며 특별 자연산 비타민 종류를 음식 대신으로(Food Supplement) 하루에도 수차례씩 섭취했다. 그러기를 7개월…. 그 당시에는 의사 하터(Dr. Harter)가 처방한 식이요법도 나에게 아무런 도움이 못 되었다.

빅 베어 마운틴(Mt. Big Bear)에서

매어 달림

만약에 인간을 창조하신 분이 하나님이시고 또 정말 나를 만드신 분이 하나님이시라면 내가 죽으면 이 젊은 나이에 왜 죽어야 하는지, 나의 병을 고쳐서 다시 살게 하실 수는 없는지 이제는 하나님께 매달릴 수밖에 없다고 결심했다. 어차피 죽을 몸 하나님께로부터 응답을 받을 때까지는 절대로 산을 내려오지 않겠다는 비장한 결심을 하고 얍복강의 야곱과 같은 각오로 자동차로 두 시간 반을 달려 L.A. 동쪽에 있는 빅 베어 마운틴(Mt. Big Bear)에 올라갔다. 나는 그 곳에서 조그마한 케빈(cabin)을 빌려 거기에 머물면서 기도를 시작했다. 그날이 1977년 6월 18일 이었다. 병든 남편을 그곳에 혼자 두고 가는 아내의 심정은 어떠했을까? 처음에는 기도가 되지 않았다.

'내가 죽으면 아내와 자식들은 어떻게 살아야 하나?' '학교의 보험금과 퇴직금으로 살 수 있을까?' '한국에 계신 어머님은 어떻게 될까?' 등 착잡한 생각들이 나의 마음을 사로 잡았다.

와이 미(Why me?)

"하나님, 내가 죽으면 내 가족은 어떻게 합니까? 한국에서는 발을 붙이고 살 수가 없어서 아내와 함께 돈 2백 불과 가방 셋을 가지고 유학 와서 갖은 고생 끝에 박사학위를 받고, 심한 경쟁을 물리치고 대학의 교수로 임명받아 이제는 최우수 교수로까지 선정되었습니다. 또한 교회의 집사로서 내 나름대로 최선을 다하여 주님을 섬기면서 이 미국 땅에서 잘 살아보려고 하는데, 하나님 왜 제가 이렇게 비참한 병으로 죽어야 합니까?"

나는 하나님께 울부짖었다. 소리를 질러도 힘이 없어 목소리는 고작 새소리 정도였다. 너무나도 약한 상태였다. 몸은 가려워서 견딜 수가 없었다. 가려운 데를 긁으면 핏자국이 생기고 피가 나기도 했다. 배는 만삭된 여인의 배 같기도 하고, 바람이 꽉 찬 고무풍선 같기도 했다. 배가 너무도 팽팽해서 숨쉬기조차 어려웠으며 물 한 모금을 마시기에도 너무 힘이 들었다. 간이 지독하게 아파 오기 시작했다. 피곤하여 반듯이 누우면 온몸이 고무풍선 같이 올라가는 것 같고, 좌우 옆으로 누우면 큰 배가 밑으로 처지면서 지독히 아프고, 그렇다고 해서 배를 깔고 누우면(up-side down) 배가 터질 것 같으니 참으로 시간 시간이 괴로웠다(I was totally restless in pain).

"내가 고통 중에 여호와께 부르짖었더니…"(시편 118:5).

갑자기 시편이 읽고 싶어졌다. 나는 아픔을 견디며 시편을 읽기 시작했다. 그러는 중에 하나님께서는 시편을 통해서 나에게 인간의 오욕칠정을 적나라하게 보여 주셨다. 죽음의 계곡을 거닐면서, 또 죄의 고통을 견디지 못해 하나님께 울부짖던 다윗…, 또 한편으로 하나님께 감사와 승리의 찬양을 부르던 그의 모습들을 보면서 나는 내 자신

빅 베어 마운틴(Mt. Big Bear)에서

을 비춰 보게 되었다. 나는 시편을 읽으면서 마음에 큰 감동과 충격을 받았다.

영혼의 독소

 육일째 되는 날이었다. 자정이 지나고 새벽 1시쯤 되었던 것 같다. 머리가 견딜 수 없이 아프고 숨이 가쁘면서 심장이 터질 것 같은 심한 고통이 왔다. 몸에 열도 느껴졌다. 가슴이 터질 것 같아 견딜 수가 없어서 담요를 두르고 밖으로 나갔다. 초여름이었지만 6천 피트가 넘는 빅 베어 마운틴의 밤은 제법 쌀쌀했다. 약 1백 피트(feet) 남짓 떨어진 곳에 큰 나무가 넘어져 있었다. 나는 기다시피 걸어가서 그 나무를 붙잡고 앉았다. 기도를 시작했다. 나는 마음 속에 쌓였던 모든 것들을 다 내 놓고 하나님께 울부짖어 기도했다.
 "하나님, 나를 불쌍히 보시고 자비와 긍휼을 베풀어 주시옵소서. 하나님께서 우리를 미국에 보내 주셔서, 그 모든 역경을 이기고 열심히 노력하여 학위를 받고 이제 대학 교수가 되었습니다. 하나님께서 귀한 자녀도 선물로 주셔서 아름다운 가정도 이루었습니다. 또 한 교회 집사로서 하나님을 섬기게 하셨습니다. 이제는 많은 사람들이 나를 크리스천인 줄 아는데 이렇게 비참하게 죽으면 지금까지 쌓아온 제 모든 지식과 재능이 헛되이 버려질 뿐만 아니라 하나님께도 영광이 되지 않습니다. 하나님, 한 번만 살려주십시오."
 나로서는 마지막 궁지에서 어쩔 수 없어 부르짖는 기도였다. 그러

와이 매(Why me?)

나 이 기도가 하나님이 원하시는 기도는 아니었다. 그것은 인간의 이성(reason)에서 나오는 지극히 이기적인 기도였다. 나는 그때 영어로 기도했었는데 이 기도가 끝나자마자 하나님의 강한 말씀이 내 입술을 통해 영어로 튀쳐 나왔다(I uttered His word through my mouth!).

"Don't you know that you are dying because of the toxins in your soul rather than the toxins in your blood which is physically killing you?" (네가 네 피 속에 있는 독소 때문에 육체적으로 죽어가는 것은 사실이지만 진정 네가 영혼 속에 있는 독소 때문에 죽어가는 것을 모르느냐?)

너무나도 엄청난 충격과 도전이었다. 영어로 기도하면 영어로 응답하시고, 한국말로 기도하면 한국말로 응답하시는 하나님. 세계 어느 민족의 말로 기도해도 이 세상에서 가장 유명한 어떤 언어학자보다도 더 분명히 이해하시고 응답하시는 전지전능하신 하나님이신 것을 깨달았다. 박사, 교수인들 무슨 소용이 있는가? 하나님의 뜻을 헤아려 기도할 줄도 모르는데…. 하나님의 뜻에 맞는 기도를 해야지 하나님이 원하시는 기도를 하지 못하니까 하나님이 답답하셔서 내 입을 열어서 직접 말씀하신 것이었다. 기도 중에 하나님께서 강하게 지적하신 영혼의 독소는 분명히 죄의 문제였다.

이 하나님의 말씀이 내 입술에서 떨어지자마자 내가 지금까지 지은 모든 죄가 하나하나 TV 스크린과 같이 내 눈 앞에 환상으로 펼쳐

빅 베어 마운틴(Mt. Big Bear)에서

지기 시작했다. 추상적으로가 아니라 구체적으로, 너무나도 분명하게 나의 모든 죄가 하나하나 내 눈 앞에 나타난 것이었다.

회칠한 무덤

나는 비교적 그리고 상대적으로 다른 사람들보다는 더 도덕적이고, 윤리적이며, 신앙적인 사람이라고 늘 생각하면서 큰 죄나 많은 죄를 지었다는 느낌 없이 합리적으로 살아왔었다. 한국에서는 대학 시절 기독학생회 회장도 지냈다. 3·1 장학금을 받으면서 4년 동안 특대생으로 공부하기도 했다. 졸업할 때는 총장상도 받았다. 도덕재무장운동(MRA)도 열심히 하면서 불의한 것을 보면 참지 못하고 크게 도전을 하기도 했다. 한편으로 교회에서는 주일학교 교사, 성가대원, 청년회 회장으로 열심히 활동했고, 24세의 총각으로 집사까지 지냈다. 미국에 와서도 학교, 도서관, 교회, 가정밖에 몰랐다. 좋은 가장으로, 성실한 교수로, 그리고 열심 있는 집사로 큰 과오 없이 비교적 깨끗하게 살아왔다고 자랑스럽게 생각하고 있었다.

나는 내 신앙이 약하다고 생각하지 않았다. 가끔은 하나님을 사랑한다고 고백하기도 했다. 그 많은 부흥회를 통하여 회개도 많이 했다고 생각했으며, 비교적 다른 교인들보다는 더 열심히 교회 활동도 했고, 봉사도 했다고 자부했었다. 또 모든 성실과 충성으로 가정생활과 교수생활을 해왔다고 생각했었다. 1975년에는 L.A. 모 교회에서 만 35세의 나이에 장로 피택까지 받은 일도 있었다.

와이 미(Why me?)

그러나 나를 하나님 앞에서 완전히 열어 놓고 보니 회칠한 무덤과 같았다. 나는 너무나도 더러운 나를 발견했다. 내 눈 앞에 비치는 죄는 일일이 열거할 수 없을 만큼 많았고 더러웠다. 하나님께 지은 많은 죄 뿐만 아니라 어느 때 누구에게 무슨 잘못을 했는지 사람들에게 지은 죄까지도 하나하나 다 보여지기 시작했다. 내 자신이 그렇게 더러운 죄인인 줄은 정말 예전엔 몰랐다.

사도 바울의 고백인 '죄인 중의 괴수' 라는 표현이 나를 두고 한 말이었다. 나는 정말 '괴수 중의 괴수' 였다. 교만함, 열등의식에서 오는 많은 질투와 미움, 정욕의 죄, 욕심, 내 마음대로 내 중심대로 살았던 이기적인 삶의 태도, 불평과 불만 그리고 아내와 자녀들에게 잘못한 것들, 교인들과 친구 교수들과의 관계에서 가졌던 우월감과 이기심…. 하나님께서 내가 지금까지 지은 모든 죄들을 추상적이 아니고 구체적으로 하나하나 지적하셨다. 내가 병원에서 아르바이트를 하면서 늘 만졌던 시체들 보다도 더 추잡한 죄인의 모습이었다. 수술실에서 일할 때 그렇게도 냄새가 나고 더럽게 보였던 환자들의 피보다 더 더러운 나의 모습이었다. 참으로 내 마음과 영혼은 완전히 죄로 더럽혀져 있었다.

나중에 이 죄들을 하나하나 구체적으로 처리하기 위하여 그 목록을 적었는데 무려 52페이지나 되었었다. 그 날 하나님께서 나의 참 모습을 보여 주시기까지 나는 내가 그렇게도 교만하였는지를 몰랐다. 그리고 나는 그 날 하나님께서 제일 싫어하는 죄가 교만의 죄인 것도 깊이 깨달았다.

사실 나는 나의 실력과 내가 최선을 다하여 얻은 결과를 모두에게

빅 베어 마운틴(Mt. Big Bear)에서

보여주고 싶었었다. 그래서 나는 미국에 와서 한국인 1세로서 그 누구도 하지 못한 미국 정치학 학위에 도전했던 것이다. 미국 학생들과도 심한 경쟁을 했었다. 미국 정치학을 전공하기 위해서는 미국의 역사, 사회, 경제 그리고 헌법의 배경을 알아야 했기 때문에 전공 과목 외에도 이 모든 분야를 더 공부해야만 했었다. 나는 나에게 주어진 환경 속에서 인간으로서 할 수 있는 최선을 다하여 공부했었다(I have done everything humanly possible). 따라서 공부를 좀더 열심히 했었더라면 하는 후회는 조금도 없다. 나는 공부하면서 78시간 동안 3일 밤낮을 1분도 자지 않고 꼬박 새우면서 연구하고 페이퍼를 쓰기도 했다. 하루 동안 꼬박 앉아서(20시간 이상) 공부하는 것은 보통이었다. 미국 정부(American Government)를 전공하여 석사 학위를 마치고, 미국 정치학(정책을 중심으로)으로 박사학위를 받는 6년 동안의 지독한 공부 과정에서 나는 매일 평균 3시간 반 정도밖에 잠을 자지 못했다.

우리는 L.A. 지역에서 2년 반을 자동차 없이 살았다. 아마도 L.A. 지역에 사는 한국 사람 중에서 2년 반 동안을 자동차 없이 생활한 사람은 없을 것이다.

나는 공부를 시작하기 바로 전에 생계 유지를 위해서 당분간 L.A. 근교 북쪽에 위치한 글랜데일 커뮤니티 병원(Glendale Community Hospital)에 청소부(janitor)로 취직한 일이 있었다. 내 아내의 친척 되는 사람이 소개해 주었다. 나는 최선을 다하여 열심히 병원 청소를 했다. 청소를 제일 잘 한다는 칭찬을 받기도 했다. 그전에는 2개월 동안 L.A. 시내 위험한 지역 주유소에서 자동차에 기름 넣는 일을

와이 미(Why me?)

하기도 했다.

한번은 아내의 친구 남편이 나에게 가발 가방을 주면서 흑인촌에 가서 가발을 팔면 큰 이익을 남길 수 있으니 나더러 가발 장사를 시작하라고 강하게 권한 적이 있었다. 나는 할 수 없이 가발 가방을 들고 버스를 타고서 흑인촌으로 가발을 팔러 갔다. 나는 사거리 모퉁이에 서서 생각했다.

'내가 미국에 왜 왔는가?'

나는 발길을 돌려 버스를 타고 다시 되돌아왔다. 그 친구는 나에게 핀잔을 주었다. 나는 그 모든 모욕을 다 참으며 마음 속으로 다짐했다.

'나는 공부하러 미국에 왔다. 죽으나 사나 그 길로 가야 한다'고 결심했다.

나는 그 무렵 공부하면서 여름방학에는 일주일 60시간씩 병원에서 일하고 학기중에는 20시간씩 일을 했다. 병원에서는 청소 뿐만 아니라 죽은 시체를 시체실로 옮기는 일도 많이 했다. 처음에 있었던 일이다. 밤에 부엌에서 청소를 하고 있는데 윗층에서 간호원이 불러서 올라갔다. 간호원이 환자실에 있는 시체를 운반대에 옮겨 시체실로 옮기자는 것이었다. 소름이 끼치고 몹시 언짢았다.

"춘(Choon), 너는 머리를 들어라. 나는 다리를 들 테니 이 시체를 거니에 옮기자."고 했다.

나는 도저히 시체 머리를 들 수 없었다.

"내가 다리를 들테니 머리를 들어라."

하고 나는 위치를 바꾸었다. 하여튼 시체를 들고 4층 냉장이 되어 있

빅 베어 마운틴(Mt. Big Bear)에서

는 시체실로 갔다. 문을 여니 찬 바람이 온몸을 오싹하게 했다. 기분이 정말 좋지 않았다. 시체를 다시 알미늄으로 된 시체관에 옮긴 다음 시체 발목에다 I. D.(Identification)를 달아서 냉장고 속에 집어 넣었다. 나는 빨리 나오고 싶었다. 운반대를 끌고 서둘러 나오니까 같이 갔던 간호원이 웃으면서 나에게 "무서웁냐."고 물었다. 평생 처음으로 시체를 직접 치워 봤다고 했더니 점점 익숙해지면 아무것도 아니라(It's a piece of cake)고 했다.

이상하게도 환자는 대부분 밤에 죽는 것 같다. 내가 일하는 밤에는 꼭 시체를 치웠는데 정말 나중에는 간호원 말과 같이 별로 어려운 일도 아니었고 인간이 죽으면 결국 그렇게 허무하게 끝나는 것을 보면서 많은 것을 느끼기도 했다.

아내는 이렇게 고생하며 공부하는 내가 보기에 너무 딱하였는지,
"여보, 한국에 돌아갑시다."
하면서 많이 울기도 하였다. 아내는 딸 샤론(Sharon)을 내가 일하던 병원에서 낳았다. 산후 몸조리도 제대로 못한 채 같은 병원 회계실 (accounting office)에서 회계사무원으로 일을 시작해야만 했다.

우리는 자동차가 없었으므로 병원 맞은편에 있는 아파트로 이사했다. 처음에는 스튜디오(studio: 침실이 따로 있지 않고 낮에는 응접실로 사용하고 밤에는 벽 클로셋(closet)에서 침대를 꺼내어 침실로 사용하는 단칸 아파트)에서 살다가 나중에는 방 하나 있는 아파트(one bed room apartment)로, 그리고 6년 뒤 아들 폴(Paul)을 낳은 후에는 방 둘 있는 아파트(two bed room apartment)로 옮겼다. 나는 스튜디오에서 갓난 아이와 같이 생활하면서 공부할 수가 없었기에 병원

와이 매(Why me?)

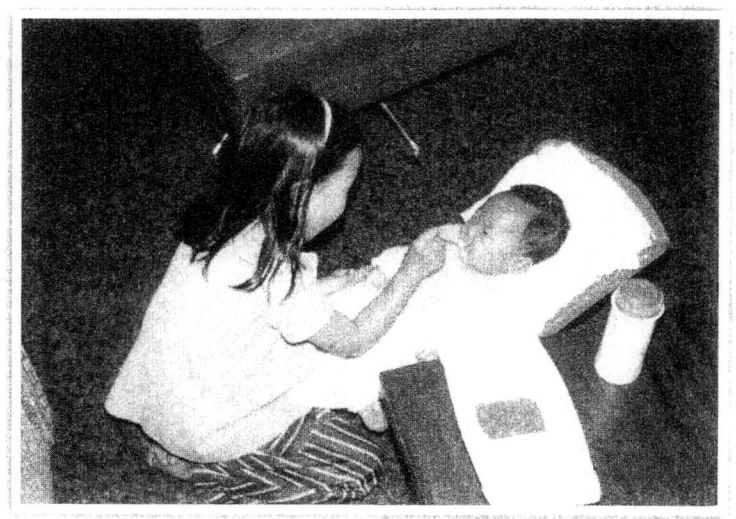

♦2bed아파트에서 살던 시절 딸 샤론과 아들 폴

도서실에서 수많은 밤을 꼬박 새우며 공부해야만 했다.

　처음 3개월 동안은 밤에만 일했다. 학기가 시작된 후부터는 주중에는 파트 타임(part-time)으로 일하고, 주말이면 밤일을 했다. 다행히 의사들이 나를 좋아해서 나중에는 수술실에서만 일하도록 배려해주었다. 많은 의사들이 의과 대학을 가라고 권하기도 했지만 미국 정치학을 전공하고 싶다는 나의 마음은 변함이 없었다.

　밤을 새워 병원 도서실에서 공부하다가 새벽 6시쯤이면 잠시 집에 다녀와서 다시 수술실의 수술 준비를 도왔다. 수술실에서 일하는 날에는 오전 7시부터 오후 1시 반까지가 근무 시간이었다. 나는 일을 마치기가 무섭게 10블럭을 걸어가서 오후 2시 버스를 타야 했다. 그

빅 베어 마운틴(Mt. Big Bear)에서

것도 두 번을 갈아 타고 남가주대학교(University of Southern California)에 가서 강의를 들었다. 그리고 강의가 끝나면 도서관으로 가서 예·복습을 했다.

아내는 많은 밤을 내 페이퍼를 타이프 하는데 시간을 보냈다. 내가 타이프를 잘 못치기 때문에 내 박사 논문만 제외하고는 그 수많은 리뷰(review)와 페이퍼(paper)와 논문들을 다 내 아내가 타이프를 쳤다. 지금은 앤틱(antique)으로 박물관에나 있을 구형 Smith Corona로 '딱딱딱' 소리를 내면서 아내는 그 많은 밤들을 지새우며 타이프를 쳤다. 그리고 아침 8시면 딸을 베이비 씨터(baby sitter)에게 맡기고 병원에 일을 나갔다. 우리는 최선을 다하여 지독하게 노력했다. 나는 그 때까지 내가 제일 좋아했던 '精神一到 何事不成'이라는 신념을 가지고 살았다. 그리고 늘 '최선을 다하자(Why not the best?)'라는 원칙 위에 최선을 다해서 모든 일을 하려고 노력했다.

그 결과 박사 논문 쓰기 전에 3일(총 18시간)간에 걸쳐 치루는 박사 자격 필답시험(qualifying Exam)에서 가장 우수한 답안지

◆USC에서 공부하던 시절

와이 미(Why me?)

를 제출했다고 해서 내 답안지가 1년 동안 우리 단과대학의 모범답안지로 진열되기도 하였다. 그것도 그럴 것이 그 박사 자격 필답시험을 위해서 20년 동안 출제되었던 문제들을 중심으로 4천 페이지의 예상문제를 준비하여 거의 외우다시피 공부했으니 답안지가 잘 나올 수밖에 없었다. 외국 학생이지만 가장 우수한 성적으로 미국 정치학을 공부했다는 칭찬을 받았다.

그런 까닭에 정식으로 학위를 받기도 전인 1973년 1월 나를 가르쳤던 7명의 교수들이 나를 적극적으로 추천해 주어서 108대 1의 경쟁을 물리치고 페퍼다인 대학교(Pepperdine University) 조교수로 뽑히게 되었다. 나는 그 대학에서 교수를 시작한 지 만 4년이 되기 전에 매년 1명을 선정하여 표창하는 그 대학교 최우수 교수로 선정되었고, 또 내 분야는 특히 그 당시에 국가적인 큰 관심거리였던 동력자원 정책과 환경 정책이었으므로 많은 논문 발표와 스피치를 하게 되어 많은 인기를 얻게 되었다. 이렇게 노력해서 얻은 지식과 명예가 결국은 나를 엄청나게 교만한 사람으로 만들었다.

지금 생각해보면 사실 어느 누구보다도 교만한 사람은 지식인들이다. 일반적으로 정치인이나 사업가들은 좋은 인간관계를 통하여 서로 주고 받아야 성공할 수 있기 때문에 교만하다 할지라도 그 정도가 지식인들에 비하면 월등하게 차이가 있다. 그러나 지식인들, 특히 박사학위를 받은 교수들과 학자들의 우월감과 교만은 대단하다. 물론 교수들의 도움이 크지만 자신들이 노력하여 얻는 학위와 이론과 발명을 크게 생각하기 때문에 우월감과 교만 또한 대단하다. 그래서 교수와 학자들이 예수 믿기가 어려운 것도 알았다. 아무리 지식이 많

32

빅 베어 마운틴(Mt. Big Bear)에서

고, 유명한 교수, 학자라 할지라도 예수님을 통하여 구원받지 못하고, 하나님의 영광을 위해서 쓰임 받지 못한다면 얼마나 무의미한 인생을 살며 헛된 삶을 살게 되는지가 너무나도 뼈아프게 느껴졌다.

나는 이 교만과 우월감을 하나하나 구체적으로 고백하면서 얼마나 회개의 눈물을 흘렸는지 모른다. 내가 그렇게도 생명을 내놓고 노력하여 얻은 소중한 지식과 직위를 내 자신의 욕망과 꿈을 위해서 사용하려 할 때 여기에는 항상 불안과 시기와 질투와 심한 경쟁과 갈등이 있었고 내가 결코 평안한 마음을 누릴 수 없었던 것을 깨달았다. 나의 교만과 우월감은 나로 하여금 하나님을 경외하게 하는 것보다는 오히려 하나님에 대하여 무관심하게 했으며 심지어는 하나님의 존재를 의심하기도 했고, 부인하게도 했다. 오직 '정신일도 하사불성'이라는 모토(motto)에서 나온 나의 강한 의지와 야망(ambition)이 나의 마음과 생각과 말과 행동을 주장했다.

사람이 마음을 어떻게 정하느냐(mindset)에 따라서 생각하는 과정(thinking process)을 지배하고, 이 생각하는 과정이 결국 우리의 말과 행동으로 표현되는 것이다. 나는 '나'라는 의식에 온전히 사로잡혔었다. 내가 최고라는 것을 모두에게 보여주고 싶은 욕망으로 꽉 차 있었다(I had a tremendous desire to show the world that I am the best). 나에게 있어서는 언제나 '아이'(I)와 '미'(me)가 가장 중요했다. 나는 교만이 무서운 독인 것을 발견했다. 얼마나 많은 사람들이 나의 교만 때문에 상처를 입었을까? 나는 하나님께서 제일 싫어하는 죄, 이 교만을 철저하게 울부짖으며 회개했다(잠언 16:5; 잠언 3:34; 시편 31:23; 야고보서 4:6).

와이 미(Why me?)

뿌리 깊은 한(恨)

또 한편으로는 나는 내가 열등의식으로 꽉 차 있는 것을 발견했다. 계획했던 일이 잘 되면 나는 교만과 우월감으로 충만했으며 일이 잘 되지 않거나 실패하면 나는 깊은 열등감에 사로잡혔다. 마치 시계의 추와 같이 우월감과 열등감의 연속 속에서 살아왔었다. 나는 그 때 교만과 열등감의 뿌리가 같다는 것을 발견했다. '욕심이 잉태한즉 죄를 낳고 죄가 장성한즉 사망을 낳느니라'(야고보서 1:15).

사람이 교만해지면 하나님에 대해서도 관심이 없고 또 사람들을 무시하게 된다. 그래서 무시함을 받은 사람들의 마음에 미움과 '두고 보자'는 상처를 주기 마련이다. 이것이 사람의 마음에 심한 상처를 주어 영적으로 뿐만 아니라 때로는 육체적으로도 죽음을 가져오게 된다. 반면에 내가 열등의식을 가질 때는 먼저 상대방에 대하여 나도 저렇게 되었으면 또는 저렇게 해 보았으면 하는 선망을 하게 된다. 이 선망이 나중에는 질투가 되고 이 질투가 결국 미움으로 변한다. 이 미움이 영혼과 육신을 죽이는 경우가 많다. 결국 나는 교만과 열등의식의 뿌리가 욕심이라는 것을 회개를 통해서 발견했다.

나는 열등의식과 한(恨)이 많은 사람이었다. 한을 풀기 위하여 얼마나 노력했는지 모른다. 자연히 나의 가정과 주위 사람들에게 큰 상처를 주었을 것이다. 한국사람으로 옛날에 가난한 삶을 경험하지 않은 사람이 별로 없겠으나 나는 6살에 아버님을 여의고 홀어머님 밑에서 누나와 함께 참으로 어렵게 살아왔다. 나는 어머님의 피눈물 나는 노력과 뒷바라지로 서울대학교에 지원했는데 두 번이나 떨어지는

빅 베어 마운틴(Mt. Big Bear)에서

형용할 수 없는 수치감과 좌절감을 갖게 되었다. 너무 자존심이 상하고 장래가 캄캄하여 몇 번이나 자살하고 싶었다.

전주고등학교를 우수한 성적으로 졸업했기 때문에 나 자신이나 선생님들 그리고 동료들도 내가 꼭 합격할 줄 알았는데 한 번도 아니고 두 번이나 떨어지니 어머님과 집안의 기대에 큰 실망을 주게 되었다. 나는 자신의 앞으로의 장래가 너무도 암담하여 살 소망까지 잃었다. 나는 후일에야 로마서 8장 28절을 통하여 하나님의 계획은 내 계획보다 크고 다른 것을 깨달았다. 어쨌든 그때부터 열등감과 한이 나의 마음 깊숙하게 자리를 잡은 것 같다.

그러다가 나는 1960년에 경희대학교에 입학했다. 서울에 올라올 때는 가진 것이라고는 단돈 380원뿐이었다. 그 돈은 짜장면 두 그릇 반 값이었다. 나는 아현동 꼭대기 판자촌에서 자취하는 친구에게 신세를 지면서 버스표 살 돈이 없어서 아현동에서 회기동에 있는 경희대학교까지 1개월 동안을 걸어 다녔다. 아현동 꼭대기에서 서대문, 서대문에서 전 서울고등학교 앞을 지나 광화문, 광화문에서 종로 1가부터 5가, 동대문을 지나 창신동, 신설동 로타리, 전농동, 청량리 로타리, 제기동을 지나 회기동 경희대학교, 그리고 등룡문을 통과하여 교실에 도착하기까지 얼마나 걸렸을까? 사실 그때는 시계도 없었다. 나는 굶기도 하면서 그 긴 거리를 걸으면서 서울시내 모든 자동차와 버스가 불타는 것을 보고 싶었다. '나는 왜 버스표 살 돈도 없이 이렇게 부조리하고 부정한 사회 속에서 살아야만 하는가?' 사회의 불공평에 큰 한이 맺혔다.

한번은 10끼를 굶은 적이 있었다. 너무 배가 고파 견딜 수가 없어

와이 미(Why me?)

서 전 경기고등학교 근방에서 하숙하는 친구를 찾아갔다. 저녁식사 전에 도착하여 그 친구가 먹는 밥을 나누어 먹고 싶어서 먼 길을 걸어서 찾아갔는데 이미 저녁식사를 마친 뒤였다. 실망도 컸고 배도 몹시 고팠다. 그 친구에게 돈을 좀 꾸어달라고 했더니 부모님에게서 돈이 아직 오지 않아서 하숙비도 내지 못했다고 하면서 100원을 나에게 주었다. 그 당시에도 100원을 가지고는 사 먹을 것이 별로 없었다. 부자들이 사는 지역을 지나오는데 담에 포장을 치고 석쇠로 고구마, 밤 같은 것을 구워서 팔고 있었다. 100원 가지고 무엇을 사 먹어도 간에 기별이 가지 않을 것 같은데 쭉 걸려 있는 건빵이 눈에 띄었다. 군대에서 먹는 건빵이었다. 한 봉지에 꼭 100원이였다. 나는 아현동 꼭대기까지 걸어 올라오면서 건빵을 단숨에 먹고 물을 많이 마셨다. 그날 밤 나는 배 속에서 건빵이 불어서 배가 터져 죽을 뻔 했다. 배고픔은 면했으나 건빵이 물에 불어서 배가 불러 견딜 수 없는 고통을 당했다.

그 해 5월 창신동에서 자취하던 유탁, 서백영 같은 전주고등학교 선배들이 나의 어려운 사정을 알고 죽을 먹든, 밥을 먹든 같이 와서 살자고 권해서 나는 그쪽으로 이사를 했다. 마침 자취방을 빌려준 주인집에서 아이들 가정교사를 해주도록 부탁을 받아 나의 의식주 문제는 해결되었다. 그 근처에 창신교회가 있었는데 그 시절 나는 새벽이면 교회에 나가서 하나님께 눈물로 하소연도 많이 했다.

그 후 나는 독립문표 메리야스 사장 댁에서 가정교사를 할 수 있게 되었고 새로 시작된 휘경교회도 섬길 수 있게 되었다. 생각해보면 소천하신 김덕영 권사님이나 지금도 휘경교회를 섬기고 계시는 김화용

빅 베어 마운틴(Mt. Big Bear)에서

◆경희대학교 재학시절(1962년) 내가 가정교사로 가르쳤던 학생과 함께

장로님으로부터 그 시절에 받은 그 은혜를 결코 잊을 수가 없다.

또 나는 정경대학에서 1등을 해서 이정림 회장이 만든 그 당시 가장 컸던 3·1 장학금과 대학교 장학금을 받아서 공부를 중단하지 않고 계속 할 수 있게 되었다. 나는 그 시절 어렵게 공부하면서 아무리 버스표가 없고, 끼니를 굶어도 강의는 한 번도 빠지지 않았다. 당시 경희대학교 설립자이시고 총장이신 조영식 박사님의 그 많은 배려와 은혜도 결코 잊을 수가 없다. 아무리 노력해도 그 은혜를 다 갚을 수 없을 것 같다.

나는 열심히 노력하여 졸업을 할 때는 총장상을 받았다. 그러나 졸업 후 막상 직장을 구하려니 경희대학교 출신이라는 사실 때문에 많은 어려움을 겪었고 체면도 말이 아니었다. 나는 연애까지 실패했다. 같은 대학 같은 학년 여학생과 연애를 하는 중에 졸업을 맞았다. 졸

와이 미(Why me?)

◆결혼 전 데이트 시절 김춘근 교수 내외

업을 하고 나자 여자측 가족들이 전적으로 반대하고 나섰다. 그 어머님은 나에게 노골적으로 말했다.

"자네는 아버지 없는 외아들에, 홀어머니를 모시고 있고, 가난할 뿐만 아니라 전라도 사람이요, 경희대학교 출신이니 내 딸을 자네에게 결혼시킬 수 없네. 이제는 내 딸과 만나지 말게."

하나도 사실이 아닌 것이 없었지만 나에게는 너무도 뼈아픈 말이었다. 내 배경은 숨길 수 없는 사실이었다. 핸디캡이라면 핸디캡이었다. 그러나 그럴 수가 있을까? 나는 관계를 그만 두었다. '두고 보자'고 다짐을 하면서 마음 속 깊이 분을 품었다. 다행히 하나님의 크신 은혜로 나는 이 세상에서 가장 좋은 돕는 배필을 만나 1967년 3월 11일에 결혼하게 되었다.

결혼 후 나는 한국에 설 땅이 없어서 한국은 절대로 돌아오지 않겠다는 비장한 각오를 하고 아내와 함께 미국으로 왔다. 결국 나라 없는 사람이 되고 말았다. 미국에 도착할 때 우리에게는 단돈 2백 불과 가방 셋 그것이 전부였는데 이 초라한 부부를 누가 환영했겠는가? 이제는 사생 결단하고 노력하여 박사학위를 받고 미국에서 교수가

빅 베어 마운틴(Mt. Big Bear)에서

되는 것이 나의 목표였다.

나는 아내에게도 자주 열등감을 갖곤 했다. 아내는 오랜 역사를 가진 기독교의 가정에서 8남매 중 다섯째로 다복하게 자랐다. 아버님은 의사이신데 혜성교회 장로님으로서 3대째 장로를 이으신 분이셨다. 형제들은 어느 모로 보나 다 잘 살고 있었다. 우리는 서로를 열정적으로 사랑했지만 이 집에서도 온 가족이 우리의 결혼을 반대했다. 그런데 아버지 이영욱 장로님께서 나를 만나본 후,

"총각이 집사면 됐지 무엇을 바라겠느냐? 믿음 하나면 다 해결되니까 내가 기꺼이 결혼을 허락한다."고 하셨다.

아내는 이화여중·고를 거쳐 이화여대 영문과를 우등생으로 졸업했고 유네스코(UNESCO) 편집부에서 일하고 있었다. 너무나도 귀한 가정의 딸이었다. 사실 내 아내는 대단한 믿음을 가졌던 것 같다. 왜냐하면 나와 결혼한다는 것은 보장 없는 대단한 모험이었기 때문이다. 심지어는 내 아내 집안 중에서도 가끔 내 이름을 '춘근'이라고 부르지 않고 나를 무시하는 말로 "봄뿌리(春根)"라고 불렀던 사람이 있었다. 나와 아내의 배경은 너무나도 달랐다.

우리가 미국에서 어렵게 공부하고 있을 때 아버님께서 딸의 고생을 알고 우리에게 돈을 보내 주겠다는 편지를 주셨다. 나는 아내에게,

"나는 처가 덕택으로 성공했다는 말 듣기 싫어! 나는 당신 하나로 만족해! 만약에 처가에서 1불이라도 가져오면 당신은 짐보따리 싸가지고 한국에 나가요. 절대로 돈을 받을 수 없어요!!"
라고 말했다.

와이 미(Why me?)

  그 당시 아버지께서는 꾸어가면 어떠냐고까지 하셨지만 우리는 결국 부모님의 도움을 받지 않았다. 도움이 필요할 때 도움을 받고 나중에 갚는 것도 정당한 방법인데 이것조차도 허락하지 않고 가정에 큰 어려움을 주면서 그렇게 고집을 부렸던 것은 나에게 열등감과 교만한 마음이 있었기 때문이었다. 나의 자기 중심적인 이기심과 지독한 고집은 가정에 큰 어려움을 주었다.
  사실 나는 성공을 위해서 내가 하는 일에 완전히 열중하여 사로잡히게 되면 하나님은 말할 것도 없거니와 늘 같이 살면서 마주보는 아내와 자녀들도 내 마음에 없을 때가 많았다. 다 아내와 자녀를 위하고 또 가정을 위해서 열심히 노력도 하고 성공하려고 한다지만 엄격하게 따지고 분석해보면 결국 내가 받을 영광을 위한 것이었다. 나는 이러한 과정에서 아내와 자녀들이 큰 상처를 입은 것을 깨닫게 되었다. 나는 크게 회개하였다. 대학 교수 동료들과의 관계에 있어서도, 교회 생활에 있어서도 이기심과 자기 중심적인 태도는 반드시 어려움과 상처를 가져 오는 것을 깊이 깨달았다.
  이렇듯 하나님께서는 내가 가지고 있는 인간의 정욕도 큰 상처와 파괴를 가져오는 것을 구체적으로 보게 하셨다. 나는 교만과 열등감과 미움과 가슴 속 깊숙이 쌓여있는 한과 지독한 고집과 이기심과 욕심 그리고 정욕 같은 것들이 그렇게 강하고도 파괴적인 요소로 내 몸과 마음과 성품에까지 깊이 자리잡고 있는 것을 알았다. 뿐만 아니라, 이것들이 뭉쳐서 강한 추진력(driving force)으로 나를 움직이며 내 인생을 조종하고 있을 때 하나님께서 더 이상 참으실 수 없으셔서 나를 죽음 직전까지 몰아 가셨다는 것을 깨닫게 되었다.

빅 베어 마운틴(Mt. Big Bear)에서

또한 나는 회칠한 무덤 같은 이중인격자요 위선자(hypocrite)인 것을 발견했다. 나는 한 발은 교회에, 다른 한 발은 세상에 들여 놓고 아주 편리하게 살았다. 교회에서는 주일학교 교사, 성가대 대원, 청년회 회장, 대학 기독학생회 회장, 총각 집사로서 맡은 일에 최선을 다했고 동시에 교회 밖에서는 세상의 방법과 생각대로 내 마음껏 열심히 사는 위선자였다. 그런데 문제는 한 발은 계속해서 교회 쪽으로 가고, 다른 한 발은 세상 쪽으로 계속 간다면 결국 나는 어떻게 되겠는가 하는 것이 하나님의 도전이었다. 그 결과는 몸이 둘로 딱 갈라져(split in half) 죽을 수밖에 없다. 하나님께서 이것이 위선죄의 결과라는 것을 분명하게 보게 해주셨다.

"주님, 나를 용서해 주십시오. 내가 지은 모든 죄를 하나하나 다 고백하고 회개합니다."

나는 넘어진 나무의 그루터기를 붙잡고 생명을 내놓고 전심으로 기도했다. 나는 회개하는 중 '회개는 죄를 뿌리째 뽑는 것'이라는 것을 깨달았다. 죄는 고백하는 것만으로는 부족하다. 우리는 죄를 고백한 후에도 같은 죄를 거듭 범하는 경우가 얼마나 많은가? 잡초를 뿌리째 뽑지 않으면 잔디보다 빨리 자랄 뿐만 아니라 그것이 퍼지면서 좋은 잔디까지 죽인다. 마찬가지로 죄는 뿌리째 뽑아야 한다. 여기에는 아픔과 고통과 신음이 있다. 끊어버릴 것은 끊어버리고, 버릴 것은 버려야 하니 여기에는 심한 고통과 아픔이 있을 수밖에 없다. 나는 울부짖었다.

"예수님! 이제 당신이 나의 참 구주이신 것을 내가 분명히 믿습니다. 주님의 피로 나의 모든 더러운 죄가 다 씻어진 줄을 믿습니다. 하

와이 매(Why me?)

나님 아버지, 하나님은 참으로 전지전능하십니다. 하나님은 분명히 나를 만드셨습니다. 나에게 생명을 주시고 오늘까지 인도하셨습니다. 이제 내가 죽고 사는 것은 하나님께 달려 있음을 믿습니다. 내가 이제는 참으로 회개하오니 자비를 베푸시어 나를 용서하여 주시옵소서."

이렇게 하나님께 회개하며 울부짖은 나는 분명히 내가 용서 받았음을 믿었다. 모든 의심을 다 씻어 버리고 구원의 확신을 갖게 되었다. 그리고 다시 하나님께 매달렸다.

"Please give me one more chance to live in this world. Whatever you ask me to do, I will do it whole heartedly. Please give me one more chance to live!"

(하나님! 한 번만 더 살려 주시옵소서. 하나님이 나에게 무엇을 원하시든지 원하시는 대로 내 자신을 하나님께 바치겠사오니 한 번만 더 살려 주시옵소서).

하나님의 음성과 비전

하나님의 표적

나는 고통 중에 얼마나 하나님께 부르짖었는지 모른다. 내가 몇 시간을 울면서 회개하며 기도하는 중 하나님께서 세 가지 사실을 크게 깨닫게 하시며 나에게 도전하셨다.

첫째로, 나의 생명이 얼마나 소중한 것인가를 깨닫게 하셨다. 사실 나는 생명을 가지고 이 세상에 사는 것에 대해서 그렇게 소중하고 가치 있는 것으로 생각하지 않고 살 때가 많았다. 당연하게 사는 것으로 생각했다(I took it for granted). 그래서 나는 그때까지 생명의 가치를 모르고 너무 많이 시간을 소비해 왔다. 다른 사람의 생명도 소중히 여기지 않았기 때문에 나는 늘 남을 헐뜯고, 욕하고, 미워하고, 질투해 왔다. 인격을 무시한 것도 부지기수였다. 나 자신이 하나님이 주신 고귀하고, 소중한 삶을 낭비했을 뿐만 아니라 다른 사람들의 삶까지도 무시하고 소중하게 여기지 않았던 것을 하나님께서 깨

와이 미(Why me?)

단게 하셨다. 나는 부르짖었다.

"하나님, 다시 한번 생명을 주시면 정말 소중하고 가치있는 삶을 살겠습니다."

둘째로, 내가 아무리 위대한 계획과 큰 꿈을 가졌다고 할지라도 몸이 아프면 아무 일도 할 수 없다는 것을 깨닫게 하셨다. 나는 젊고 건강할 때 믿음으로 충성스럽게 하나님을 섬기지 못하고 젊음과 건강을 많이 낭비한 것을 깨닫고 정말 회개했다. 우리 기독교인들이 건강하고 젊을 때 나같이 낭비의 삶을 살지 말고 창조주 하나님을 잘 섬기며 창조적이고 생산적인 삶을 살기를 바라는 마음 간절하다.

셋째로, 더 중요한 것은 하나님의 도전이 있었다.

"나에게는 네 생명이 그렇게도 가치가 있고 소중하기에 너를 영원한 죽음에서 영원한 생명으로 구원하기 위하여 나의 가장 가치 있고 소중한 내 아들(My most precious and valuable Son) 예수 그리스도를 너를 위해서 십자가에 죽게 하였는데 너는 지금까지 나를 위하여 무엇을 했느냐? 네 생명이 아무리 가치가 있고 소중하다고 할지라도 누가 너를 위해 죽을 수가 있겠느냐? 그러나 나는 너를 다시 나의 아들로 삼기 위하여 내 독생자, 죄도 없고 흠도 없는 나의 가장 귀한 예수 그리스도를 너를 위해 죽게 하였는데… 네 과거를 돌아 보아라. 어떤 삶을 살아왔느냐? 너는 1955년에 예수 그리스도를 영접한 후 오늘까지 무려 22년 동안 네 마음대로 살아왔지 나의 기대와 뜻대로 살지 않았다. 너는 나를 위해 22년 동안 무엇을 했느냐?"

가슴을 치게 하는 충격적인 도전이었다. 나는 너무나 기가 막혔다. 1977년 6월 24일 그날까지 무려 22년 동안을 어떻게 살아왔는지는 이미 언급했다. 견딜 수가 없었다. 가장 젊고 건강했던 그 좋은 시절을 낭비했던 내 자신이 너무나 비참했다. 나는 그 자리에서 지독한 고통을 느끼며 내 자신이 산산조각으로 부서지는 것을(broken and contrite heart) 체험하였다. 새로운 피조물로 만들 수 있도록 내가 산산조각이 되어야 한다는 것을 깨달았다(고린도후서 5:17).

나는 지독하게 쌓였던 한(恨)을 다 뿌리째 뽑아 내는 결단을 하면서 심한 아픔과 고통을 맛 보았다. 나는 하나님께 매달리기 시작했다.

"하나님, 이제는 나의 병을 회복시켜서 다시 한번 생명을 주셔야 합니다. 나는 이제 죽어도 나의 영혼이 구원 받은 것을 확신하고 믿기 때문에 꼭 천국에 들어갈 줄 믿습니다. 진심으로 회개하는 내 마음을 주님이 아십니다. 예수 그리스도의 피로 나의 모든 죄가 정결하게 씻기어 내 마음이 흰 눈보다 더 희게 된 것을 지금 하나님이 아십니다. 나는 진리 안에서 자유를 얻었습니다. 지금까지 남용한 나의 생을 회복하고 하나님께 갚을 수 있도록(pay back) 다시 한 번 살려 주셔야 합니다. 어떻게 그 엄청난 하나님의 은혜와 사랑을 갚을 수 있겠습니까마는 복음에 빚진 자로 조금이라도 갚을 수 있는 길을 하나님께서 열어 주옵소서. 이대로 죽을 수는 없습니다. 하나님께서 어떤 것을 원하시든 이제 주님께 헌신합니다. 이제부터는 하나님 뜻대로 살겠습니다. 이제는 하나님 편에서 보실 때 참으로 최고로 가치 있는 삶을 살고 싶습니다. 나를 받아주시고 살려 주시옵소서. 한 번

와이 미(Why me?)

만 더 살게 해 주시옵소서!"
　나는 넘어진 나무 그루터기를 붙잡고 계속해서 하나님께 매달려 사생결단으로 기도했다. 나는 또 이렇게 담대하게 기도했다.
　"하나님! 하나님께서 나를 다시 살려 주신다는 특별한 표적(Sign)을 제게 보여주실 때까지 저는 죽어도 이 산에서 내려가지 않겠습니다."
　하나님께서 나를 지으셨기 때문에 나의 지독한 성질을 잘 아신다. 하나님께서 조금 염려를 하신 것 같았다. 나는 무슨 일을 위해서 결심을 하거나 어떤 한가지 좋아하는 것이 있으면 끝장을 보는 성격이다. 하나님께서 나의 비장한 결심을 보셨음에 틀림없었다. 그렇게 쇠약한 몸으로 5~6시간 이상을 몸부림치며 회개하고 용서를 빌며 사생결단으로 살려달라고 심장이 터질 것 같이 부르짖으니 하나님께서 분명히 내 마음을 감찰하셨음에 틀림없었다.
　하나님께서 인생들을 창조하셨고 나를 만드신 것을 확실히 믿게 된 나로서는 바로 그 날 나의 삶과 죽음이 하나님께 온전히 달려있다는 것을 믿었기 때문에 최후의 결사적인 기도로 하나님께 하소연했다.
　먼동이 트기 시작했다. 다섯시 반쯤이나 된 것 같았다. 기도 중에 나는 환상을 보았다. 하얀 옷을 입으신 큰 분의 가슴에 내 얼굴이 깊이 파묻혀 있었고, 그 분께서 나를 꼭 껴안으며 아주 젠틀하게 내 등을 세 번 두드려 주셨다. 그 분께서는 두드릴 때마다,

　"I forgive you, I forgive you, and I forgive you."

(내가 너를 용서한다, 내가 너를 용서한다, 그리고 내가 너를 용서한다)

라고 말씀해 주셨다. 그 때 나는 계속해서 영어로 기도를 하고 있었는데 하나님께서도 영어로 응답해 주셨다. 나는 그분의 얼굴을 보지는 못했으나 내 마음이 그렇게도 평안할 수가 없었다. 나는 절대로 신비주의자가 아니다. 나는 철두철미한 복음주의자로서, 성경 말씀을 일획도 틀림이 없음을 굳게 믿는다. 그러나 분명한 것은 주님의 환상이 나에게 직접 나타나신 것이다. 주님께서 나를 껴안고 등을 두드리면서 세 차례나 용서하신다고 말씀하셨던 그 비전이 1977년 6월 24일에 내 인생을 B.C.와 A.D.로 나누는 분수령이 되었다.

나는 이 책을 통해서 그 날 받았던 비전의 약속이 어떻게 이루어졌고, 지금도 어떻게 이루어지고 있는가를 나누고 싶다. 참새 소리 같은 작은 목소리였지만, 나는 온 힘을 다하여 기쁨과 감사와 희열에 넘쳐 소리쳤다.

"This is it!!!"(이거다!!!)

이것이 하나님이 보여주신 표적이다.

"이제 나는 살게 되었다."

응답받은 기도

나는 살았다

  나는 현대 과학으로 교육을 받고 현대 교육을 가르치고 있으나 인간의 지식으로는 이 엄청난 체험을 설명할 수가 없다. 특히 예수님을 믿지 않는 학자나 지식인들은 어떻게 이런 일이 있을 수 있느냐고 반문하고 도전할지 모르겠으나 분명한 사실은 누구도 이 체험을 나에게서 빼앗아 갈 수 없다는 것이다. 나는 이 놀라운 사건이 하나님께서 보여 주신 표적이라고 굳게 믿었다. 나는 이 체험을 통해서 내가 성령으로 거듭났을 뿐만 아니라 하나님께서 자비를 베푸셔서 이 세상에서 다시 한 번 살 수 있는 삶을 주신다는 강한 확신을 갖게 되었다.

  얍복 강가의 야곱과 같이 하나님과 씨름을 한 셈이었다.

  몸은 극도로 피곤하였으나 마음은 더 없이 평안했다.

  잠시 앉았다가 케빈(cabin)으로 들어오는 중에 찬송가 495장이 생각났다.

응답받은 기도

"내 영혼이 은총입어 중한 죄짐 벗고 보니
슬픔많은 이 세상도 천국으로 화하도다
할렐루야 찬양하세 내 모든 죄 사함 받고
주 예수와 동행하니 그 어디나 하늘나라

주의 얼굴 뵙기 전에 멀리 뵈던 하늘나라
내 맘속에 이뤄지니 날로날로 가깝도다
할렐루야 찬양하세 내 모든 죄 사함 받고
주 예수와 동행하니 그 어디나 하늘나라

높은 산이 거친 들이 초막이나 궁궐이나
내 주 예수 모신 곳이 그 어디나 하늘나라
할렐루야 찬양하세 내 모든 죄 사함 받고
주 예수와 동행하니 그 어디나 하늘나라"

  이전에는 무심코 불렀던 이 찬송의 가사 한마디 한마디가 그렇게도 감격스러울 수가 없었다. 작은 목소리였지만 3절까지를 다 불렀다. 그 날 이후 이 찬송은 그 때를 생각하면서 늘 부르는 나의 찬송이 되었다. 내 평생토록 그 때를 생각하면서 부르고 또 부를 것이다. 그 때에 빅 베어 마운틴 동편에 떠오르는 해가 너무도 휘황찬란했다.
  너무도 아름다웠다.(What a magnificent and glorious morning sun!)
  시편 37편 5절과 6절이 생각났다. "너의 길을 여호와께 맡기라 저

와이 미(Why me?)

를 의지하면 저가 이루시고 네 의를 빛같이(영어성경은 '아침에 뜨는 햇빛과 같이') 나타내시며 네 공의를 정오의 햇빛 같이 빛나게 하시리로다."

정말 나는 하나님의 광명을 보았다. 그렇다. 이제부터는 하나님께 나의 가는 길을 온전히 맡기고 이 아침에 밝아오는 광명한 빛과 같이 살 것이다.

나는 케빈 안으로 들어와 너무 피곤하여 잠깐 쉬었다. 하나님께 지은 모든 죄를 하나하나 다 고백하고 회개한 후 완전히 용서함을 받은 그 기쁨과 자유는 경험하지 않은 사람은 모른다. 나는 예수 그리스도의 사랑이 얼마나 넓고, 얼마나 길며, 얼마나 높고, 그리고 얼마나 깊은가를(에베소서 3:17~18) 너무나도 생생하게 체험하였다. 이제 그 무서운 죄의 쇠사슬에서 풀림을 받았고 진리 안에서, 예수 그리스도 안에서 완전히 자유를 얻게 되었다(요한복음 8:31~36).

"내가 고통 중에 여호와께 부르짖었더니 여호와께서 응답하시고 나를 광활한 곳에 세우셨도다"(시편 118:5) (영어 성경은 '나를 완전히 풀어 자유케 하셨도다').

1977년 6월 24일은 내 인생에 가장 큰 변화를 가져온 날이었다. 참으로 중생(born-again)을 체험했다. 구원의 확신이 충만했다. 잠시 쉰 다음 밖에 나와 공중전화로 아내에게 전화를 걸었다. 6일 동안이나 소식이 없어 초조하게 기다리며 기도하던 아내였기에 너무 반가와하며 급하게 물었다.

"How are you doing?" (여보, 어떠세요?)
"이젠 내가 살거야, 하나님께 응답 받았어요."
대답하면서 시편 118편 17절을 인용했다.
"내가 죽지 않고 살아서 여호와의 행사를 선포하리로다."
몇 시간 전에 일어났던 사건을 간단히 설명해 주었다. 그리고는 올라와 나를 데려가라고 했다.

세 시간이 지난 후 아내가 올라왔다. 아내와의 만남은 참으로 감격스러웠다. 자동차로 꼬불꼬불한 산길을 내려오면서 예수님께서 나를 만나주셨던 그 역사적인 사건을 아내에게 자세하게 들려 주었다. 올라올 때는 어둡고 비참하게만 보였던 산과 나무와 꽃들이 내려올 때는 그렇게도 아름다울 수가 없었다. 나는 아내에게 차를 길가에 멈추게 한 후에 아내의 손을 잡고 그 동안 너무나도 마음 아프게 했던 일들을 다 고백하면서 용서를 구했다.

사람들은 졸장부들이나 아내에게 잘못한 것을 다 사과하고 용서를 구한다고 생각할 지 모른다. 그러나 나는 그것은 아름답고 용기 있는 일이라고 생각한다. 거듭나기 전에는 나도 일반 사람들과 같이 그렇게 생각하고 살아왔다. 하나님께 모든 죄를 고백하고 회개하여 용서를 받았다 할지라도 이제는 가족뿐만 아니라 누구에게든지 지은 죄를 담대히 고백하고 용서함을 구할 때 죄를 뿌리째 뽑는 회개를 체험할 수 있으며 그리스도의 사랑과 바닥까지 낮아지는 참된 겸손을 또한 체험할 수 있는 것이다.

"나의 교만과 열등감 그리고 내 고집과 이기적인 태도 때문에 당신이 얼마나 마음을 상하고 울기도 하였소. 나를 용서해주시오. 이제

와이 미(Why me?)

부터는 내가 죽는 날까지 가장 좋은 남편이 되겠소."

우리는 서로 용서를 구했다. 그리고 감격해서 많이 울었다. 내가 아내에게 잘못한 수많은 죄들이 TV 스크린과 같이 하나하나 보여질 때 특히 나의 마음을 너무나도 아프게 했던 사건이 있었는데 그 사건을 소개하고 싶다.

내가 대학원에서 공부할 때 학위를 위한 정규과목을 수강하는 것 외에도 미국 정치학을 전공하기 위해서는 미국의 역사, 헌법, 법률, 사회, 경제에 관한 기본적인 것을 알아야 했기에 그러한 과목들을 다 공부해야 했으며, 또 지도 교수의 지도하에 별도의 연구도 해야 했다. 그래서 매주일 몇 번씩 리뷰(review)를 써야 했고, 요약한 것을 페이퍼를 만들어 보고해야 했으며, 또 강의실(classroom)에서 발표할 것을 써야 했다. 물론 많은 페이퍼(term paper까지 포함하여)를 제출해야 했다. 일주일에 1천 5백 페이지 정도를 읽어야 했고 리뷰를 해야만 했다. 나는 그 때 타이프를 잘 못쳤다. 물론 지금도 잘 못 친다. 내 아내는 영문학을 전공해서인지 타이프를 아주 잘 쳤다. 그래서 내 박사 논문만 제외하고는 5년 동안 수많은 페이퍼들을 내 아내가 다 타이프를 쳤다. 그것도 포타블(potable) 코로나로 '딱딱딱' 소리 내며 거의 매일 밤 쳐야만 했다.

학기말 논문을 제출해야 했다. 아내가 새벽 두세시까지 타이프를 다 쳐서 나에게 주었다. 자세히 보니 오자(誤字)가 많았다. 얼마나 피곤했으면 그랬을까? 아침 8시에 딸을 베이비 씨터에게 데려다 주고 하루 종일 일을 하고 집에 와서 아이 돌보며 식사 준비하고 그리고 거의 매일 늦게까지 내 뒷바라지를 해야 하니 얼마나 피곤하고 고

달랐을까? 그런데도 나는 고마운 생각도 없이,
"여보, 이렇게 오자가 많으면 어떻게 이 논문을 교수에게 제출해? A학점을 받아야 하는데!"
퉁명스럽게 말했다.
"여보, 내용만 좋으면 됐지 그냥 제출해요!"
아내가 말대꾸를 했다. 내가 제일 싫어하는 것 중의 하나가 아내의 말대꾸였다. 나중에 회개할 때 깨달았지만 그것은 아내에 대한 나의 열등감에서 나온 것이었다. 나는 화가 나서 30페이지쯤 되는 논문을 다 찢어 쓰레기통에 던져 버렸다. 키가 작은 아내가 나를 쳐다보면서 눈물을 흘렸다. 입술을 깨물면서 아무 말도 하지 않고, 타이프라이터(typewriter)가 있는 쪽으로 갔다. 잠시 의자에 앉아 머리를 숙이고 있다가 내가 쓴 원본을 놓고 아내는 다시 타이프를 치기 시작했다.
이 장면을 보면서 나는 얼마나 통곡하며 회개했는지 모른다.
"여보, 이제부터는 모든 사람이 부러워하는 최고의 남편이 될게요." (I will be the best husband any woman wishes to have)
나는 그렇게 약속을 하고 산을 내려왔다. 애타게 기다렸던 사랑하는 딸과 아들을 얼싸안고 얼굴을 맞대고 한참을 울었다. 그리고는 딸과 아들에게 잘못한 것들을 고백하며 용서를 구했다.
"애들아, 정말 미안하다. 아빠를 용서해라." (I am so sorry, please forgive me)
"이제부터는 가장 좋은 아빠가 될꺼야. 너희들을 정말 사랑한다." (I love you wholeheartedly. I will be the best father any child wishes for)

와이 미(Why me?)

나는 아이들을 마음껏 껴안아 주었다. 나는 곧바로 내가 섬기고 있었던 라성 빌라델비아 교회 조천일 목사님께 전화를 드렸다. 목사님께서 급하게 물으셨다.

"김 집사 어때요? 전교인이 계속해서 기도하고 있어."

"목사님, 제가 이제는 살 것입니다. 이번 주일 목사님 설교 마치신 후에 저에게 10분만 간증할 수 있는 시간을 주시면 감사하겠습니다."

"물론이지. 그리고 오늘 저녁 내가 심방 갈께."

하시면서 전화를 끊으셨다. 목사님은 그날 밤에 심방오셔서 기도해 주셨다.

산에서 기도하는 중 하나님의 응답을 받고 내려왔지만 몸은 조금도 변하지 않고 아픈 상태 그대로인데 이제는 산다고 확신 있게 말하니 아내도 조금 의심했다고 한다. 나는 그 주일 교인들 앞에서 확신을 가지고 간증을 했다.

"저는 이번 기도를 통하여 전적인 하나님의 은혜로 영원한 생명을 보장 받았을 뿐만 아니라 다시 한 번 이 땅에서 살 수 있는 생명을 하나님께서 주실 것을 약속 받았습니다. 저는 분명히 살 것입니다. 저는 하나님의 약속을 확실히 믿습니다. 그러므로 이제부터는 저를 위해서 기도하시되 죽지 않게 해 달라고 기도하지 마시고 하나님께서 빨리 제 건강을 회복시켜 달라고 기도해 주십시오."

그리고 간단하게 산에서 체험한 것을 보고했다. 나중에 들은 얘기지만 김 집사가 몸이 저러한 상태에서 어떻게 살겠다고 그렇게 확신

응답받은 기도

있게 말을 할 수 있을까 의심하면서 이제는 마지막 단계에 이르러 머리가 조금 돈 모양이라고 생각했던 사람들도 있었다고 한다. 그 당시 권사님들 중 몇 분은 나를 위하여 24시간 연쇄기도를 하셨다.

지금도 L.A.에 가서 그분들을 만나면 너무 반가워서 껴안으시며 큰 기쁨으로 나를 맞아 주시곤 한다. 나를 위하여 그렇게 간절히 기도하시던 권사님들 중 몇 분은 먼저 하나님 나라에 가셨다. 그분들의 고마운 정을 생각하면 지금도 눈물이 난다. 그때까지 미국에 온 지 10년이 되도록 눈물 한 번 흘리지 않고 지독히도 악착스럽게 공부하고 가르치고 살아왔는데, 1977년 6월 24일 이후로는 하나님의 은혜에 감격하여 자주 감사의 눈물을 흘린다.

완전 건강 회복

치유의 손길

하나님께서 분명히 나의 병을 고쳐 주신다는 믿음으로 우선 식이 요법을 다시 시작했다. 이 식이요법은 죠지아(Geogia) 주에 있는 미국인 의사가 시작했는데, 과학적인 증거가 없다고 미국 의사협회에서 많은 공격을 받고 그 때까지 학문적으로 인정을 받지 못하고 있었다. 이 식이요법을 통하여 간질병이 낫고 암이 치료되며 중한 병도 고쳤다는 내용의 기사를 자세히 읽고 나는 오히려 이 식이요법에 대하여 확신이 생겼다. 나는 기도하면서 끝까지 그 방법대로 실천하기로 결심했다.

아내는 나의 식이요법을 철저하게 관리하기 위하여 직장을 그만두었다. 아내는 L.A. 서쪽 바닷가 도시 싼타 모니카(Santa Monica)에 사는 의사 하터(Dr. Harter)와 함께 서로 협력하면서 최선을 다하여 나를 도왔다. 다행히도 페퍼다인 대학교에서는 내가 1976년 봄에 최우수 교수상을 받았기 때문에 학장과 친구 교수들이 내 과목들을 대신 가르쳐 주어서 월급은 제대로 받고 있었다.

나는 다니엘서를 읽는 중 원칙적으로는 똑같은 식이요법을 발견하였다. 자연음식인 채소와 물, 다니엘의 순결성 그리고 하루에 세 번씩 예루살렘 쪽으로 향한 창문을 열고 하나님께 드린 감사의 기도가 하나님께서 다니엘을 승리하게 하신 비결 중의 하나였다. 다니엘서 1장에 보면 다니엘과 그의 세 친구가 예루살렘이 함락된 후 바벨론에 포로로 잡혀가게 되었다. 다니엘은 뜻을 정하여 왕의 진미와 그의 마시는 포도주로 자기를 더럽히지 않기로 결심하고(다니엘서 1:8) 감독자에게 도전하였다.

"당신의 종들을 열흘 동안 시험하여 채식을 주어 먹게 하고 물을 주어 마시게 한 후에 당신 앞에서 우리의 얼굴과 왕의 진미를 먹는 소년들의 얼굴을 비교하여 보아서 보이는 대로 종들에게 처리하소서."

하매 그가 허락하여서 열흘 후에 비교했더니 그 결과 다니엘과 세 친구들의 얼굴이 더욱 아름답고 살이 더욱 윤택해져 있었다. 따라서 다니엘과 세 친구는 채소를 먹고 물을 섭취하면서 하나님의 뜻에 순종하며 살았다. 다니엘과 그 세 친구가 섭취했던 이 채소와 물은 오늘날 유행하는 자연음식(natural food)의 원천이라고 볼 수 있다.

6장에 보면 다니엘은 예루살렘 쪽으로 향하여 열린 창에서 하루 세 번씩 무릎을 꿇고 기도하며 하나님께 감사하였더라고 기록되어 있다(다니엘서 6:10). 하나님께 기도하는 것이 발견되는 경우 사자굴에 던져질 것을 알면서도 그는 담대하게 하나님께 하루에 세 번씩 기도했다. 다니엘서를 읽고 묵상하면서 나는 큰 힘을 얻었다. 하나님

와이 미(Why me?)

의 약속이 꼭 이루어질 것을 믿었다. 물 한 모금만 마셔도 터질 것 같이 부풀었던 내 배가 기적적으로 점점 줄어들기 시작했다. 늘 하나님께 감사하는 기도를 하면서 매일 식이요법을 철저하게 실천했다.

예를 들면 나는 6개월 동안 매일 순수물(distilled water)을 큰 유리잔(glass)으로 한 잔씩을 1시간 간격으로 마셔야 했다. 그리고 순수물에 레몬을 짜서 만든 순수 레몬 쥬스를 꼭 같은 싸이즈로 같은 양을 마셔야 했다. 매일 큰 유리잔으로 24잔씩을 마셔야 했으니 얼마나 힘이 들었고, 또 변소는 얼마나 자주 갔을 지 상상할 수 있을 것이다. 며칠 전만해도 물 한 모금만 마셔도 배가 터질 것 같아 어려움을 겪어야 했는데, 이제는 힘은 들지만 계속해서 물과 쥬스를 마시면서도 견딜 수가 있었다. 그 동안 내 몸과 피 속에 쌓이고 쌓였던 모든 독소들을 순수물과 레몬 쥬스로 완전히 흘러 내려버리자는(flush out) 이론이었다. 레몬 쥬스는 피를 깨끗하게 하는 역할을 한다고 의사가 전해주었다. 변소의 더러운 분비물을 물로 깨끗하게 씻어내는 것과 같은 이

◆ 회복되는 과정의 김춘근 교수(1978년)

치였다.

 이것을 6개월 동안 한 번도 거르지 않고 계속하면서 매일 여러 종류의 순수 비타민을 세 차례에 걸쳐 43정을 섭취했다. 처음에는 음식을 제대로 먹을 수가 없었기 때문에 여러 종류의 비타민을 음식의 보충으로 섭취한 것이다. 이 비타민들은 일반 시장이나 자연음식 (natural food) 가게에서 파는 비타민과는 달리 화씨(F.) 마이너스 60도에서 제조한 것이기 때문에 중요한 요소들이 다 함축되어 있어 건강 회복에 큰 도움을 주었다.

 몇 개월이 지난 후부터는 매일 아침 여러 가지 과일과 현미 가루를 블랜더에 넣고 갈아서 쥬스 같이 아침 식사 대용으로 먹었다. 점심은 시금치, 파, 비츠, 홍당무, 아바카도, 오이, 당근, 콩나물 등 완전히 싱싱한 채소(fresh vegetables)로 샐러드를 만들어서 그 위에 올리버 기름(올리버 기름도 몸의 기름기를 빼며 피를 깨끗하게 한다)과 식초를 섞어서 만든 드레싱(dressing)을 부어서 조금씩 먹기 시작했다. 저녁은 겉이 얇은 생선 토막을 오븐에 구어서 레몬을 치고 그리고 오븐에 구운 감자나 고구마와 함께 조금씩 같이 먹었다. 아침에 일어나자마자 그리고 자기 전에는 꼭 사과로 쥬스를 만들어서 조금씩 마셨다. 점점 효과가 있어서 나의 몸에 증상이 바꾸어지기 시작했다. 매주마다 정기적으로 의사 하터에게 가서 검사를 받으면서 계속해서 지시해 준 식이요법을 철저히 실천했다. 매달마다 의사가 지시하는 식이요법이 조금씩 바뀌었다. 그것은 내 배가 점점 줄어들고 내 체중이 조금씩 늘면서 특히 입맛이 돌아오기 시작하였기 때문이었다.

와이 미(Why me?)

회복

1978년 초에는 눈에 띄도록 변화가 생겼다. 믿기가 어려웠다. 우리 가정에 웃음과 기쁨이 회복되기 시작했다. 1978년 봄학기에는 강의도 나가기 시작했다. 학교에서는 기적이라고 교수들과 비서들이 야단들이었다. 초여름에 접어 들면서 몸무게는 165파운드로 거의 정상으로 회복되었다. 배도 거의 다 줄어 들었다. 매주마다 하는 피검사와 소변검사를 통하여 나의 건강이 빨리 회복되는 것을 알 수 있었다.

의사 하터는 매주마다 달라지는 나의 건강 상태를 목격하면서 믿을 수가 없다고 놀랬다. 그는 나에게 말했다.

"이제는 당신 주치의와 간 전문의한테 가서 마지막 진찰을 받고 완전 회복을 확인하시오."

나는 다시 글랜데일 커뮤니티 병원(Glendale Community Hospital)에 가서 모든 검사(피검사, X-ray, liver scanning, 쏘노그램)를 마쳤다. 그 모든 검사 결과를 가지고 나를 기다리는 우리 가정의 웨이클린(Dr. Wakelin)을 찾아갔다. 웨이클린은 나를 무척 좋아하고 사랑해 주었던 아주 인자한 의사였다. 내가 의사 사무실에 들어서자마자 웨이클린은 놀라움을 금치 못했다.

"Mr. Kim, 당신은 벌써 죽었어야 하는데 어찌 된 일이오? 1976년 10월 그 당시에 조사한 결과를 지금과 비교해 볼 때 똑같은 사람인데 이렇게 다를 수가 있소? 이것은 기적(miracle)이오."

웨이클린은 계속해서 물었다.

"어떻게 해서 이렇게 나을 수가 있었소?"(How did you do?) 하고 물었다. 나를 완전히 포기하였고 2년 동안 만나지 않았기 때문에 그럴 만도 했다.

"긴 얘기가 되겠습니다."(It's a long story).
라고 대답한 후에 나는 간단하게 그 동안의 경위를 설명해 주었다. 대부분의 의사들은 (심지어는 기독교인 의사들 중에서도) 과학적으로 증명할 수 없는 방법으로 병이 나을 경우 그것을 부인하려고 하지만 나에게 일어난 이 엄연한 사실 앞에 누가 감히 하나님의 초자연적인 능력과 기적을 부인할 수 있겠는가? 그는 반신반의 하면서도 나의 건강한 모습을 보고 너무도 기뻐했다. 오렌지 카운티(Orange County)에 사는 유명한 간 전문가인 의사 헌던(Dr. Herndon)으로부터도 간이 완전히 나았음을 확인 받았다. 여러 가지 검사를 다시 한 결과 아무런 문제가 없다고 했다. 의사는 마지막 검사가 남았는데 그것은 할 필요가 없다고 했다. 그러나 나는 그 검사도 하자고 했다.

의사 헌던(Dr. Herndon)은 나를 병원에 입원시켜 수술실에 눕히고 완전 마취를 시켰다. 그리고 내 배꼽 밑을 째고 배 속에 바람을 잔뜩 불어넣은 후에 정밀기계로 간을 자세히 검사하고 티슈를 꺼내어서까지 세밀히 조사를 했다. 배 속에 넣었던 바람이 근육을 얼마나 팽창시켰던지 근육이 완전히 제자리로 돌아올 때까지 1개월 이상이나 지독한 아픔을 겪어야 했다. 이것 때문에 의사가 안 해도 된다는 것을 내가 우겨서 했던 것이다. 안 했으면 좋았을 것을 하는 후회도 했다. 모든 검사 결과를 종합하여 확인한 후에 의사는 나에게,

"김 박사, 당신은 오래 살 것입니다."(Dr. Kim, you will live a

와이 미(Why me?)

long life!)
라고 기쁜 소식을 전해 주었다. 무슨 약 하나도 쓰지 아니했다. 오직 다니엘서의 방법으로 집중적인 기도와 자연음식요법을 철저하게 실천하는 중에 하나님이 환상으로 보여 주셨던 약속이 1년 2개월만에 온전히 이루어졌다. 하나님께서는 먼저 나의 회개를 통하여 내 영혼 속의 독소인 죄를 예수 그리스도의 피로 깨끗하게 씻으신 후에 이제는 내 육신의 피 속에 있는 독소까지도 완전히 깨끗하게 씻어 주셨다.

"하나님이여, 당신은 정말 전지전능하십니다. 감사와 기쁨으로 찬양드립니다."

나는 지금까지 아프기 전보다도 더 건강하게 패기가 넘치는 젊은이와 같이 하나님의 그 크신 은혜와 사랑에 감격하며 살고 있다.

체험 6

잡초와 잔디

우리가 인생을 순수하고 원색적으로 살기 위해서는 하나님과 나 사이의 순수하고 원색적인 관계 뿐만 아니라 나와 사람들과도 순수하고 원색적인 관계를 맺어야 한다는 것을 깨달았다(There is no authentic life unless there is an authentic relationship between God and myself vertically and unless there is authentic relationship between myself and people horizontally).

나는 내가 지은 모든 죄를 뿌리째 뽑고(rooting them out) 구체적으로 처리하기 위하여 기도하는 가운데 생각나는 대로 큰 죄든, 작은 죄든 하나하나 다 적어보았다. 무려 52페이지에 달하였다. 빅 베어 마운틴에서 기도할 때와 같이 나의 모든 죄를 다시 되새기며 또 울면서 고백하고 회개하는 것을 되풀이 하겠다는 것이 아니다. 나는 하나님의 용서함을 받았고 이미 구원의 확신을 갖게 되었다. 성령님의 감

와이 미(Why me?)

화 감동으로 예수 그리스도는 나의 구주이시며 하나님이신 것을 분명히 알고 믿게 되었으며 주님의 사랑에 감격할 뿐만 아니라 주님을 크게 사랑하게 되었다. 하지만 이제는 모든 죄를 구체적으로 처리해야 했다. 이제는 행동으로 옮기는 일이 남아 있었다. 하나하나씩 표시(check)해 갔다.

회개는 죄를 송두리째 뽑는 행동이다. 앞마당 잔디에 잡초가 있을 때 잡초는 잔디보다 더 빨리 자랄 뿐만 아니라 오히려 좋은 잔디를 죽이면서 계속 퍼진다. 미국에서는 대개 주말에 잔디를 깎는데 그 때 그 때 잡초를 뿌리째 뽑지 않고 잡초와 잔디가 섞여 자라게 두었다가 주말에 깎을 경우 잡초와 잔디가 똑같이 잘렸으므로 처음 며칠은 별로 구별 없이 좋게 보인다. 그러나 며칠이 지나면 잡초는 더 잘 자라 나고 또 옆으로 퍼지는 것을 볼 수 있다.

그런데도 잡초를 뽑지 않고 다음 주말에 잔디와 잡초를 함께 깎는다. 이것이 계속되면 나중에는 부득이 잔디와 잡초를 다 걷어내고 새 잔디를 입혀야 할 때가 온다. 잡초가 너무 퍼졌기 때문이다. 새 잔디를 입히려면 비용이 많이 든다. 그러나 나쁜 잡초를 뿌리째 뽑아 버리면 거기에다 새 잔디를 심거나 혹은 아름다운 나무를 심을 수 있다.

잡초를 뽑아낸 자리에 유실수를 심는다고 하자. 물도 주고, 비료도 주며, 햇빛을 쬐게 하면 나무는 잘 자랄 것이다. 반대로 물이나 비료를 적당히 주지 않거나 햇빛이 충분히 쬐여지지 않으면 나뭇잎은 노랗게 시들 것이다. 노란 잎을 빨리 잘라주고 왜 나뭇잎이 노랗게 되었는지를 알아서 부족한 것을 공급하면서 잘 가꾸어 주면 잎은 다시

체험

무성하게 되고 꽃도 피며 많은 열매를 맺을 것이다. 그러나 노란 잎이 분명히 보이는데도 그대로 방치해 두면 다른 잎들도 점점 병들고 시든다. 결국 가지가 쓸모 없게 되어 잘라내는 경우도 있을 것이다. 어떤 때는 나무까지도 잘라 버리든가 뿌리째 뽑아 버려야 할 경우도 있다.

잡초는 죄를 의미한다. 죄를 뿌리째 뽑고 성령의 나무를 심어 말씀과 기도와 전도로 풍성하게 살면 잎은 무성해지고 꽃이 피며 아름다운 성령의 열매(갈라디아서 5:22~23, 사랑과 희락과 화평과 오래 참음과 자비와 양선과 충성과 온유와 절제)를 맺을 것이다. 그러나 말씀과 기도와 전도가 부족할 때, 즉 성령 충만의 생활을 못할 때 성령의 나뭇잎이 노랗게 될 것이다. 하나님께서 이것을 빨리 잘라내고 회복하지 않으면 내 영혼이 고갈되어 영적 죽음을 가져온다는 이 진리를 보여 주시며 뿌리째 뽑는 일과 가꾸는 일의 중요함을 가르쳐 주셨다.

그래서 나는 내가 잘못하여 아픔과 상처를 주었던 내 아내, 자녀들, 부모님, 친척들, 목사님과 장로님들, 집사님들, 친구들, 대학 동료들 등 모두에게 구체적으로 용서를 빌었다. 나를 낮추고 낮추어서 지위에 관계없이, 연령에 관계없이 나의 모든 죄와 잘못을 관련된 모든 분들에게 고백하고 용서를 빌었다. 나는 하나님과의 관계 뿐만 아니라 인간관계를 그리스도의 용서와 사랑으로 구축하면서 깊은 휄로우싶(fellowsip)을 갖게 되었다.

과거에 습관처럼 해왔던 정든 일들이 죄라고 깨달아질 때는 아프지만 수술도 하며 가차없이 잘라 버리기도 했다. 즐겨 했던 죄된 습

와이 미(Why me?)

성과 나쁜 일들을 버리는 것이 쉬운 일은 아니었다. 무척이나 섭섭하기도 했고, 심히 아프기도 했다. 나는 나를 꼭 매였던 죄의 쇠사슬과 착고를 끊는 큰 고통과 아픔을 치루어야만 했다. 나의 모든 죄를 십자가 밑에서 깨끗하게 청산하는 고통의 울음이 있어야만 했다.

하나님의 사랑

나는 식이요법으로 몸을 치료하며 회복하는 기간 중에 상당한 시일이 걸려 이 모든 죄들을 다 처리할 수 있었다. 그리고 52페이지의 목록들을 다 불태워 버렸다. 하나님은 우리가 회개한 죄를 기억도 안 하신다고 하셨다. 나는 엄청난 자유를 맛보게 되었다(free at last!). 나는 죄의 모든 쇠사슬에서 완전히 해방되었다(I was set free from the bondage of sins).

"내가 고통 중에 여호와께 부르짖었더니 여호와께서 응답하시고 나를 광활한 곳에 두셨도다"(시편 118:5).
나를 광활한 곳에 두셨다는 말은 내 앞에 아무런 거침이 없이 나를 완전히 자유롭게 하셨다는 의미다(He answered by setting me free).
나는 또한 예수님의 사랑이 얼마나 넓고, 길고, 높고, 그리고 깊은가를 너무도 생생하게 체험하게 되었다. 나는 주님이 지신 십자가와 뗄 수 없는 깊은 관계를 맺게 되었다(로마서 8:35~39). 주님께서

체험

십자가의 의미를 깊이 깨닫게 해주셨다. 십자가를 바라보며 다음과 같은 기도를 써 보았다.

"예수님, 나를 위하여 모든 수모와 고난을 받으시고, 십자가에서 피를 흘리시며 죽기까지 나를 사랑하신 그 형용할 수 없는 자비와 은총을 감사합니다. 내 죄 때문에 피와 물을 다 쏟으시기까지 고초를 당하신 주님을 바라봅니다. 전지전능하신 창조주 영광의 하나님의 아들로서, 모든 권능과 힘으로 사탄의 권세를 다 물리칠 수 있었는데도 주님은 어린 양 같이 희생을 당했습니다. 그 어려운 고통을 겪으면서도 끝까지 참고 견디며 아버지 하나님의 뜻에 절대 순종한 주님과 같이 나도 하나님 말씀에 절대 순종할 수 있는 믿음을 주시옵소서. 죄는 하나도 없으신 주님! 모든 지혜와 진리의 근본이신 주님께서는 유대인이나 로마인 앞에서 변명 한 번 안하시고 심지어는 십자가에 못 박은 사람들까지도 용서해 주시라고 하나님께 기도하셨습니다. 죄인을 위하여 죽으시고 나 같은 죄인을 용서하신 예수님! 정말 사랑합니다. 십자가 없이는 구원도, 생명도, 의도, 부활의 승리도 없음을 다시 한 번 강하게 깨닫게 하시니 감사합니다. 하나님의 최대 최고의 사랑을 예수님의 십자가를 통하여 보여주셨습니다. 이 죄인은 주님의 십자가를 바라보며 나의 과거를 다 십자가에 못 박고 주님의 사랑의 품안에 감격하며 안깁니다. 주님의 십자가의 사랑과 용서와 순종과 겸손과 인내를 내 심장에 충만하게 채워 주시옵소서. 내 심장을 도려내고 주님의 심장으로 강건하게 이식시켜(transplant) 주시옵소서. 나를 회복시키어 이제는 주님의 심장으로 살게 하옵소서."

와이 미(Why me?)

"그러므로 누구든지 그리스도 안에 있으면 새로운 피조물이라. 이전 것은 지나갔으니 보라 새 것이 되었도다."

나는 진정 새로운 피조물이 되었다. 나는 하나님께서 나를 너무나 사랑하셨기 때문에 그냥 그대로 둘 수 없어 질병의 큰 매로 나를 때리셔서, 나의 죄를 깨닫게 하시고 회개케 하시며 결국 하나님께 돌아오게 하셨다는 것을 깊이 깨달았다. 하나님의 자녀들이 나 같이 그 많은 세월을 허송으로 보낸 후 매를 맞고서야 돌아오는 어리석은 자가 되지 않고 젊었을 때부터 하나님을 참으로 경외하며 성령 충만한 삶을 살아 많은 열매를 맺는다면 얼마나 지혜로울까? 이 글을 읽는 자마다 나 같이 어리석은 사람이 되지 않기를 바랄 뿐이다.

나는 하나님의 사랑을 직접 체험하지 않고서는 내가 아무리 하나님의 말씀을 안다고 해도 그것이 나와 아무 관계가 없음을 깊이 깨달았다. 나는 교인으로서 그리고 학자로서 성경 말씀을 늘 공부하면서, 그 많은 부흥회와 설교를 통하여, 얼마나 자주 하나님의 사랑에 대하여 배우고 들었는지 모른다. 그러나 내가 직접 하나님의 사랑을 체험했을 때까지는 예수 그리스도의 사랑이 얼마나 넓고, 얼마나 길고, 얼마나 높고, 얼마나 깊은가를 깨달아 알(grasp) 수가 없었다(에베소서 3:14~19). 나는 이 하나님의 크신 사랑을 고통을 통하여 체험케 하신 하나님께 늘 감사 드린다.

"하나님, 내 심장의 테두리(border)를 넓게넓게 펼쳐 주셔서 하나님의 사랑을 체험하면서 예수 그리스도의 심장으로 어느 누구든지 사랑할 수 있게 하옵소서." 기도하곤 한다.

사랑한다는 것이 늘 기쁜 것만이 아니라는 것도 깨달았다. 사랑할 수 없는 사람을 사랑하는 것 같이 고통스러운 일이 없다. 내 심장을 넓게넓게 늘려서 그 사람을 안아 주어야 하기에 얼마나 아픈 일인지 모른다. 이 사랑의 고통(pain and suffering)이야말로 예수 그리스도의 사랑을 널리 퍼지게 하는 도구인 것이다. 주님께서는 최후의 만찬을 마치시고 기도하기 위하여 제자들과 함께 겟세마네 동산에 올라가시는 도중에 고백하셨던 말씀을 기억나게 하시며 그 때 예수님의 심정을 나로 보게 하셨다.

"내가 심히 고민하여 죽게 되었으니…"(마태복음 26:38).

인류의 죄를 대속하시기 위하여 하나님께 순종하는 잔을 마셔야 했으니 얼마나 고통스러우셨을까? 하나님께서는 나 같은 죄인을 사랑하시는 것을 과거에도, 오늘도, 내일도, 영원토록 한 번도 지체한 적이 없다는 것을 또한 깨닫게 하셨다. '나는 너를 무궁한 사랑으로 사랑한다.'(I love you with my eternal love)는 확신을 주셨다.

'너는 내 것이다. 너는 내 사랑으로부터 떠날 수 없다. 네가 어떠한 형편에 있든지 나는 너를 사랑한다' 는 보장을 해 주셨다. 하나님께서는 이제 땅에 있는 것을 보지 말고 고개를 들어 하나님과 하나님 우편에 계시는 예수님을 바라보라고 하셨다. 하나님께서는 내가 나의 생활을 높은 차원으로 올려서 살기를 원하셨다. 내 자신을 너무 낮게 보아(self-pity) 내가 하나님의 자녀라는 그 존엄성을 갖지 못하고 산 것을 깨닫게 하시면서 이제는 하나님의 최고의 높은 사랑을 체험하며 살 수 있는 비결도 보여 주셨다.

"하나님, 당신의 사랑이 얼마나 높은가를 계시로, 꿈으로, 환상으로 늘 보여 주시옵소서. 내 눈을 예수님께 고정하고 하나님 나라에

와이 미(Why me?)

소망을 두고 하나님의 크신 사랑을 늘 체험하며 살게 하옵소서."

이제는 하나님의 왕 같은 제사장으로, 하나님의 후사로, 하나님의 대사로, 하나님의 신실한 종으로 내 I.D.(Identification)를 바꾸어 존엄하게 살리라고 다짐했다. 예수님께서 내 심장 속 깊숙이 자리잡은 나의 모든 아픔과 상처를 이미 아시고 만져 주시며(touch), 낫게 해 주시고(healing), 깨끗하게 씻어서(cleanse) 나를 완전히 변화시켜 주셨다(transformation). 예수님께서 내 마음 속 가장 깊은 데까지 찾아 오셔서 그의 사랑으로 나를 낫게 해 주시고 깨끗하게 해 주시고, 변화시켜 주시는 이 체험을 하기까지는 하나님의 사랑이 얼마나 깊은가를 깨달을 수 없었다. 이 사랑을 체험(experiencing)하지 않고서는 다른 사람들에게 진정한 예수님의 사랑과 행복을 전할 수가 없음을 알게 해 주셨다.

하나님께서 나의 심장을 바꾸어 놓으셨다. 지금까지 나의 삶을 인도했던 증오심과 교만과 열등감과 정욕과 이기심의 열정(passion)이 이제는 하나님을 사랑하는 열정으로 바뀌었다. 하나님의 사랑이 이렇게도 넓고, 길고, 높고 그리고 깊은가를 체험하게 하시고 다시 한 번 살게 해 주시는 하나님께 정말 감사와 찬송과 영광을 늘 돌릴지어다.

"주여, 내 자신을 부인하고 내 십자가를 지고 이 엄청난 주님의 사랑을 감당하며 충성을 다하여 끝까지 주님을 따라가게 하옵소서."

7 콧수염

약속의 비밀

만나는 사람들 가운데 '왜 콧수염을 기르게 되었느냐?'고 묻는 사람들이 많다. 전에는 내 콧수염이 새까만 색깔이었는데 요사이는 거의 하얗게 되었다. 얼마 전에 내 아내가,

"여보, 당신 얼굴에는 주름살 하나도 없는데 콧수염이 점점 하얗게 되니까 더 늙어 보여요. 깎아 버리세요!"

하고 권했다. 아내의 권유를 듣던 딸과 아들도 동조하면서 깎으라고 부추겼다. 사실 나는 그 때까지 14년 동안이나 내가 왜 콧수염을 길렀는지 그 이유를 말하지 않았다. 내가 변화된 이래로 아내와 나 사이에는 전혀 비밀이 없었는데 그 비밀은 아내와 나누지(sharing) 못했었다. 나는 아내와 아이들의 손을 잡고 앉으라고 한 후에 콧수염을 통한 하나님과 나 사이의 깊은 비밀을 알려 주었다. 콧수염의 비밀을 나눈 후 우리는 서로 껴안고 감사와 기쁨을 함께 나누었다.

아내와 딸과 아들은 기꺼이,

와이 미(Why me?)

"그러면 그대로 두세요."
라고 격려해 주었다.

우리는 누가복음 17장 11~19절에서 예수님께서 열 명의 문둥병자를 고쳐주신 사건을 볼 수 있다. 예수께서 제자들과 함께 사마리아와 갈릴리 사이를 지나 가시다가 한 촌에 들어가시니 문둥병자 열 명이 예수를 만나 멀리 서서

"예수 선생님이여, 우리를 긍휼히 여기소서."
하고 소리지르는 장면이 나온다. 그들은 몸이 만신창이가 되고 저주받은 사람들로 인간 사회에서 완전히 배척당하고 버려진 사람들이었다. 예수님께서는 이 참혹한 현실 속에서 비참하게 살고 있었던 문둥병자 열 명에게 긍휼을 베풀어 다 고쳐주셨다. 문둥병자 열 명은 예수께서 명하신 대로 제사장에게 보이기 위하여 가는 도중 벌써 깨끗함을 받았다. 그 당시에는 문둥병자가 나으면 제사장에게 가서 자기 몸을 보여야 했다. 제사장은 그가 완전히 나은 것을 확인한 후에 이제는 사회에서 떳떳하게 살 수 있는 증명서(certificate)를 발급해 주었다. 이 열 명의 문둥병자들도 자신들의 몸이 깨끗함을 제사장에게 보이고 병이 완전히 나은 증명을 받은 다음 다른 사회인들과 같이 살 수 있는 기회를 얻게 되었다. 그런데 몇 사람이나 예수께 돌아와 감사를 표현했는가? 단 한 사람뿐이었다. 그것도 이방인인 사마리아 사람이었다. 열 명이나 되는 문둥병자들이 그 비참한 병에서 고침을 받았는데 10분의 1, 단 한 사람만 돌아와 하나님께 영광을 돌리며 예수의 발 아래 엎드려 사례하면서 감사하였다.

예수께서 "열 사람이 깨끗함을 받았는데 아홉은 어디 있느냐."고

물으셨다.

  성경 말씀에는 기록되어 있지 않지만 돌아온 사마리아 사람은,
  "아마도 그들은 다 제 갈길로 갔습니다."
라고 대답했을 것이다. 소리를 높여서 예수께 긍휼을 베풀어 달라고 애걸하던 불쌍한 그들이었다. 그러나 그들은 고침을 받은 후 예수님의 그 엄청난 은혜를 그렇게도 빨리 다 잊어버리고 병을 고쳐준 예수님께 감사의 말 한마디 없이 세상을 향하여 제 갈길로 가 버린 것이다. 예수께서는 돌아온 그 사마리아인에게
  "일어나 가라, 네 믿음이 너를 구원하였느니라."
고 말씀하셨다. 그는 문둥병이 완전히 깨끗하게 나음을 얻었을 뿐만 아니라 영혼까지도 구원 받게 된 것이다. 열 사람 중 한 사람만 구원 받은 사건이 기록되어 있다.

  이 사건은 나에게 큰 충격적인 교훈을 주었다. 사업을 하는 기독교인들 중에 하나님이 큰 복을 허락해 주셔서 사업을 축복해 주시면 모든 정성을 다해서 하나님과 주님의 몸된 교회를 열심히 섬기며 모든 것을 바치겠다고 간절히 기도하여 기도의 응답을 받는 것을 많이 볼 수 있다. 그러나 하나님의 은혜를 받아 사업이 크게 번창하여 일단 부자가 되면 스스로 자수성가 했다고 날뛰며 교만해질 뿐만 아니라 바쁘다는 핑계로 하나님의 은혜를 감쪽같이 잊어버리고 오히려 하나님을 멀리하며 사는 기독교인 사업가와 전문인들을 우리는 주위에서 많이 볼 수 있다.

  '하나님, 이 어려운 병에서 나를 건져주시고 한 번만 살려주시면 내 전 생애를 바치어 주님을 섬기겠습니다' 라고 전심을 다하여 기도

와이 미(Why me?)

하며 약속했던 하나님의 자녀들이 하나님의 자비와 긍휼하심을 입어 병이 나은 후에는 오히려 그 하나님의 은혜를 잊고 다시 전과 같은 생활로 돌아가서 하나님을 멀리하는 경우도 우리 주변에서 얼마나 많이 목격하는가?

하나님께서 도와주셔서 크게 성공하면 모든 영광을 하나님께 돌리며 충성스러운 종으로 주님을 섬기겠노라고 간절히 소원하며 약속했던 그 기도가 성공한 후에는 다 헌신짝 같이 버려지는 사례를 또한 우리는 주위에서 많이 보아왔다. 하나님께서 우리의 간구를 들으시고 우리의 모든 어려운 사정들을 하나하나 해결해 주실 뿐만 아니라 우리를 영원한 죽음에서 영원한 생명으로 구원하시고 큰 은혜 가운데 인도하시며 복을 주시는데도, 우리는 문둥병을 고침 받은 9명의 사람들과 같이 하나님이 은혜를 잊어버리고 우리가 잘나서 된 것처럼—우리가 흔히 자수성가라는 말을 하는데, 사실 이 말은 자신의 손으로 자신의 노력으로 성공했다는 의미이기 때문에 하나님께 온전히 의존하고 사는 참 그리스도인들에게는 전혀 상관이 없는 말이다—착각하며 산다. 우리 아버지이신 하나님께서 우리의 이런 모습을 보실 때 그 마음이 어떠하실까?

나는 굳게 결심했다. 나의 모든 크레딧(credit)은 온전히 하나님께 드리리라. 나는 할 수 없다. 그러나 하나님은 나를 통하여 모든 일을 하실 수 있다. 그러므로 나에게 모든 일이 형통케 되는 것은 전적으로 주님의 은혜이다.

나는 기도하며 생각했다. 나에게 이 세상에서 한번 더 살 수 있는 생명을 주시고 영원한 구원을 주신 하나님 아버지의 그 크신 은혜를

콧수염

내가 평생토록 잊지 않고 늘 기억할 수 있도록 상징적으로 남겨 둘 것이 없을까? 내가 고통 중에서 한 번만 살려달라고 하나님께 매달려 부르짖었을 때 하나님께서 나의 기도를 응답하시고 크신 은혜와 사랑과 자비하심으로 병도 낫게 해주시고 하나님의 아들로 삼아주시며 영생을 주셨는데, 내가 그 하나님을 평생토록 잊지 않고 기억하며 감사와 기쁨과 감격 속에 살 수 있는 그런 상징적인 표적이 없을까? 그 때 콧수염이 생각났다. 내가 심히 아파서 고생할 때에는 너무 힘이 없어서 일어나 수염을 깎을 수도 없었다. 지금은 전기 면도기(electric shave)를 사용할 수 있으나 그때는 보통 면도기를 썼었다. 콧수염과 턱수염이 길면 아내가 가끔 깎아 주었다.

사실 한국 사람으로서는 내가 수염이 많은 셈이다. 그런데 1977년 6월 24일 나는 중생하여 하나님께로부터 영생을 분명히 보장 받았을 뿐만 아니라 하나님께서 기적적으로 나의 병을 고쳐 주셨다. 다시 한 번 생명을 주신다는 '약속의 비전'을 받은 후 만 1년 2개월만에 나는 의사의 진단과 검사 결과 완전히 건강한 사람이 되었다. 그때 나는 콧수염을 남겨두고 싶었다. 매일 아침 거울을 보지 않고 일터에 가는 사람은 없을 것이다. 나는 매일 아침 꼭 샤워(shower)를 해야 한다. 하루 일과를 시작하기 전에 반드시 샤워를 하고 거울 앞에서 준비를 한다. 나는 매일 아침마다 거울 앞에 비친 나의 수염을 보면서 1977년 6월 24일 그날을 생각한다. 그리고는 하나님께 감사하는 마음으로 큰 소리로 이렇게 대화를 한다.

"저에게 영원한 생명을 주신 아버지 하나님 감사합니다. 저에게 생명을 연장시켜 주셔서 이 세상에서 다시 한 번 살 수 있게 해 주신

와이 미(Why me?)

하나님 감사합니다. 저에게 오늘도 생명을 주셔서 살게 해 주시니 하나님 감사합니다. 그러므로 오늘도 하나님의 크신 은혜와 성령 충만의 초자연적인 능력에 힘입어서 30배, 60배, 100배의 성령의 열매를 맺게 하시고, 오늘 하루의 모든 일들을 통해서 충만한 생산력을 발휘하여 제가 하나님께만 영광을 돌리게 하옵소서."

나는 오늘 아침에도 거울을 보며 이 대화를 되풀이했다. 물론 매일 말씀을 읽으면서 큐티(quiet time)를 가지며 또는 집중적으로 많은 시간 동안 금식도 하면서 주님과 나만의 깊은 만남을 갖기도 했다. 그러나 매일 아침마다 거울을 보며 똑같은 대화를 나누는 것은 그 엄청난 하나님의 은혜를 매일 기억하며 찬양하고 감사하면서 늘 내 마음에 다짐하고 싶기 때문이다.

앞에서도 말했지만 나는 교만과 지독하게 싸웠던 사람이다. 나는 하나님께서 교만한 자를 대적하시고 겸손한 자를 들어 쓰시는 것을 분명히 알고 있기 때문에 그 크신 하나님의 은혜와 사랑을 깨달으며 오늘도 낮아지고 끝까지 겸손하게 살려고 최선을 다하고 있다. 하나님께서는 내가 너무나도 고집이 셀 뿐 아니라 이기적이고 자기 중심적이며 지독하게 교만했기 때문에 도저히 나를 들어 쓰실 수가 없으셨다. 하나님께서 나를 지극히 사랑하신 까닭에 나를 심히 견책하시고 호되게 치심으로 말미암아 죽을 병을 주시어서 나를 완전히 의지할 데 없이(helpless) 절망적이고(hopeless), 무력한(powerless) 위치에까지 몰아치신 것이었다. 그 지경에서 하나님은 나를 강권적으로 굴복시키셨고 나의 죄를 하나하나 다 회개하게 하심으로 나를 예수 그리스도께 완전히 돌아오게 하신 것이다. 이것은 누구도 부인할 수 없는 나에 대한 하나님의 전적인 은혜와 사랑이었다.

그 후 계속적인 하나님의 크신 은혜로 많은 비전과 계획들이 상상할 수 없을 만큼 풍성한 성과를 가져오게 되었고, 특히 예수 그리스도의 복음을 전하는 사역을 감당하는 가운데 하나님께서 친히 역사하심으로 엄청나게 많은 결실이

◆어머니와 함께 찍은 가족사진(1983년)

맺히는 것을 직접 경험하며 살고 있다. 이것은 전적으로 하나님의 은혜 때문일 뿐, 나는 1퍼센트의 크레딧(credit)도 주장할 수 없다. 모든 크레딧은 하나님께로 돌려야 하는데 나도 인간인지라 솔직히 어떤 때는 그 크레딧을 나에게 돌리고 싶은 마음이 들 때가 있다. 간혹은 하나님께 돌려야 할 모든 영광을 내가 가로채서 받으려고 할 때도 있음을 고백한다.

그럴 때마다 아침에 거울에 비친 콧수염을 보면서
"춘근아, 내가 너를 죽을 병에서 살려 주었고, 내가 너에게 영생을

와이 미(Why me?)

보장해 주었고, 그 많은 은혜로 너에게 복을 주고 있는데 네가 어떻게 내 은혜를 배반하고 내가 받을 영광을 네게로 돌리려고 하니?"라고 말씀하시는 하나님의 음성을 듣는다. 완전히 불가능한 것을 완전히 가능하게 만들어 주신 하나님께 내가 어떻게 1퍼센트의 크레딧이나 영광을 주장할 수 있겠는가? 그런 교만의 생각이 들 때마다 나는 내 콧수염을 보면서 즉시 회개하고 다시 한 번 하나님의 은혜에 감사하며 겸손히 충성할 것을 다짐하곤 한다.

"하나님, 정말 사랑합니다. 경배합니다. 찬양합니다. 영광을 받으소서."

제2부 풍성한 밤

진리가 너희를 자유케 하리라

참된 자유

　죄에서 완전히 해방된 후에 나는 지금까지 경험하지 못한 상상할 수 없는 자유를 경험하게 되었다. 나는 나를 노예로 얽매었던 죄의 쇠사슬을 완전히 끊어버리고 진리이신 예수 그리스도 안에서 참 자유를 발견하게 되었다. 이 자유는 나에게 엄청난 삶의 기쁨과 소망을 가져다 주었을 뿐만 아니라 초자연적인 삶의 비결을 깨닫게 해 주었다. 나는 예수님과 진리와 자유와의 깊은 관계를 알게 되었고(요한복음 8:31~36) 체험하게 되었다.
　"내가 길이요 진리요 생명이니 나로 말미암지 않고는 아버지께로 올 자가 없느니라"(요한복음 14:6).
　이 말씀의 깊은 의미도 깨닫게 되었다. 참으로 누구도 줄 수 없고 빼앗아 갈 수 없는 진리 안에서의 신기한 자유를 맛보며 체험하였고 지금도 계속해서 체험하고 있다. 그런데 이 자유는 세상이 주는 자유와는 근본적으로 다르다. 나는 미국 정치학을 전공하여 학위를 받았

와이 미(Why me?)

기 때문에 미국 헌법에 보장된 자유에 대해서 조금 안다고 말할 수 있다.

1776년 7월 4일에 발표된 미국 독립선언서를 보면, 누구도 떼어 놓을 수 없는(unalienable) 하나님이 주신 세 가지 신성한 권리를 주장하고 있는데 그것은 생명(life)과 자유(liberty)와 행복을 추구(pursuit of happiness)하는 권리이다. 미국의 55명의 위대한 건국 공신자들이 1787년 헌법을 제정하여 미합중국을 공화국으로 건설할 때 그들은 특별히 이 권리들을 보장하였으며 그 후 미국 헌법을 개정하는 과정에서도 미국 시민들의 자유를 철저하게 보장하도록 하였다. 민주주의와 자유의 본산이라고 하는 미국은 국내외적으로 이 자유를 수호하기 위하여 엄청난 인명의 희생과 경제적, 사회적 희생을 치렀고, 지금도 세계의 유일한 슈퍼 파워(super power)로서 세계적인 차원에서 이 자유를 수호하고 보장하기 위하여 계속 희생을 치르고 있다(여기에 대하여 찬반의 논란이 있겠으나 이것은 저자의 견해이다). 그런데 그렇게도 많은 희생을 치루면서까지 보장하고 지켜왔던 그 자유가 왜 210년이 지난 오늘날 미국을 도덕적으로, 윤리적으로 그리고 영적으로 이렇게 말할 수 없는 퇴폐와 큰 위기에 까지 이르게 하였는가?

나는 얼마 전 미국의 유명한 주간지(기독교 월간지가 아닌 National Journal)에서 '6천만 명이나 되는 중생한(born-again) 미국 크리스천들이여, 당신들은 다 어디 있는가?' 라는 제목의 사설을 읽었다.

"크리스천 당신들은 세상의 소금이요, 빛인데 어떻게 해서 우리가

진리가 너희를 자유케 하리라

살고 있는 이 사회에 크리스천의 영향력이 이렇게도 미약할 수 있습니까? 큰 범죄 사건은 매일매일 말할 수 없이 증가하고 있고 사회적인 악은 전염병처럼 퍼져가고 있는데, 크리스천들이여! 당신들은 다 어디 있는가?"라고 도전하고 있었다.

"십대들의 임신, 마약, 알코올 중독, 성병, 이혼, 강간(rape), AIDS, 섹스영화(pornography) 등 사회적인 악이 이렇게 전국을 휩쓸고 있는 이 때에 6천만 명이나 되는 미국의 크리스천들이여! 당신들은 어디 있는가?"라는 것이었다.

예수님을 믿지 않는 세상 사람들도 미국 사회의 심각성을 인식하면서 다른 종교인들에게 묻지 않고 오히려 우리 기독교인들에게 안타깝게 하소연하는 이 사설을 읽으면서 나는 큰 충격을 받으며 눈물을 흘리면서 하나님께 기도한 적이 있다. 진리 안에서의 자유가 아니면, 즉 진리이시고, 생명이시고, 길이시고, 부활이신 예수님 안에서의 자유가 아니면 인간이 주는 자유는 결국 부패와 도덕적, 영적인 위기를 가져올 수밖에 없는 것을 깨닫게 되었다. 청교도 신앙과 쥬데오 크리스천의 가치관을 토대로 세워진 미국은 지금 극심한 도덕적, 윤리적, 영적인 타락을 겪고 있다.

나는 또한 진리 안에서 자유를 얻기 위해서도 모든 대가를 치루어야 하는 것을 알게 되었다. 그러나 이 자유를 위해서는 내 생명이나 재산을 대가로 치룰 필요는 없다. 예수님께서 이미 내가 치루어야 할 모든 죄의 대가를 치루셨기 때문이다.

"죄의 삯은 사망이라"(로마서 6:23).

나는 이미 사형선고를 받고 철창 속에서 손과 발이 쇠사슬에 묶여

와이 미(Why me?)

처형을 기다리던 죄수였는데 예수 그리스도께서 십자가에 못 박혀 죽으심으로 내가 치루어야 할 대가를 다 치루셨다. 예수께서 치루신 그 대가로 나는 완전 자유의 몸이 된 것이다. 다만 이 자유를 누리기 위해서 내가 해야 할 한가지 조건은 가슴을 치며 나의 모든 죄를 회개하고(cry out) 뿌리째 뽑는 일이다(root out).

회개에는 아픔과 고통의 울부짖음이 꼭 있어야 한다. 예수님께서 그의 보혈로 나를 흰 눈보다도 더 깨끗하게 씻어 주셨다. 나는 여기에서 형용할 수 없는 참된 자유를 체험하게 된 것이다.

이 진리 안에서의 자유는 나로 하여금 측량할 수 없을 만큼 엄청난 삶(에베소서 3:20~21)으로 인도 받는 삶을 체험하게 하였고 지금도 하나님께서는 이 자유를 통해서 더 큰 비밀과 풍성한 삶의 비결을 매일매일 나의 삶 속에서 경험하게 하신다. 이 자유는 나를 죄의 사슬로부터 해방시켰을 뿐만 아니라(set free from) 나아가 모든 체면과 교만과 열등의식과 한(恨) 그리고 인종차별에서 나를 해방시켰다.

체면

나는 체면이라는 쇠사슬에 묶여 얼마나 많은 세월을 낭비했는지 모른다. 나는 체면 때문에 많은 시간을 소비했고, 체면 때문에 마음에도 없는 일들을 할 수 없이 하기도 했다. 체면 때문에 다른 사람들의 눈치에 민감하며 살았고, 체면 때문에 내 삶을 사는 것보다는 다른 사람들의 인생을 살아준 적이 얼마나 많았는지 모른다. 인간이 살면서 지켜야 할 윤리와 예의를 정중하게 지키는 것은 대단히 중요한 일이다. 그러나 체면은 이 윤리나 예의와 구별되어야 한다. 따지고 보면 나는 체면 때문에 하나님이 원하시는 풍성한 삶을 살지 못했고, 체면에 못 이겨 다른 사람들의 삶을 살았으니 그것이 얼마나 큰 낭비였는지 모른다. 이제는 예수 그리스도 안에서 완전한 자유를 누리면서 나는 하나님 얼굴만 바라보며 그 분이 원하시는 삶만을 살기로 결심했다. 나는 체면 때문에 결코 내 인생을 소비하지 않기로 결심했다. 그 결과 하나님께서 나에게 너무도 풍성한 삶을 부어주시는 것을 체험하며 살고 있다.

열등감과 교만

열등감과 교만이 나 자신으로 하여금 얼마나 비생산적이며 고통스러운 삶을 살게 했는지 모른다. 열등감과 교만이 풍성하고 행복하게 살아야 할 나의 삶을 완전히 파괴하고 있었다. 그러나 내가 열등감과 교만의 깊은 뿌리를 뽑아 버리고 예수 그리스도 안에서 자유를 누릴 때 하나님께서 나로 나의 삶을 위해서 최선을 다하게 할 뿐만 아니라 내 삶에서 최대의 효과를 가져오는 비결을 보여 주셨다. 나는 지금 넘치는 삶과 진정한 행복을 누리며 살고 있다.

와이 미(Why me?)

한(恨)

예수 그리스도의 진리는 그렇게도 내 심장에 쌓이고 쌓였던 한(恨)에서 나를 해방시켰다. 이 한은 '가슴앓이' 라는 말이다. 나는 시골에서 자라면서 고통과 어려움을 당한 가정의 부인들이 가슴앓이로 죽었다는 얘기를 들은 적이 있다. 영어 사전에는 이 한이라는 단어가 없다. 아마 한국인만이 가진 특별한 병인지도 모른다.

남에게 무시당했거나, 업신여김을 당했을 때 '두고 보자' 는 한, 먹고 싶을 때 먹지 못한 한, 좋은 옷을 입고 싶을 때 입지 못한 한, 일류 대학에 들어가고 싶은데 못 들어간 한, 좋은 집에서 살고 싶은데 그렇게 살지 못한 한, 좋은 남편, 좋은 부인과 살고 싶은데 그렇지 못한 한, 유학을 가고 싶은데 가지 못한 한, 의과대학에 가고 싶은데 못 들어간 한, 아들을 갖고 싶은데 아들을 못 낳는 한, 학자가 되고 싶었는데 되지 못한 한, 부자가 못된 한, 장관이 못된 한, 한, 한, 한… 이 모든 것들이 가슴 속 깊숙하게 겹겹이 쌓여 있어 아무리 노력해도 한 평생 사는 동안 그 모든 한을 풀기는 도저히 불가능할 것이다.

그런데 비기독교인들은 말할 것도 없거니와 소위 하나님을 믿는다고 하는 많은 기독교인들도 이 한 문제를 해결하지 않고 신앙 생활을 하고 있으니 얼마나 안타까운 일인지 모른다. 사실상 두 주인을 섬기고 있는 것이다. 하나님의 뜻대로 산다고 하지만 결국은 자신들의 한을 풀기 위해서 살고 있는 것을 볼 수 있다. 나도 그와 똑같은 삶을 살아왔었다. 사실 그것은 괴로운 삶이었다. 내가 구주로 그리고 하나님으로 영접한 예수 그리스도가 내 안에서 나의 삶을 주장하며 인도하는 것이 아니고 이 한이라는 무서운 세력이 나의 삶을 지배하고 있는 것을 발견했다. 나는 이 한이라는 죄악된 요소가 무서운 힘과 강한 추진력을 가지고 있기 때문에 나 자신을 지배할 뿐만 아니라 또 한(恨)의 일부를 풀어 줄 수 있는 성공도 시켜 주는 것을 직접 체험했다. 또 내 주위 사람들에게서 똑같은 그런 예를 많이 목격할 수 있었다. 나는 이 한이 우리를 죽음으로 인도하는 참으로 무서운 독소(deadly poision)인 것을 발견했다.

나는 내 가슴앓이 심장을 완전히 도려내어 버리고 예수 그리스도의 심장으로 이식(transplant)시키기로 결심했다. 꼭 갚고 싶고, 꼭 풀고 싶었던 그 많은 한들을 한꺼번에 다 도려내야 하니 무척이나 고통스럽고, 한스럽고 또한 섭섭하기도 했다. 그러나 나는 한 많은 내 심장을 도려내고 예수 그리스도의 심장, 곧 사랑과 용서, 겸손과 순종 그리고 인내의 심장으로 이식했다. 나는 이제 한의 노예가 아니고 하나님의 아들이 되었다. 나는 믿지 않는 한 많은 한인들에게 하소연하고 싶다. 그리고 믿는다고 하면서도 아직 가슴에 한을 가진 한인 그리스도인들에게 또한 하소연하고 싶다.

"한 많은 심장을 도려내고 예수 그리스도의 심장으로 이식하십시오. 예수님의 피로 모든 한을 한꺼번에 다 씻으십시오. 당신은 하나님의 자녀가 될 뿐만 아니라 당신에게 기쁨과 감사가 엄청나게 넘치는 풍성한 삶이 보장되어 있습니다."

와이 미(Why me?)

인종차별

세계 각국에 퍼져 있는 우리 한인들은 지역에 따라서 차이는 있겠으나 대부분 인종차별을 경험하며 살고 있다. 내가 살고 있는 미국도 마찬가지다. L.A.에서 살 때나, 알라스카에서 살 때나, 지금 다시 내려와 사는 이곳 몬트레이(Monterey)에서도 한인들을 통하여 인종차별 문제를 수없이 들을 뿐 아니라 직접 목격하기도 한다. 내 자신도 직접 몸으로 경험하면서 32년을 미국에서 살고 있다. 내 자신이 인종차별을 직접 당한 억울한 사건도 얼마나 많은지 모른다. 그러나 사실은 우리가 미국에 살면서 인종차별을 경험하기도 하지만 또 미국같이 국가적인 차원에서 인종차별 문제에 지대한 관심을 갖고 그 문제를 해결하려고 노력하는 나라도 없다.

나는 사실 미국에서보다 내가 한국에서 살 때 같은 민족에게서 더 많은 차별을 받은 것 같다. 나는 한국인들이 더 인종차별하는 것을 발견했다. 우리에게는 대대로 양반, 상놈이라는 차별의 전통이 있다. 나보다 못 배우고, 나보다 못 살고, 나보다 직위가 낮은 사람들을 많이 차별해 왔다. 지역차별도 얼마나 많은 아픔과 상처를 주어 왔는지 모른다. 미국에 사는 한인들이 흑인들을(지금은 그들을 African-American이라고 부른다) 부를 때 '깜상'이라고 부른다. 이 말은 그들을 천대해서 부르는 호칭이다. 만약에 아프리카계 미국인들이 이 말의 뜻을 알면 자기에게 '깜상'이라고 부르는 사람을 총으로 쏘아 죽이든가 아니면 다른 큰 봉변을 줄 것이다. 또 L.A. 지역에서 멕시코 사람들을 부를 때 '맥작'이라고 부른다. 이 호칭도 그들을 무시하는 말이다. 우리가 왜 그들을 그렇게 불러야만 하는지 알 수 없다.

내가 페퍼다인 대학교(Pepperdine University)에서 가르칠 때의 일이다. 나를 아주 좋아하고 따르던 흑인 학생이 나에게 '깜상'이라는 말이 무슨 뜻이냐고 물었다. 등에 식은땀이 나며 어떻게 대답해야 할지 정말 당황했었다.

"네가 너무 핸썸(handsome)하게 보여서 귀엽게 부르는 말이야." 라고 대답해서 슬쩍 넘겼다. 그는 좋아하는 것 같았다. 그러나 내 마음은 개운치가 않았다.

어떤 때 음식점에 들르면 손님 중에 웨이트레스(waitress)에게,

"이것 봐, 뭐 이래, 빨리빨리 주문 받지 않고…. 뭐 이런 데가 있어!"

큰 소리치며 자신을 나타내려는 사람들을 종종 본다. 또 어떤 때는 손님이 허술하게 옷을 입거나 보잘것없게 보이면 이제는 웨이트레스가,

"뭐 드실래요? 빨리빨리 주문하세요!"

완전히 무시하면서 퉁명스럽게 묻는다. 만만치 않은 상대방 앞에서는 큰 소리조차 내지 못하고 사는 사람들이 고생하는 웨이트레스 앞에서는 곧잘 큰 소리치는 인종차별 잘 하는 못난 우리 코리안들. 외모가 허술하게 보이는 손님들에게는 별볼일 없을 것 같아 정중히 대접을 하지 않고 오히려 무시하고 차별하는 웨이트레스들도 종종 보았다. 사실 나는 어느 음식점에서도 보기 드문 차별을 미국에 있는 한국음식점에서 종종 목격하였다. 우리들끼리 차별하는 것이다.

한번은 가족과 함께 운동을 하고 배가 고파서 식구들을 데리고

와이 미(Why me?)

L.A.에서 잘 알려진 음식점에 들렀다. 자리에 앉아서 메뉴를 다 보기도 전에,

"무엇 드실래요?"

퉁명스럽게 물었다. 우리의 옷차림이 허술해서인지 하여튼 불쾌하게 물었다. 주문을 한 후 웨이트레스에게 주인(내 아내와 잘 아는 사이)을 좀 불러달라고 했다. 주인이 와 반갑게 인사를 나누고 나는,

"미국에서는 고객(customer)을 왕으로, 또는 여왕으로 모시는데 웨이트레스들을 잘 훈련시켜야겠습니다."

라고 말해 주었다. 웨이트레스가 반찬을 가져와 우리 앞에 놓을 때 음식점 주인이 나와 내 아내를 잠깐 소개하면서 잘 대접해 드리라고 부탁했다. 조금 후 주인은 안으로 들어가고 그 웨이트레스가 주문한 음식을 가져와 상에 놓으면서

"저는 손님이 어떤 분이신 줄 몰랐어요."

라고 말하지 않는가? 손님이 어떤 분인 줄 알아야만 잘 대접하고 그렇지 않으면 아무렇게나 대접한다는 의미인데 앞으로는 절대로 그러지 말라고 권고한 일이 있다. 억울하게 인종차별을 당한 한인들이 많기도 하지만 사실은 많은 한인들이 인종차별의 선입견(prejudice)과 지각(perception)을 가지고 있다. 나는 우리 한인 자신들이 스스로 인종차별을 하기 때문에 그것을 느끼며 지각한다고 생각한다.

하나님께서 나를 변화시키신 이래 나는 인종차별에 대하여 생각도 하지 않고 더욱 누구를 차별하지도 않는다. 인종차별이 미국 사회에 없어서 그런 것이 아니다. 나도 인종차별을 당하기도 했고 많이 의식하며 느끼기도 했다. 또 내가 인종차별을 하기도 했다. 그러나 나는

인종차별의 선입견과 지각이 나의 발전에 큰 장애가 되는 것을 깨달았다. 내가 인종차별의 선입견을 가지고 그것을 지각하면서 사는 한 내가 가지고 있는 탈랜트나, 지식이나, 능력이나, 노력이나, 시간이나 모든 자질이 최대의 효과를 낼 수 없다는 것을 알게 되었다. 왜냐하면 내가 아무리 노력한들 인종차별이라는 장벽 때문에 그 관문을 뚫고 최고의 것을 달성할 수 없다고 포기해 버리기 때문이다. 내 안에 있는 인종차별의 선입견과 느낌과 지각이 나의 생산적인 풍성한 삶을 방해하는 장애물이 되는 것을 발견한 것이다. 인종차별이라는 지각이 내 마음에 정해지면(mindset) 이 정해진 마음이 내 생각의 과정(thinking process)을 지배하고 이 생각의 과정이 내 행동(behavior)을 주장하는 것을 깨달았다.

우리 교포 1세들이 미국 사회의 인종차별을 강하게 의식하면서 2세 자녀들을 양육하기 때문에 우리의 2세들이 그렇게 똑똑하고 실력 있고 또 아주 좋은 여건들이 그들에게 부여되어 있으나 그들이 미국 사회 속에서 최대의 실력을 발휘하지 못하고 있다. 인종차별에 대한 선입견과 지각이 그들이 성공할 수 있는 기회들을 저해하는 큰 정신적인 장애가 되는 것을 우리는 분명히 인식해야 한다.

멕시코 계통의 미국인(Mexican-American)들과 아프리카 계통의 미국인(African-American)들의 자녀들이 지금도 대부분 미국 사회 속에서 실력을 발휘하지 못하고 성공하지 못하는 이유가 여러 가지 있겠지만 그 중에서 가장 큰 이유는 이 인종차별의 의식과 지각이 너무나도 깊숙이 자리잡고 있다는 것이다. 우리는 차마 다 기록할 수 없을 만큼 인종차별을 당한 흑인들의 역사를 알고 있다. 지금도 그들

와이 미(Why me?)

은 인종차별을 당하고 있다.
　멕시코 계통의 미국인들도 얼마나 인종차별을 당해 왔는가? 많은 희생을 치렀던 민권운동을 통하여 정치적으로, 경제적으로, 사회적으로, 종교적으로, 문화적으로 그리고 교육적으로 많은 변혁을 가져와 미국 사회의 인종차별이 세계 어느 나라도 추종할 수 없을 만큼 완화되었다고 하지만 지금도 이 사회에 인종차별이 있는 것은 어느 누구도 부인할 수 없다. 이 문제는 앞으로도 계속해서 개선되어야 할 국가적, 사회적 과제이다. 나는 인종차별이라는 선입견과 의식이 나의 마음에 자리잡고 있는 한 내가 그 의식의 노예가 될 수밖에 없음을 발견했다.
　인종차별이라는 그 의식이 내 마음을 지배하고 내 생각을 지배하고 결국은 내 행동을 지배하고 있었기 때문에 거기에 온전히 사로잡혀서 나는 내 인생의 목표를 향해서 최선의 노력을 할 수 없었고 최대의 성과를 거둘 수도 없었다. 내가 왜 그렇게 손해를 본단 말인가? 그래서 나는 인종차별의 선입견과 지각을 완전히 끊어버리고 예수 그리스도를 통하여 나 자신을 해방시키기로 결심했다. 성령 충만의 능력으로 나는 인종차별 의식에서 완전히 자유함을 얻게 되었다. 누가 나를 인종차별하는 경우,
　"그것은 네 문제야. 나하고는 아무 관계 없어."(Pal, that's your problem. It doesn't affect me at all).
라고 생각하면서 그 인종차별의 의식이 내 마음 속에 들어오지 못하도록 성령의 능력에 힘입어서 일축해 버리곤 했다. 하나님께서 나를 변화시킨 이후에도 많은 인종차별을 경험했으나 오히려 넓은 마음으

진리가 너희를 자유케 하리라

로 하나님 편에 서서 이러한 문제를 해결함으로써 더 큰 역사를 이루는 많은 체험들을 하게 되었다. 나는 왕 같은 제사장이요, 하나님의 후사요, 예수님의 대사인데 누가 감히 나를 차별한단 말인가?

"하나님이 나와 함께 하시면 세상이 나를 어찌할꼬"(시편 118:6).

또 예수 그리스도를 믿는 내가 왜 하나님이 만드신 인간들을 차별한단 말인가? 내가 왜 인종차별을 의식하면서 살 필요가 있단 말인가? 나는 나에 대한 인종차별도 인정하지 않을 뿐만 아니라 다른 사람에 대하여도 인종차별을 하지 않는다. 나는 인종차별에서 해방되었다. 오직 성령 안에서 아무런 거리낌 없이 최선의 삶을 사는 엄청난 체험을 늘 하고 있다. 나는 그리스도 안에서 하나님께서 주시는 참 자유를 적극적으로 누림으로 다음과 같이 모든 면에 풍성한 삶을 경험하며 살고 있다.

첫째로, 이 자유는 나에게 말할 수 없는 기쁨과 행복과 평강의 생활을 누리게 하고, 매일매일 다이나믹(dynamic) 하고 익사이팅(exciting) 하며 또 도전적이고 모험적인 큰 기대와 소망의 삶으로 인도해 주고 있다.

둘째로, 이 자유는 나의 삶의 모든 면에 있어서 굉장한 창조력과 측량할 수 없을 정도의 생산성을 가져오게 한다.

셋째로, 이 자유는 나에게 초자연적인 삶의 비결을 가르쳐 체험케 하고 있다. 즉, 초자연적인 생각, 초자연적인 계획, 초자연적인 기도, 성령충만의 초자연적인 능력, 초자연적인 사랑의 삶으로 나를 인도해 주고 있다.

넷째로, 이 자유는 나에게 그리스도의 몸된 교회를 기쁨으로 충성

와이 미(Why me?)

스럽게 섬기게 하고 있다.

다섯째로, 이 자유는 나로 하여금 강하고 담대하게 그리고 충성스러운 마음으로 주님의 지상명령인 예수 그리스도의 복음을 땅끝까지 전파하는 특권을 누리게 해 주고 있다.

여섯째로, 이 자유는 나로 하여금 지역사회, 주, 나라, 그리고 국제사회에 영향력을 주는 영적인 지도력과 감화력을 발휘하도록 했으며 특별히 지역사회 발전에 크게 이바지하는 삶을 살게 하고 있다.

일곱째로, 나는 이 자유를 통하여 내가 가지고 있는 극히 미약하고 제한된 재능, 지식, 능력, 시간 그리고 에너지를 최대한으로 발휘하여 생각조차도 할 수 없는 많은 성과를 가져오는 체험을 하고 있으며 진정한 의미의 성공적인 삶을 마음껏 누리며 살고 있다.

마지막으로(나에게 있어 가장 중요한 것이기도 함), 이 자유는 나로 하여금 성령 안에서 끊임없는 비전과 꿈과 하나님의 뜻과 계획을 공급 받으며 넘치는 삶을 살게 하고 있다.

1976년 죽을 병에 들어 말할 수 없는 고통과 절망 속에서 원망과 반항심에 꽉 찬 마음으로 하나님께 "Why me?"(왜 하필이면 나 입니까?)라고 부르짖던 내가 이제는 너무도 감격하여 환희와 감사 속에서 "Why me?"(주님, 나 같은 사람을 왜 이렇게도 사랑하시며 은혜를 주십니까?) 하고 주님께 속삭인다.

내가 이렇게 완전히 변한 것은 전적으로 하나님의 그 크신 은혜 때문이다. 고통의 "Why me?"를 환희의 "Why me?"로 바꿀 수 있는 분은 오직 한 분 예수 그리스도이시다. 나에게 예수 그리스도 안에서 이 엄청난 자유를 누리며 측량할 수 없는 삶으로 인도하는 그 분께 나는 이 시간에도 그리고 영원토록 영광을 돌리며 찬양하고 경배할 것이다.

복 받는 가정
—부부—

변화된 부부 관계

나는 가정이 하나님께서 하나님의 우주적인 비전과 계획을 이루시고 완성시키는 가장 중요한 터전인 것을 새삼스럽게 발견했다 (Family is the foundation for the fulfillment of God's universal vision and plan). 이 비전과 계획의 일부를 담당케 하기 위하여 우리 가정을 아름다운 가정으로 복귀시켜 주신 하나님께 감사를 드린다.

우리가 중생할 때 그 거듭난 삶의 모습이 가장 먼저 나타나는 곳이 가정이다. 우리가 정말 그리스도 안에서 변화되었다면 그 변화가 가장 먼저 가정에서 구체적으로 나타나야 한다. 중생을 체험했다고 하는 많은 그리스도인들이나 심지어는 교회의 중책을 맡은 지도자들 중에서도 거듭난 삶의 모습이 가정에서 실천되지 않는 문제의 가정들을 우리는 많이 보아오고 있다. 또 이런 것들을 숨기면서 교회에 출석하고 봉사하는 기독교인들이 얼마나 많은지 말하지 않아도 다 잘 알 것이다.

　미국에서도 중생했다고 고백하는 많은 기독교인들이 쉽게 이혼하는 것을 흔히 볼 수 있다. 미국의 경우, 내 주위의 많은 교수들, 정부요인들, 경영인들, 엔지니어들, 변호사들, 의사들이 교회는 다니는데 대부분이 이혼한 경험을 갖고 있다. 박사과정에서 친하게 지내며 함께 공부했던 12명의 동료들 중에서 지금은 9명이 이혼을

◆ 크리스마스 때 뉴욕 딸 집을 방문하여(1997년)

하였다. 그 중 한 동료는 3번이나 이혼하는 것을 내 자신이 직접 보아왔다. 내가 지금 이혼에 대하여 정죄하는 것은 절대로 아니다. 그러나 이것이 기독교인들에게 있어서 매우 중요한 문제인 것을 우리는 인식해야 한다.

　세례도 받고 중생을 경험했다고 하는 많은 기독교인들이 쉽게 이혼을 할 뿐만 아니라 그 결과로 자녀들에게 엄청난 상처를 주며 그

와이 미(Why me?)

상처 때문에 우리 사회에 청소년 범죄 사건이 날로 늘고 있는 것을 우리가 직접 목격도 하며 뉴스 미디어를 통해서 보고 듣는다. 하나님께서 나를 산산이 부셔 버리고 거듭나게 하지 않으셨으면 우리 가정도 이미 파산되었거나 설령 가정이 지탱되었다 해도 서로의 교만과 자존심의 충돌 때문에 많은 어려움과 고통 속에서 힘들게 살아야만 했을 것이다.

내 아내도 상당히 교만했었다. 나의 강한 성격을 꺾을 수는 없고 자신의 자존심을 누르고 삭이면서 살아야 했으니 얼마나 마음이 고통스러웠을까 짐작할 수 있다. 내 자신이 먼저 산산조각으로 깨지고 예수 그리스도 안에서 새로운 피조물로 거듭나게 되니 내 아내도 깨지고 변화되는 체험을 하게 되었다. 서로에게 가졌던 그 많은 불평들, 장점보다는 단점을 더 많이 보면서 만족하지 못했던 생활, 속시원히 털어놓지 못하고 마음 속에 묻어두었던 숱한 고민들 그리고 마냥 참고 견디면서 간직했던 고통스러운 일들을…. 우리는 이것들을 내어놓고 울면서 서로에게 회개하고 용서하며 우리 모습 그대로 서로 용납하고 사랑하는 깊은 체험을 같이 하게 되었다. 변화된 새로운 차원에서 우리의 부부생활은 다시 시작되었다.

하나님께서 나에게 가장 필요하고 좋은 돕는 배필(suitable helper)을 짝지어 주셨음을 깨닫고 나는 '내 뼈 중의 뼈요 살 중의 살'인 아내를(창세기 2:20~23) 그리스도께서 교회를 사랑하시고 위하여 자신을 주심과 같이 사랑하기로(에베소서 5:24) 결심했다.

우리는 그날 이후 지금까지 거듭난 삶 속에서 육체적으로, 정신적으로, 지적으로 그리고 영적으로 그리스도 안에서 너무나도 깊은 사

복받는 가정(부부)

랑과 애정(affection)을 나누면서 살고 있다. 내가 변한 후 어느 날 아내는 나와 대화를 나누다가 웃으면서
 "여보. 우리 한국 여인은 복숭아 같아요. 복숭아가 익으면 얼마나 먹음직스럽고 아름다워요. 또 먹으면 얼마나 맛이 있어요. 그런데 너무 꼭 깨물지는 말아요. 이빨이 부러질지도 모르니까…. 그 안에 단단한 씨가 있으니까요."
라고 말하면서 무엇인가 힌트겸 경고를 하는 것 같았다. 나는 아내의 말을 듣자 문득 생각나는 것이 있었다. 하와이에서 생산되는 코코넛이 생각났다. 나는 아내에게,
 "오! 그러면 우리 한국 남편은 코코넛 같구먼. 코코넛은 겉으로 보기에는 남자 같고 단단하며 강하고 크지만 사실 꽉 깨뜨리면 속이 텅 비어 있지."
라고 대답하면서 한참 재미있게 웃은 일이 기억난다. 아내가 연약하게 보일는지 모르지만 인내를 가지고 끝까지 견디며 가정의 모든 일들을 꾸려가는 강한 의지력이 복숭아 씨 같은 아내에게 있다는 것을 발견했다.
 얼마 후 아내는 또 나에게,
 "여보, 나는 당신이 우리 가정의 머리(head)인 것을 분명히 알고 또 인정합니다. 그런데 나는 목이에요. 목이 부드럽게 잘 움직여야 머리도 움직이지 만약에 목이 뻣뻣하여 움직이지 않으면 머리도 움직이지 못하는 것 아시지요?"
하고 말할 때 같이 크게 웃으면서 성경적인 진리를 깨달았다. 나는 그때 교회의 머리 되신 예수님께서 교회를 그리스도의 피로 사실 만

와이 미(Why me?)

큼 사랑하신 것같이 가정의 머리된 내가 아내를 지극히 사랑하여 그 목을 언제나 부드럽고 아름답게 할 것을 다짐한 일이 있다. 나는 우리 부부관계에서 아내와의 사이에 5가지의 관계성을 하나님께서 주신 비전으로 믿고 서로 실천하여 넘치도록 풍성한 삶을 살고 있다.

첫째로, 아내는 나에게 있어서 누나와 같은 존재이다.
누나가 남자동생을 잘 돌보아 주며 동생이 응석을 부려도 너그럽게 잘 받아 주는 것과 같이 나에게는 그러한 역할을 하는 아내가 꼭 필요함을 깨달았다. 우리 딸과 아들과의 관계가 그렇다. 샤론(Sharon-영혜)이 6살 위인 누나인데 동생 폴(Paul-영복)을 얼마나 잘 보살펴 주고 부탁하는 대로 다 들어주며, 너그럽게 받아주는지 모른다. 어렸을 때부터 지금까지 아주 다정하고 모든 응석을 다 받아주는 정말 본받을 만한 누나와 동생관계를 갖고 있다. 많은 자녀들의 관계가 그렇겠지만 우리 두 아이들의 관계는 정말 보기 드문 예라고 하겠다.

남편들은 묘한 성격이 있어서인지 동생같이 부탁하는 것도 많고 요구하는 것도 많으며, 어떤 때는 이유없이 아내에게 괜히 응석을 부리고 싶을 때가 있다. 내 경우는 특별히 그러하다. 나는 아내에게 부탁하는 일이 많고 요청하는 것도 많다. 아내의 주목(attention)을 끌기 위하여 응석을 부릴 때도 있다. 그럴 때마다 누나같이 넓은 마음으로 잘 받아주는 아내가 나에게는 꼭 필요한데 내 아내가 변한 후에는 이 역할을 잘 해주어서 우리 부부는 사이 좋은 누나와 동생같이 너무도 재미있게 살고 있다. 아내는 나의 필요한 모든 것을 그렇게도

복받는 가정(부부)

빨리 파악하여 내가 말을 내놓기도 전에 모든 것을 준비해 준다.

둘째로, 아내는 나에게 있어서 영원히 가까운 친구 중의 친구이다.
예수 그리스도께서는 주님을 믿는 우리들에게 이제는 종이 아니고 친구라고 하셨다. 내가 예수님께 나의 모든 것을 하나하나 고백하고 상의하며 예수님께서도 그의 사랑과 뜻을 나에게 말씀하시고 서로 숨김없이 깊은 대화를 나누는 것 같이 내 아내와 나 사이에는 모든 것을 그리고 어느 것도 서로 말하고 들어주는 진정한 의미의 친구가 되었다(We can talk anything and everything, and we can listen to everything and anything).

우리 부부는 매일 그날 하루에 있었던 궂은 일이든 좋은 일이든 서로 자세하게 꼭 나누어야(sharing) 한다. 좋은 일은 서로 기뻐하고 하나님께 감사하며, 마음 아프고 좋지 않은 일들에 대해서는 서로 위로하고 격려하면서 주님께서 어떤 뜻을 가지고 계신지 그 뜻을 찾으며 같이 기도함으로 극복한다.

나는 어렸을 때부터 지금까지 직장이나 사업터에서 그리고 사회생활을 통하여 직접 자신들에게 관련된 일들에 대하여 부부 사이에 서로 인격을 존중하면서 대화하는 모습을 별로 목격하지 못했다. 물론 국가의 최고의 비밀은 지켜야 할 것이다. 심지어는 크리스천 부부들인데도 깊은 대화를 나누며 사는 부부를 많이 보지 못했다. 한마디로 말해서 현대는 정직하고 솔직한 부부생활을 보기가 힘든 때이다. 남편이나 아내가 서로에게 일어난 일을 알고 싶어 물을 때 '당신은 알 필요없어요!' 등등 퉁명스럽게 대답하는 모습을 많이 경험하고 보아

와이 미(Why me?)

왔다. 나도 변하기 전에는 그랬었다.

그러나 우리가 그리스도 안에서 새로운 피조물이 되어 거듭난 생활을 하는 진정한 부부라고 한다면 왜 내 아내와 내 남편에게 일어나고 있는 모든 일들을 알 필요가 없는지 이해할 수가 없다. 좋은 일이든 나쁜 일이든 이 모든 일을 누구와 대화하고 상의하며 같이 기도할 수 있겠는가? 예수 그리스도 외에는 가장 가까운 사이가 부부가 아니겠는가? 기쁜 일에 누가 더 기뻐하며 어렵고 고통스러운 일을 당하면 누가 더 염려하고 고통스러워 하며 기도해 주겠는가? 기쁘고 즐거운 일만 서로 나누고 자신에게 일어난 어렵고 궂은 일들을 서로 나누지 못하는 사이라면 진정한 부부라고 할 수 없을 것이다. 창피스럽고 어려운 일이라 할지라도 서로 대화를 함으로써 해결 방법을 찾을 수 있다. 부부가 함께 노력하여 문제가 해결되면 먼저 하나님의 은혜에 감사하게 되고 부부 사이는 서로를 더욱 의지하며 힘찬 삶을 살 것이다. 우리는 바로 이러한 삶을 늘 체험하며 살고 있다.

나는 대학교의 일, 주정부의 일, 연구소의 일, 또는 복음 전하는 일로 혼자 여행할 때면 언제나 매일 알라스카의 시간에 맞추어 아내에게 꼭 전화해서 그날에 있었던 일들을 서로 나누는 시간을 갖는다. 내가 1990년 여름에 구 소련을 방문했을 때에는 전화시설이 좋지 않아 통화할 수 없어서 무척이나 안타까웠다. 그때를 제외하고는 내가 혼자 여행할 때 아내에게 전화하는 일을 하루도 거른 적이 없다. 나는 전화의 대화를 언제나,

"나는 당신을 정말 사랑하오."(I love you very much!)

영어로 고백하면 내 아내도,

복받는 가정(부부)

"나도 당신을 정말 사랑해요."(I love you very much too!)

하고 대답한다. 전화 비용이 많이 들지만 나의 영원한 친구 같은 사랑하는 아내의 목소리를 들으면서 되어가는 일들을 정답게 얘기하는 그 가치와 어찌 비교할 수 있겠는가? 부부 사이에 숨길 것이 있고 모든 일들을 서로 나누지(sharing) 못하는 부부생활은 불행할 뿐만 아니라 하나님이 원하시는 참 가정이 될 수 없다고 생각한다.

셋째로, 나에게 있어서 아내는 어머니의 품과 같다.

물론 부부로서 육체적인 관계에서도 아내의 품이 중요하겠지만 남편은 아내의 넓은 마음의 품에서 어머님의 품과 같은 깊은 쉼을 필요로 한다. 남편들이 아내의 넓은 마음에서 이 쉼을 얻지 못할 때 많은 어려움이 오는 것을 우리는 잘 알고 있다. 어린 아이들이 어머니의 품속에서 큰 쉼을 얻는 것과 같이 모든 남편들에게도 이 쉼이 필요하다. 사랑하는 아내를 통하여 이 쉼을 주시는 하나님께 나는 다시 감사를 드린다.

넷째로, 아내는 나에게 있어서 항상 연인이다.

젊었을 때 연애할 때만 연인이 아니고 결혼 후 어제나 오늘이나 영원토록 아내는 언제나 나의 연인이다. 내가 변화되고 아내가 변화된 후 우리는 날이 가고, 달이 가고, 해가 갈수록 더 깊은 연인으로 살고 있다. 우리는 언제나 '나는 당신을 사랑하오.'(I love you!) 하면서 전 인격의 깊은 사랑을 늘 나누고 있다. 나는 날마다 아침에 일어나면 '굳 모오닝'(Good Morning!) 하면서 아내를 꼭 껴안아 준다. 우

와이 미(Why me?)

리는 생일, 결혼 기념일, 부활절, 어머니날, 아버지날, 발렌타인즈 데이(Valentine's day), 추수 감사절 그리고 크리스마스 때마다 선물뿐만 아니라 꼭 카드를 사서 깊은 연인의 사랑을 고백하는 글을 써서 서로 교환한다.

내가 멀리 여행할 때에는 여행 중에 진행되는 일들을 자세히 알리면서 꼭 사랑의 편지를 아내에게 보낸다. 포스트 카드에 간단하게 적어서 보내는 것이 아니고 구구절절이 내 마음을 적어서 적어도 2~3장 열애의 편지를 보낸다. 32년이나 살아온 부부 사이에 무슨 할 말이 있어서 늘 편지를 그렇게 길게 쓰겠는가 반문도 하겠으나 그리스도와 나 사이에 끊임없는 사랑의 고백이 있는 것과 같이 우리에게는 영원한 연인 사이의 끊임없는 사랑의 고백이 있다. 영어로 표현하는 "My Dearest Sung!"이 "사랑하는 여보" 보다는 더 실감있게 표현되는 것 같아 나는 늘 그렇게 시작하며 편지를 쓴다. 나는 얼마 전 우연히 내가 보낸 모든 편지를 아내가 다 모아 놓은 것을 발견했다. 내가 여행에서 돌아와 비행기에서 내릴 때면 공항에서 기다리고 있던 아내는 밝은 얼굴에 활짝 핀 함박 웃음으로 너무도 기뻐하며 나를 맞아준다. 나는 아내를 맞아 꼭 껴안아서 키스해 준다. 그렇게도 반갑고 기쁠 수가 없다.

1년이면 적어도 20~30차례 긴 여행을 하면서 얼마나 많은 연인의 대화를 마음으로, 편지로, 전화로 나누었는지 모른다. 물론 우리는 함께 여행할 때도 많다. 함께 여행할 때는 서로에게 불편함이 없도록 최선을 다하여 보살피며 신혼여행하는 기분으로 여행한다.

1995년 3월에 로마 한인 교회 한평우 목사님 초청으로 집회를 위

◆로마 집회 중 콜리세움 앞에서

해서 로마에 갈 때에도 우리는 알라스카에서 새벽1시에 출발하여 워싱턴 D.C.(Washington D.C.)를 거쳐 무려 21시간 동안이나 비행기를 탔지만 우리 결혼 28주년에 함께 여행한다는 즐거움에 우리는 마냥 행복하기만 하였다. 한 목사님께서 밀라노 집회와 파리 집회도 안내해 주셔서 하나님의 크신 능력과 은혜 가운데 집회도 잘 마치고 더불어서 우리의 여행도 그저 기쁘기만 하였다.

1997년 5월과 6월에는 여러 집회와 JAMA(Jesus Awakening Movement for America; 북미주 예수 대각성운동) 준비차 오스트레일리아의 시드니(청년집회, 세계 한인 목회자 세미나), 일본 동경과 오다와라(동경 요도바시교회), 한국 인천(부평 감리교회), 영국

와이 미(Why me?)

런던(선교전원교회), 독일(기독실업인회 세계대회), 오스트리아, 스위스 등지를 아내와 함께 여행할 수 있는 기회를 가졌었다.

또 1998년에는 사랑하는 아내와 강운영 전도사님과 함께 5월 29일부터 8월 17일 새벽까지 만 80일 동안 2만여 마일을 운전하여 미국과 캐나다 58개 도시를 돌면서 120회의 메시지를 전하며 북미주 예수 대각성 크루쎄이드(crusade)를 하기도 했다. 긴 여행으로 몸은 피곤하였지만 연인의 마음으로 서로 돕고 아껴 주면서 여행하는 우리에게는 감사와 기쁨 뿐이었다. 하나님의 은혜가 우리에게 충만하였다.

남편에게는 아내와 깊은 연인의 관계를 늘 갖는 것이 절대로 필요하다. 물론 아내에게도 마찬가지다. 부부가 서로를 연인으로 여기지 않고 결혼하면, 남편을 보살피고 자녀를 기르며 가정일이나 돌보는 가정주부(home-maker)라고만 생각하며 그렇게 부부생활을 하게 되면-미국에서는 우리 한국 부인들이 대부분 직장 생활이나 사업을 하고 있다-언젠가 남편은 꼭 자기 마음을 채워주는 다른 연인을 찾게 되는 경우가 너무 많다. 이것이 부부 사이와 가정을 파탄시키는 가장 큰 이유 중의 하나이다. 내 아내가 나의 진정한 연인이라면 왜 다른 여자를 유혹하고 또 유혹을 받겠는가? 마음을 어떻게 갖느냐가 대단히 중요하다. 왜 이혼율이 그렇게 늘어가고 있는가? 아내가 연인으로서 남편의 마음을 채워주지 못할 때 남편은 그 마음을 채워 줄 수 있는 다른 연인을 끊임없이 찾게 되어 있다.

아내도 마찬가지다. 아내가 남편을 전통적인 역할만 하는 남편으로 생각하고 살면 그 마음을 채워 줄 수 있는 다른 연인을 꼭 찾게 마

복받는 가정(부부)

련이다. 이것이 가정 불륜을 가져오는 무서운 유혹이다. 많은 가정들이 이러한 문제 때문에 파탄 직전에 있으며 이미 무너진 가정도 있고 또 겉으로는 아무렇지 않은 것 같으나 체면 때문에 어쨌든 가정은 유지해야 하므로 사실을 숨기면서 불륜의 죄를 지으며 살고 있는 부부가 대단히 많은 것으로 안다. 따라서 아내와 남편이 서로 상대방을 처음 연애할 때와 같이 깊은 연인의 관계를 계속 유지하면서 끊임없이 높은 차원에서 주님을 중심으로 서로 최선을 다하여 최고의 성장과 최고의 삶의 가치를 경험하는 삶을 살지 못한다면 진정한 의미에서 기쁘고 행복한 부부생활을 영위할 수 없을 것이다. 하나님 앞과 사람 앞에서 마음과 동기가 순수하고 순결하며 깨끗하고 거룩한 바탕 위에 연인으로서의 부부관계가 이루어지고, 이 관계가 끊임없이 계속되면서 서로의 인격 존중과 재능의 최고 개발을 위해서 최선을 다하는 것이 절대적으로 중요한 요소라 하겠다.

누구도 완전한 사람이 없고, 죄와 허물이 없는 사람이 없다. 그러나 우리가 중생한 하나님의 자녀라면 매일매일의 생활이 성화(sanctification)되어야 하겠고, 더 창조적이고 더 생산적인 삶을 살아야 할 것이다. 이러한 차원에서 우리를 연인으로서의 부부관계를 누리게 하시는 하나님께 다시 감사와 찬송을 드린다.

다섯째로. 아내는 나에게 있어서 가장 소중하고 귀중한 반려자(companion)이다.

기쁠 때나 괴로울 때나, 가난할 때나 부할 때나, 건강할 때나 병들었을 때에 언제나 나와 동행하며 내 곁에 견고히 서서 어떠한 상황이

와이 미(Why me?)

나 환경에 처할지라도 '나는 당신 옆에 있습니다.' 하는 아내가 얼마나 소중하고 필요한지 모른다. 그러나 세상에는 심지어 기독교인들 중에서도 욥의 아내와 같은 사람들이 많은 것을 볼 수 있다. 어려움을 당한 남편에게 비난이나 불평을 하는 것보다는 사랑과 용기를 주는 아내가 얼마나 필요한지 모른다. 어려움을 당한 것만 해도 힘든 일인데 비난을 받게 되면 누구에게서 위로를 받겠는가?

그러나 내가 어떠한 형편에 처하든지 '여보, 내가 당신과 함께 있으니 염려 마세요.' 하면서 강하고 용기있게 격려하면서 곁에서 함께 어려움을 해결하려고 하는 아내라면 얼마나 귀하고 아름다울까?

내 아내는 남편 김춘근을 위한 훌륭한 응원단장(cheerleader)이다. 아내의 입장에서도 남편이 그렇게 해주기를 원할 것이다. 그래서 나도 내 아내의 응원단장 역할을 늘 하고 있다. 우리는 가끔 가정 세미나에 함께 강사로 초청받을 때가 있다. 부부가 직접 경험하는 삶을 나누며 말씀을 전하게 되니까 은혜를 더 많이 받는 것 같다.

우리 부부 사이는 금전을 다루는데 있어서도 한 번도 서로를 속인 일이 없다. 내가 변화된 후 오늘날까지 22년 동안 나는 1불도 아내를 속인 일이 없다. 아내가 쇼핑을 해도 얼마 주었느냐고 값을 물어본 일이 없다(언제나 아내가 값을 알려 주지만). 왜 그런 물건을 샀느냐고 탓한 적도 없고 아내가 돈을 어떻게 처리하는지에 대해서도 물어보거나 의심한 적도 없다. 물론 내 아내는 미국 회사의 재정부장까지 지낸 경험이 있고 내가 학위를 마친 후 경제학과 회계학을 공부했기에 가정의 재정을 잘 처리할 수 있겠으나 중요한 것은 내가 아내를 전적으로 믿고 신뢰하기 때문에 그렇다.

복받는 가정(부부)

나는 부부 사이가 금전 관계로 파탄을 가져오는 것을 많이 목격했다. 물론 사업에 관련된 은행관계는 다르겠지만 부부 사이에 저금통장을 각각 사용하는 것도 절대로 바람직한 일이 아니다. 우리는 지금까지 꼭 두 이름을 같이 넣어 사용하여 왔다. 남편이든 아내이든 현찰(cash)을 많이 가지고 다니는 것은 더욱 좋지 않은데 그로 인하여 낭비하거나 남용을 할 뿐 아니라 여러 가지 유혹에 빠지기 쉽기 때문이다. 돈거래가 복잡하면 신앙생활에 큰 장애가 된다. 돈에 대하여 서로가 정직해야 한다. 부부 사이 뿐만 아니라 모든 일에 있어서 돈에 대해서는 분명해야 한다. 한 집사가 나에게,

"저는 제 남편과 따로따로 체크 북(check book)을 가지고 있고 은행계좌도 따로 가지고 있습니다. 돈 거래도 남편이 전혀 모릅니다."

라고 아무 거리낌없이 말할 때 나는 놀람을 금치 못했다. 우리가 주 안에서 새로운 피조물로 거듭났다면 부부 사이는 믿음과 신뢰에서 이루어져야 하는데 너무나 많은 크리스천들이 그렇게 살지 못하는 것을 본다. 우리가 기독교인으로서 그렇게 산다면 믿지 않는 사람들과 무엇이 다르겠는가? 어떻게 이 세상에서 빛과 소금의 역할을 할 수 있겠는가? 안타까운 일이다.

우리가 그리스도 안에서 변화되었다고 하지만 부부 사이에 왜 다툴 때가 없겠는가? 그러나 우리는 빨리 회개하고 해결한다. 우리 부부는 이것들을 철저히 실천한다.

이 다섯 가지 부부 사이의 비전을 예수님의 사랑을 중심으로 열심히 실천해 나가는 과정에서 우리 부부는 진 인격적으로 특별히 영적

와이 미(Why me?)

인 면에서 서로를 너무도 좋아하며(liking), 영원한 사랑으로 사랑하는(loving) 관계와 휄로우쉽(fellowship) 속에서 진정한 의미의 행복한 부부생활을 하고 있다. 이것은 전적으로 하나님의 은혜임을 고백한다.

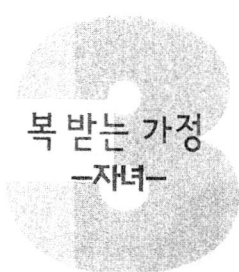

복 받는 가정
—자녀—

하나님의 자녀

나의 변화를 통하여 자녀들을 어떻게 잘 기르며 자녀들과 어떠한 관계와 휄로우쉽(fellowship)을 가져야 하는지 그 비결을 하나님께서 나에게 보여 주셨다.

성경 말씀에,

"자식은 여호와의 주신 기업이요 태의 열매는 그의 상급이로다" (시편 127:3)라고 하셨는데 하나님이 기업으로 주신 이 귀한 자녀를 하나님의 뜻에 합당하게 어떻게 기를 것인가를 성경 말씀을 읽는 중에 하나님께서 보여 주셨으며 우리 가족은 이것을 힘써 실천하여 왔다.

첫째로, 우리는 기도로 자녀를 길렀다.

나는 병을 고치기 위하여 순수한 물과 순수한 레몬쥬스를 수없이 마셨던 것이 습관이 되어 병이 완쾌된 지금도 계속해서 물을 많이 마

와이 미(Why me?)

◆자랄 때의 사랑하는 딸 샤론과 아들 폴

신다. 그래서 밤중에라도 화장실을 가야 하기에 매일 밤 한 번 내지 두 번은 꼭 잠을 깬다. 매일 밤 잠을 깰 때마다 샤론(Sharon) 방에 들어가 딸의 머리와 가슴에 손을 얹고 간절히 하나님께 기도했다.

"사랑의 아버지 하나님, 이 소중한 딸을 하나님께서 선물로 주셨습니다. 이 딸의 심장을 예수 그리스도의 심장으로 채우셔서 사랑과 용서와 인내와 겸손과 순종으로 충만케 하시고, 이 머리에는 하나님의 선하시고 기뻐하시고 온전하신 뜻을 이루는 지혜와 총명과 명철함으로 충만케 하시어, 오직 하나님께만 영광을 돌리는 귀한 딸이 되게 하옵소서. 샤론의 꽃같이 아름다운 주님의 딸이 되게 하옵소서. 주님의 영광을 위해서 마음껏 길러 주시고, 훈련시키시며, 귀하게 사용하여 주시옵소서."

내가 변화된 1978년부터 나는 매일 밤 이 기도하는 일을 계속해 왔다. 딸이 장성하여 가슴에 손을 얹을 수 없을 때에는 침대 옆에 무릎을 꿇고 딸의 손을 꼭 잡고 기도했다. 딸을 위한 기도가 끝나면 나는 아들 폴(Paul) 방에 들어가 가슴과 머리에 손을 얹고 똑같은 내용으로 기도하면서 한 가지를 더 소원했다.

"하나님의 영광을 위해서 이 아들을 21세기에 필요한 요셉과 다니엘과 사도 바울 같은 인물로 길러 주시고 훈련시켜 주시며 마음껏 사용하여 주시옵소서."

우리 딸이 집을 떠나 멀리 대학에 간 후에는 매일 밤 손을 잡고 기도할 수 없게 되었다. 1986년 우리 가족이 딸을 스미스 대학(Smith College)에 입학시키고 돌아와서부터는 사랑하는 아내가 나와 함께 딸을 위하여 매일 새벽마다 주님께 매달려 기도하기 시작하였다. 4천 마일이나 떨어져서 공부하는 18세 된 딸을 누구에게 부탁하여 돌보게 할 수 있겠는가? 오직 하나님께 기도하며 매달릴 수밖에 없었다.

1992년에는 아들을 멀리 코넬 대학(Cornell University)에 떠나 보냈다. 우리는 역시 계속해서 두 자녀를 위하여 새벽마다 하나님께 매달려 기도했다. 이러한 간절한 기도를 통하여 우리가 기대하거나 원했던 것보다 하나님께서 더 크게 응답해 주시는 것을 수없이 경험하게 되었다. 우리는 자녀들의 대학 입학을 위해서도 기도를 많이 했지만 오히려 입학 후에 새벽마다 더 기도하게 되었다.

둘째로, 우리는 자녀를 그리스도의 제자로 기르려고 힘썼다.

우리 가정은 성경공부를 통하여 우리 두 자녀를 예수 그리스도의 제자로 기르는 일을 어렸을 때부터 실천해 왔다. 우리 부모가 성경 말씀을 통하여 우리 자녀들에게 가르친 것을 실천하고 매일매일의 삶을 통하여 그리스도인의 삶을 직접 보여줌으로써 그리스도의 제자

와이 미(Why me?)

로 훈련시켰다. 우리 부부가 가정에서 그리스도인으로서 모범된 삶을 직접 아들과 딸에게 보여주는 것같이 강한 제자훈련은 없다고 본다. 다른 사람을 제자로 훈련시키는 데는 열심을 다하는 부모들이 자녀들을 제자로 훈련시키는 데는 너무나 등한히 하고 있는 사실들을 많이 보고 있다.

특히 우리는 자녀들의 생활에 관계되는 많은 문제들에 대하여 그 것을 바르게 해결할 수 있는 비결과 구체적인 실천 방법을 보여주며 길렀다. 자녀들이 고민하는 문제들 그리고 앞으로 닥칠 여러 가지 문제들과 그 해결 방법을 구체적으로 대화하고 상의하면서 어떻게 하나님의 뜻에 비추어 하나님의 뜻대로 그 문제를 해결하고 결정할 수 있는지 그 비결을 성경 말씀을 통하여 가르치고 그 실천 방법을 구체적으로 보여주는데 최선을 다해 왔다.

예를 들면 대학 선택, 전공분야 결정, 배우자 결정, 인생 문제, 죄, 하나님의 뜻을 아는 법, 성공, 자살, 실패, 마약, 술, 담배, 섹스, 학교생활, 성적, 친구, 시간관리, 장래 직업, 열등감, 교만, 자신의 이미지(image), 인종차별, 아이덴티티(identity), 교회에서 섬기는 자세, 유혹, 부모와 자녀 관계 등 수많은 문제와 고민거리들을 깊은 대화를 나누며 말씀을 통하여 기본 원칙을 찾고 그리고 실천하는 방법과 비결을 같이 발견하고 실천함으로써 구체적인 제자 훈련을 했다. 이러한 과정에서 우리 딸과 아들은 고등학교 때부터 같은 학년에 있는 친구들을 우리 집에 초청하여 엄마의 도움을 받아 직접 성경공부를 인도했고 교회에서도 주일마다 같은 또래의 학생 그룹을 인도했다.

우리 부모가 자녀들의 삶(life)을 대신 살 수 없고 자녀들이 우리의

복받는 가정(자녀)

삶을 대신하여 살 수 없기 때문에 부모의 소원이나 한을 풀기 위해서 자녀를 기르는 것은 하나님의 뜻에 합당할 수 없다. 자녀들은 하나님이 주신 기업이요, 선물이기 때문에 우리 부모들은 이 자녀들이 하나님의 뜻을 따라 하나님께서 주신 특별한 달란트나 은사대로 잘 자라서 하나님께 크게 사용되도록 최선을 다하여 보살피고 기르는 책임이 있다고 믿는다(에베소서 6:1~4).

우리 부부는 우리 자녀와 함께 인생의 계획과 꿈과 비전을 서로 이야기 하면서 어떻게 하면 샤론과 폴이 자신들의 인생을 최선을 다하여 살 뿐만 아니라 하나님께 최대한으로 영광을 돌릴 수 있는가를 친구처럼 마음을 열고 진지하게 나누고(sharing), 격려하면서 살아왔다. 샤론과 폴은 하나님께서 우리 부부에게 주신 귀한 자녀일 뿐만 아니라 영적으로 우리 부부의 소중한 제자가 되었다.

셋째로, 우리는 부모로서 자녀의 롤 모델(role model)이 되려고 애썼다.

부모가 자녀의 롤 모델이 되는 것은 대단히 중요하다고 생각한다. 왜냐하면 자녀들의 인격 형성은 부모의 삶에서 시작되기 때문이다. 우리는 서로 약속한 것은 최선을 다하여 꼭 이행했고, 우리가 자녀들을 가르치는 대로 실천하는 것을 게을리하지 않았다. 어려운 일이지만 우리는 최선을 다하여 자녀들에게 모범된 생활을 보여 주어왔다. 우리는 정직, 성실, 신뢰, 충성, 책임감과 겸손을 인격의 중요한 성품으로 알고 자녀들과 더불어 신실하게 이것을 지키는데 오늘날까지 최선을 다하여 왔다고 고백하고 싶다.

와이 미(Why me?)

　또한 부부 사이의 아름다운 사랑을 보여 주어야 자녀들이 그러한 가정을 이루기를 동경한다. 지금 자녀들은 부모들에게 그리고 교회 어른들에게 이제는 말만 하지 말고 구체적인 삶을 직접 보여 달라고 요구한다.
　"보여주세요."(Show me)가 요즘 미국 젊은이들 중에서 유행되는 말 중의 하나인데 어른들에게 말을 행동으로 옮기는(walking the talk) 모범된 삶을 보여 달라는 도전이다.
　얼마 전에 알라스카 열린문 교회에서 부모들과 자녀들이 모두 모인 가운데 내 아들 폴과 내가 한 팀이 되어 부모는 자녀를 어떻게 기르고, 자녀는 어떻게 살아야 하는가에 대하여 2시간 동안 세미나를 한 일이 있다. 그 세미나는 많은 사람들에게 도전이 되었다. 언젠가 아들 폴이 자기는 이 다음에 어머니 같은 아내를 맞이하고 싶다고 하고, 딸 샤론은 아버지 같은 남편을 원한다고 말할 때 우리 부부는 진심으로 하나님께 감사와 영광을 돌렸다. 딸은 4년전에 좋은 신랑을 만나 결혼하여, 지금은 그리스도 안에서 좋은 가정을 이루어 뉴욕에서 살고 있다. 그 꿈과 기도가 이루어진 것이다.
　오래전 일이다. 6살 된 딸이 내 무릎에 앉아서 같이 TV를 보다가 문득,
　"아빠, 당신의 아내를 어떻게 만났어요?"(Dad, How did you meet your wife?)
라고 물었다.
　아빠가 엄마를 어떻게 만났느냐고 묻는 것이 아니고, 당신의 아내를 어떻게 만났느냐고 아주 객관적인 질문을 나에게 던졌다. 그래서

◆가족과 함께(1992년)

나는 TV를 끄고 내 무릎에 앉아 있는 딸에게 우리가 어떻게 만났고 어떻게 연애했으며 어떻게 결혼을 하게 되었는지 한 시간 이상 이야기해 주었는데 6살 된 아이가 너무도 신기하게 그리고 흥미있게 듣고 있었다. 내 말이 끝나자,

"와우!"

감격하면서 나도 크면 그렇게 멋있는 연애를 하겠다고 하였는데 그 때 내가 들려주었던 스토리가 그 어린 딸에게 좋은 자극을 주었는지 지금 딸 부부는 아주 멋있게 살고 있다.

딸의 혼례를 치르기 얼마 전에 시부모 될 분들과 만난 자리에서 나는,

와이 미(Why me?)

"만약에 우리 딸이 내 아내의 진(gene: 유전자)과 피를 조금이라도 지니고 있다면 아주 좋은 아내가 될 것을 나는 분명히 믿습니다." 라고 말한 적이 있다.

부모의 좋은 모범을 보고 자란 자녀들이 다시 좋은 롤 모델(role model)이 되는 것은 하나님께서 정하신 소중한 원칙임을 안다. 자녀들이 성숙한 그리스도인으로서 모범되고 멋있는 가정 생활을 이루어 가는 것을 보면서 하나님의 은혜와 축복에 감사드린다.

넷째로, 우리는 모든 것을 나누는(sharing) 중 특히 어렸을 때부터 딸과 아들의 계획과 꿈과 비전을 들으면서, 그 꿈과 비전이 이루어질 수 있는 환경을 조성하는데 최선을 다했다.

나는 딸 샤론이 초등학교 6학년 때부터 새 학기가 시작할 때면 좋은 옷을 사 입히고 남자가 턱시도를 입고 써브하는 조용한 고급 음식점에 데리고 가서 숙녀같이 저녁을 잘 대접하면서 딸과 깊은 대화를 나누는 아빠와 딸의 귀한 시간(father-daughter talk)을 가져왔다. 이러한 분위기는 딸로 하여금 하고 싶은 말을 다 할 수 있도록 했기 때문에 그 시간은 딸에게 일어나는 여러 가지 생각과 마음 상태와 문제를 잘 파악할 수 있는 귀한 시간이 되었다. 우리는 대화를 통해서 서로를 더욱 이해하고 사랑하게 되었다. 나는 그 시간을 이용하여, 내가 딸을 절대적으로 사랑하고 좋아하며 최선을 다하여 돕겠다는 보장을 재확인시켜 줌으로써 딸이 아버지에 대해 더욱 신뢰하도록 해주었다.

집에서도 그리고 가족이 함께 여행할 때에도 많은 대화를 나누었

복받는 가정(자녀)

지만 이러한 분위기는 더 깊은 대화를 나눌 수 있다는 것을 발견했다. 마음에 품고 있는 불평이나 언짢은 일들 또는 실망했던 일들까지도 다 내어놓고 나누면서 변명하지 않고 서로를 이해하고 용납하며 또 용서하고 용서를 받는 너무나도 귀한 시간을 딸과 함께 가져 왔다. 부모와의 관계, 동생 폴과의 관계, 친구들과의 관계, 학교에서 선생님들과의 관계, 학교에서의 학습 활동과 품행, 교회생활, 신앙상태, 과외활동, 그리고 장래의 꿈 등을 딸과 상세하게 나누며 (sharing) 딸의 모든 것을 이해할 수 있게 되었다.

딸은 나와 나누었던 것을 중심으로 새 학기 동안에 무슨 일들을 어떻게 하고 싶다는 구체적인 계획을 세웠다. 며칠 후에 딸 샤론은 한 학기 동안의 목표와 또 목표를 어떻게 최선을 다하여 이룰 것인가에 대한 구체적인 실천 계획과 약속문도 작성한다. 물론 나도 딸이 그 계획을 잘 실천하여 목표를 이룰 수 있도록 최선을 다해 돕겠다는 약속문을 쓴다. 그것을 리뷰(review)한 후 서로 동의하면 실천 계획과 약속문 밑에 서로의 이름을 싸인(sign)하여 이것을 책상 앞에 붙여 놓고 그 목표를 이루기 위하여 딸은 최선을 다하고 아내와 나는 딸을 최대로 도와서 딸이 자기가 세운 목표를 다 이루도록 함께 노력했다. 따라서 딸 샤론은 큰 확신과 자신감을 가지고 새 학기를 맞이했고 그 결과 모든 면에서 월등하게 두드러지는 것을 목격해 왔다. 이것이 전통이 되어 아들 폴은 초등학교 1학년 때부터 그렇게 했다.

물론 휴가 때는 온 가족이 함께 휴가를 떠나지만, 특히 폴이 중학생이 될 때부터 아들 폴과 나는 봄과 가을이면 단둘이서 여행을 많이 했다. 우리는 3~4일 동안 한 침대에서 함께 딩군다. 먹고 싶은 음식

와이 미(Why me?)

을 마음껏 먹기도 하고, 여기저기 구경도 많이 했다. 가을에는 특히 USC(남가주 대학교) 미식 축구 시합을 구경했는데 그날은 마음껏 소리지르며 응원도 했다. 우리는 정답게 이야기도 많이 나누었다. 삶에 대해서, 신앙에 대해서, 꿈과 비전에 대해서 우리는 친구같이 허심탄회하게 서로 깊은 대화를 얼마나 많이 나누었는지 모른다. 우리는 우리 둘만이 갖는 잊을 수 없는 시간들을 많이 보냈다. 나에게는 아들 폴이 가장 친한 친구로 생각되는데 아들도 그렇다고 한다. 우리는 모든 것을 서로 함께 나눌 뿐 아니라 서로 격려하고 기도하며 서로를 위해서 최선을 다하기 때문인 것 같다.

1994년 봄에는 내가 안식년을 맞아 모교인 경희대학교에서 2개월 동안 대학교 발전계획을 위해 일한 적이 있다. 폴이 그때에도 나와 함께 지냈는데 낮에는 학교에서 일하고 밤과 주말에는 너무도 즐거운 시간을 함께 보냈다. 우리는 친구같이 모든 일을 상의하고 함께 문제를 해결하면서 장래의 계획을 나누며 서로 격려하는 귀한 시간을 가졌다.

1995년 4월 미주지역 2세 전국 대학생총회(Korean-American Student Conference; KASCON)가 하버드 대학교에서 열렸을 때, 나는 주강사의 한 사람으로 초청을 받아 그곳에서 며칠 지내는 중 그 회의에 참석한 아들과 시간을 보낼 수 있었다. 주일 아침 일찍 일어나 찰스 강변(Charles River)을 함께 거닐며 우리는 거의 두 시간 동안 깊은 대화를 나누었다. 특히 그날 폴의 엄청나게 큰 비전을 듣고 우리는 기도하면서 최선을 다하고 그 결과는 하나님께 맡기자고 격려하며 결심을 하기도 했다. 강변에서 호텔로 돌아오는 길에 아들

복받는 가정(자녀)

폴은 나를 꼭 껴안으면서,

"아빠, 난 아빠를 정말 사랑하고 존경해요. 나는 아빠가 하나님의 사람이요(man of God) 정말 인테그리티(man of integrity: 인테그리티는 겉과 속이 꼭 같다는 의미이다)를 소유한 신앙인인 것을 분명히 보아 왔어요. 나는 정말 아빠가 자랑스러워요. 나도 이 다음에 아빠 나이가 되었을 때 아빠같이 꼭 하나님의 사람, 인테그리티를 소유한 진정한 신앙인이 되기 위해서 최선을 다할 것입니다."

라고 말할 때 나는 한참동안 아들을 꼭 껴안고 눈물을 흘렸다. 이것은 절대로 자랑이 아니다. 나의 모든 생활을 다 알고 있는 가장 가까운 아들이 그렇게 말할 때 나는 너무도 감격하여 하나님께 영광을 돌렸다. 1996년 봄에 대학을 졸업한 후 뉴욕의 좋은 직장에서 일을 할 때에 친구같이 가끔 우리 둘만의 시간을 보내곤 했다. 아버지와 아들과의 여행뿐만 아니라 어머니와 딸도 자주 함께 여행을 하여 이같은 시간을 보내왔다.

1994년 여름에는 JAMA '96 전국대회 준비

◆알라스카에서 아들과 낚시를 나와서

와이 미(Why me?)

를 위해 아내와 아들과 함께 42일 동안 1만 2천 마일을 운전하며 전국을 순회하면서 너무도 값지고 귀한 시간을 많이 가졌다. 1997년 여름에는 독일에서 열렸던 국제 CBMC(기독 실업인) 세계대회에서 말씀을 전하고 돌아오는 길에 딸 샤론과 아들 폴이 뉴욕에서 우리와 조인(join)하여 8일 동안 오스트리아와 스위스를 함께 여행하면서 풍성한 한 가족의 사랑을 주 안에서 만끽하기도 했다.

지금도 뉴욕에 있는 자녀들과 캘리포니아에 있는 우리는 이틀이 멀다하고 모든 되어가는 일들을 다 보고하고 나누며 함께 결정하고 격려하며 정말 멋있는 삶을 살고 있다. 우리가 살아오면서 자녀들에게 미친 영향이 그들의 삶을 통하여 역력하게 나타나는 것을 보면서 우리는 다만 하나님의 크신 은혜에 감사할 뿐이다.

다섯째로, 우리 부부는 큰 일이든 작은 일이든 무엇인가 결정(decision making)을 해야 할 때는 딸과 아들을 어렸을 때부터 그 결정에 꼭 참여시켜 그들의 의견과 이유를 듣고 존중하면서 같이 결정해 왔다.

예를 들면 집을 사는 일, 가족이 여행가는 시기와 장소, 대학교 진학과 전공과목 결정, 자동차 사는 결정, 집 페인트 색깔, 주님을 섬기는 일, 이사하는 일, 장래의 계획 등 큰 일이든 작은 일이든 모든 결정에 있어서 전 가족이 모여 서로의 입장과 의견을 쉐어링하면서 하나님의 뜻을 중점적으로 찾고 같이 기도하며 결정해 왔다. 지금은 딸과 사위와 아들이 뉴욕에 살고 있기 때문에 같이 모일 수 없을 때는 서로 전화로 상의하며(conference call) 결정하고 있다.

복받는 가정(자녀)

  가족이 휴가를 가는 경우 어디로 갈 것인가를 결정할 때도 우리는 각자의 의견을 충분히 듣고 후보지의 장점과 단점을 잘 따져서 우리가 처해 있는 형편에서 가장 장점이 많은 곳을 비교해서 한 마음으로 결정했다. 하나님께 기도한 후 분명히 그곳으로 가는 것이 하나님의 뜻이라고 모두가 확신하면 우리 가족은 그곳을 택하여 같이 휴가를 가곤 했다.

  대학교 선정과 전공 분야를 결정하는 것도 자녀들의 의견을 존중하면서 모든 면을 점검하고 장점과 단점을 분석한 후 그들의 장래 비전에 꼭 합당한 대학교와 전공 분야를 결정하였다. 물론 내 자신이 대학 교수이기 때문에 내 의견도 잘 받아들여 충분한 대화를 통하여서 주님의 뜻에 합당한 가장 좋은 선택을 하게 되었다. 그 결과 조금도 후회가 없는 결정들을 했다.

  자동차를 사는 데에도 가족회의로 모여 예산과 우리에게 꼭 필요한 것을 서로 상의한 후 함께 직접 딜러(dealer)들을 방문하면서 정해진 예산 내에서 어느 회사 모델이 가장 성능이 좋고 어떤 칼라에 어떤 옵션이 있는지 그리고 모양까지 비교한 다음 반드시 우리가 다 찬성하면 그 자동차를 샀다. 자동차를 탈 때마다 모두가 불평없이 좋아하는 것을 보았다. 우리는 자동차를 살 때마다 재정 형편은 아내가 제일 잘 알고 있으므로, 자동차를 어느 정도 비용을 들여 사야 할지는 아내가 우리들에게 미리 알려 주고(down payment와 매달 내는 비용들), 아들 폴은 어렸을 때부터 자동차에 관심이 많아서 모델과 성능, 옵션에 대해서 잘 알고 있어 그 분야의 의견을 내놓고, 딸은 모양과 칼라 등에 아주 예리한 판단력이 있으므로 모양과 칼라에 좋은

와이 미(Why me?)

의견을 제시했다. 나는 자동차를 사는데 있어서는 겨우 코오디네이션(coordination)만 할 정도로 참여했다.

나는 1994년 초에 많은 교수들의 추천을 받아 알라스카 주립대 총장 후보로 출마하게 되었다. 총장 후보 지명을 받았기 때문에 이 지명을 허락하여 정식으로 출마를 할 것인지 아니면 출마를 안할 것인지를 결정하기 위해서 또 가족회의로 모였다. 마침 딸과 아들이 크리스마스와 정초를 우리와 함께 보내기 위해서 집에 와 있었기 때문에 같이 모일 수가 있었다. 3시간 이상이나 논의하고 찬반을 세밀하게 검토하면서 결국 출마하기로 결정하여 총장 입후보 의사를 총장 선정 위원회(Chancellor's Search Committee)에 제출하게 되었다.

앵커리지 소재 알라스카 주립 대학교는 학생수가 1만 7천명이나 되고 1천여 명의 교수가 가르치며 연구하고 있다. 치열한 경쟁이었다. 전 미국에서 이미 총장직에 있는 후보들, 부총장직에 있는 후보들이 78명이나 후보로 신청했었다. 1차, 2차, 3차, 4차의 심사를 통하여 결국 4명의 최종 경선자를 뽑았는데 내가 그 중 하나로 뽑혔다. 나는 그 당시 알라스카 주지사 경제개발 특별 고문을 하면서 부총장 대우를 받고 있었다(나는 총장에게만 직접 보고하는 위치에 있었다). 가슴이 설레였다. 후보마다 6일간 집중적인 인터뷰 과정을 거쳐야 했다.

몇 차례에 걸친 선정위원회와의 인터뷰 뿐만 아니라 교수 대표들, 학장들, 부총장들, 대학교 운영위원들, 대학교 학생 대표들, 대학원 학생 대표들, 지역사회 지도자들, 직원 대표들과 식사를 하면서도 인터뷰를 하고 회의실에서도 인터뷰를 하였다. 연설도 해야 했고, 다시

복받는 가정(자녀)

선정위원회가 리뷰(review)하기 위하여 1시간 반을 인터뷰하면서 비디오 사진까지 찍었다. 연설을 할 때에는 대학교의 비전과 그 실천 계획까지도 발표했다. 인터뷰에 참여했던 대부분의 대표들은 나를 많이 지지하고 있었다. 특히 학생들과 교수들이 크게 지지했다.

미국 이민 역사상 한국인 1세가 주립 대학교나 정식 종합 대학교 총장으로 선출된 일이 아직까지 없어서 나는 꼭 되고 싶었다. 하지만 결국 다른 후보가 총장으로 선정되었다. 부풀었던 마음에 큰 실망이 왔다. 뒷소식에 의하면 필자가 인터뷰하고 연설할 때 21세기 대학교육의 비전을 강하게 제시하면서 대학의 획기적인 변화를 크게 주장했기 때문에 총장 선정위원들 중에서 특히 획기적인 변화에 대하여 불안감을 느낀 몇몇 교수들과 행정 요원들이 결사적으로 반대했다고 한다.

내가 총장 후보에서 탈락되던 날, 아내가 축하한다는 내용과 함께 꽃다발을 내 사무실에 보내왔다. 나는 아내에게 전화를 해서 내가 떨어졌는데 무슨 꽃을 보내며 축하한다고 하느냐고 물었더니,

"여보, JAMA 대회를 위해서 하나님께서 당신에게 준비위원장이라는 큰 사명을 주셨는데 당신이 주립대학교 총장이 되면 어떻게 합니까? 주립대 총장은 공식적으로 복음을 전할 수도 없고, 전혀 JAMA 대회 준비를 못할텐데요. 하나님께서 주신 이 비전이 총장과 비교할 수 있겠어요? 하나님께서 주신 이 큰 사명을 위해서 최선을 다해야지요. 하나님 뜻이면 나중에 총장직도 주시지 않겠어요? 나는 사실 당신이 총장 후보로 창피나 당하지 않기를 기도했어요. 하나님의 뜻대로 이루어 진 것을 축하합니다."

와이 미(Why me?)

아내가 깔깔 웃으면서 오히려 격려하며 다시 나의 응원단장 노릇을 해주었다. 나는 더 큰 사명을 위해서 이 쓴 잔을 마시게 한 것이 분명히 하나님의 뜻이었음을(로마서 8:28) 확신했다.

대부분 부모들은 자녀들에게,

"네가 그걸 알아서 뭐해, 몰라도 돼."

하면서 자녀들과 대화를 나누지 않을 뿐만 아니라, 여러 가지 결정하는 일에 전혀 참여시키지 않는다. 사실 어린 자녀들이 얼마나 스마트(smart)하며 눈치가 빠른지 모른다. 물론 어린 아이들에게 전혀 도움이 되지 않고 해(害) 되는 일을 대화해서는 안 된다고 생각한다. 특히 교회에서 떠도는 여러 가지 가십(gossip)이나 목사님이나 교회 지도자나 또는 성도들에 대하여 나쁜 얘기를 나눌 때 자녀들이 그것을 들어서는 안 되겠고, 부모들이 그런 대화를 나누는 것 그 자체도 있어서는 안 된다고 믿는다. 그러나 집안에서 일어나는 일들은 아이들이 꼭 알아야 한다고 생각한다. 우리 자녀들인데 중요하든 중요하지 않든, 큰 일이든 작은 일이든 간에 그들이 알아야 하며 부모들이 여러 가지 일들을 결정할 때도 어떻게 신앙적으로 결정하는가를 그들에게 직접 보여주어야 한다고 나는 믿는다. 이 실천은 우리 가족의 전통이 되었고 그 결과 두 가지의 큰 수확을 거두게 되었다.

첫째로, 이러한 과정을 통하여 우리 부부가 어떤 일을 결정할 때 어떻게 신앙으로 하나님의 뜻을 중심하여 결정하는가를 우리 두 자녀가 어려서부터 직접 참여하고 보고 구체적으로 경험하였기 때문에 그들이 앞으로 인생을 살면서 많은 일들을 결정해야 할 때 별로 큰 어려움 없이 이미 배운 비결을 잘 활용할 수 있게 되었다.

둘째로, 우리가 서로 참여하며 인격을 존중하면서 함께 일을 결정해 왔기 때문에 불평없이 그 결정된 일을 위해서 온 가족이 책임을 지고 다같이 최선을 다하여 최대의 결과를 가져오는 비결을 우리 자녀들이 배우게 되었다. 우리가 자녀들에게 책임감을 강하게 갖게 하는 것은 그들이 인생을 살아가는데 대단히 중요한 요소라 하겠다. 내가 아버지로서 어떤 일을 내 마음대로 결정한다면 그것은 아버지의 결정이지 자신들의 결정이 아니라고 생각할 것이기 때문에 내 자녀와 아내가 할 수 없이 따르기는 하겠으나 그 과정과 결과가 만족스럽지는 못할 것이다.

특히 자녀들의 대학과 전공 분야를 결정할 때 부모들은 그 대학과 전공 분야의 결정이 자녀들의 인생에 너무나도 직접적이고 엄청난 영향을 주기 때문에 가족이 모여 자녀들의 꿈을 먼저 듣고 자녀의 지적 수준과 탈랜트를 깊이 고려하면서 기도를 통하여 하나님의 뜻을 함께 찾으면서 믿음으로 결정하는 것이 무엇보다도 중요한 일이라고 생각한다. 자녀들이 부모가 원하는 전공 분야를 전공할 적성(aptitude)도 별로 없고 그 분야를 싫어하는데도 부모가 좋다고 강제로 시키면 그 공부하는 과정이 얼마나 고통스럽겠는가? 결국 동기부여가 되지 않기 때문에 그 결과가 뻔할 것이다. 나는 대학 교수로 이러한 사례를 너무나 많이 보아왔다.

미국에 사는 한 한국인 의사는 자기 부모의 소원 때문에 의학을 공부하여 의사가 되었다. 그는 지금도 환자들을 치료하는 의사이면서도 자기는 이 직업을 싫어 한다고 나에게 말했던 것이 기억난다. 재산은 많이 모았을지 모르지만 자신이 얼마나 불행하며 또 그 환자들

와이 미(Why me?)

은 어떻게 치료를 받는지 궁금할 뿐이다.

여섯째로, 우리는 6살 위인 딸과 아들과의 바람직한 관계를 위해서 최선을 다했다.
우리는 아들 폴에게 누나 샤론이 누구이며 누나와는 어떠한 관계를 가져야 하는지, 딸 샤론에게는 동생 폴은 누구이며 동생과는 어떠한 관계를 가져야 하는지 그리고 각자의 롤(role)을 분명히 가르치며 딸과 아들의 인격을 똑같이 존중하고 공평하게 대하여 주었다. 두 자녀는 어디에서도 보기 드문 대단히 좋은 관계를 갖게 되었다. 모든 일을 같이 상의하고 서로 존경하며 사랑할 뿐 아니라 힘을 다해 돕고 서로를 격려하면서 살아가고 있다. 미국에서 태어난 자녀로서는 아주 보기 드문 남매애를 갖고 있다.

일곱째로, 우리 부부는 우리 자녀를 다른 집 자녀들과 비교하지 않기로 결심하고 그대로 실천했다.
전에는 딸에게 부족한 점이 있을 때나 무엇을 잘못할 때면 다른 가정의 딸과 비교해서 꾸중하기도 하고 불평할 때가 있었다. 그럴 때마다 딸의 마음에 상처를 주었으며 무엇보다도 열등의식을 심어 주게 되었다. 어떤 때는 딸이 다른 가정의 딸과 비교되는 것을 강하게 반발하기도 했다. 사실 아무리 다른 집 자녀들이 우리 자녀보다 낫다고 할지라도 그들이 내 자녀가 될 수는 없지 않은가? 다른 집 자녀와 비교할 때 자녀들은 열등의식 때문에 성장과 발전에 굉장히 해(害)가 됨을 볼 수 있었다. 특히 인격적인 면에서 열등의식은 선망을 낳고

복받는 가정(자녀)

선망은 시기와 질투를 낳으며 시기와 질투는 미움과 증오를 가져올 뿐 아니라 지나치면 죽음까지도 불러오는 무서운 요소가 된다. 또한 우리 자녀를 다른 자녀들과 비교하면서 내 딸과 아들이 다른 집 자녀들보다 똑똑하고 인물 좋고 실력 있다고 자랑만하게 되면 자칫 하나님이 가장 싫어하시고 대적하시는 교만한 자녀를 만들게 된다.

아내와 나는 우리의 잘못을 깨닫고 회개하면서 다른 자녀와 비교하지도 않았을 뿐 아니라 우리 딸이 우리에게 가장 소중하고 가치 있는 하나님의 선물이라는 것을 딸에게 재확인시키는데 노력했다. 우리는 주님이 우리에게 허락하신 샤론과 폴을 그 모습 그대로 최선을 다하여 사랑해 주고 칭찬하고 격려해 주면서 딸과 아들이 가지고 있는 탈랜트와 능력을 최대로 발전시키는 환경을 만들어 주기 시작했다.

한 가지 예를 들면, 샤론은 중학교 1학년 때부터 그리고 폴은 초등학교 4학년 때부터 그들의 과외로 읽는 모든 책들에 대해서 요약이나 자신들이 느낀점 혹은 특별히 중요하다고 생각하는 것들을 2페이지 이상 쓰도록 훈련시키기 시작했다. 내가 리뷰하여 고쳐 주면서 그 일을 계속 하도록 격려했다. 고등학교를 졸업할 무렵에는 딸과 아들이 에세이(essay)를 가장 잘 쓰는 상도 받았고 폴은 코넬 대학교(Cornell University) 1학년 에세이 클라스에서 최우수 성적을 받기도 했다. 막연히 책만 읽게 하는 것이 아니고 책을 읽은 후 그 내용을 생각하게 하며 그 생각을 글로 표현하게 하는 훈련을 꾸준히 시킨 결과 글을 잘 쓰는 기술(skill)을 터득할 수 있게 했다.

우리 부부가 하나님의 말씀에 의존하여 신앙적으로 살 뿐 아니라

와이 미(Why me?)

우리의 믿는 바를 삶 속에서 구체적으로 실천하고 좋은 모범으로 보여 주면서 자녀를 기른 결과 우리는 너무나도 좋은 가정을 이루게 되었다(I think I have one of the best families in the world). 이 모든 방법과 비결은 내가 세미나에 참석하여 듣거나 다른 책을 읽어서 터득한 것이 아니고, 다만 가정과 부부와 자녀에 관련된 성경 말씀을 탐독하면서 큐티를 하는 중에 하나님께서 성령님의 감화 감동으로 이 비결들을 은혜로 주신 것임을 분명히 말하고 싶다. 나에게 이 세상에서 가장 좋은 아내와 가장 아름다운 자녀를 허락하신 하나님께 한없는 감사와 찬송을 드린다.

우리 가정에 대한 몇 가지 에피소드를 소개하고 싶다. 얼마전 내가 이원상 목사님께서 시무하시는 워싱턴 중앙장로교회의 청·장년 집회에서 말씀을 전할 기회가 있었다. 나를 소개해야 할 김 집사라는 분이 딸 샤론에게 아버지를 어떻게 소개했으면 좋겠느냐고 물었다고 한다. 샤론이,

"우리 아버지가 지금까지 쌓아온 많은 업적들을 소개할 수도 있겠으나, 제 생각은 우리 아버지는 하나님을 정말 사랑하시는 분이라고 소개하시는 것이 좋겠습니다."

라고 대답하였다고 하면서 김 집사님이 집회 첫날 나를 그렇게 소개했다. 말씀 전하기 전에 김 집사님을 통하여 이러한 소개를 받을 때 나는 너무도 감격하며 감사의 눈물을 흘렸다. 사실 나는 자주 기쁨과 감사의 눈물을 흘린다.

"하나님, 감사합니다. 나의 가장 가까운 딸이 내가 하나님을 정말 사랑하는 종이라고 인정한다면 그 이상 무엇을 바라겠습니까? 이 귀

복받는 가정(자녀)

한 딸을 주신 하나님께 감사를 드립니다. 하나님 사랑합니다."
라고 고백하면서 단 위에 올라가서 그날 밤 '하나님의 사랑'에 대하여 말씀을 증거했다. 하나님의 크신 은혜가 충만했었다.

지난번 내 생일에 아들이 보낸 카드를 읽고 나는 또 감격하며 눈물을 흘렸다.

"나는 내 아빠를 주신 하나님께 충심으로 감사드립니다. 나는 이 세상에서 누구도 가질 수 없는 가장 좋은 아빠를 가진 행운아입니다. 나도 아빠의 인격을 닮아 최선을 다하여 아빠와 같이 하나님께 큰 영광을 돌릴 수 있도록 기도합니다. 내가 필요할 때, 내가 좌절할 때, 내가 기뻐할 때 그리고 나에게 도전이 필요하고 가이드가 필요할 때 아빠는 언제나 나를 위해서 시간을 내주셨고, 정성과 사랑과 기도로 나를 도와주셨습니다. 아빠는 나의 롤 모델(role model)이요 가장 가까운 친구입니다. 가장 좋은 아빠와 엄마를 나에게 주신 하나님의 크신 은혜와 복을 다시 감사드립니다. 정말 사랑합니다."
하는 깊은 감사와 격려의 내용이 적혀 있는 카드를 보내왔다.

은혼식 이야기

1992년 3월 11일은 우리 부부 결혼 25주년 기념일이었다. 부모 은혼식이나 금혼식을 위해서 자녀들이 부모 몰래 비밀로 모든 음식 등을 준비하고 친척 친구들을 초청하여 부모님을 위해서 써프라이즈 파티(surprise party)를 해주는 것이 미국 풍습 중의 하나이다. 우리

와이 미(Why me?)

가 처음 미국에 왔을 때 우리 아파트 주인 부부의 은혼식을 위해서 자녀들이 그렇게 하는 것을 보고 깊은 감명과 인상을 받은 적이 있다.

그런데 우리 딸은 동부 워싱턴 D.C.(Washington D.C.)에서 대학원 공부를 하고 아들은 고등학교 12학년 졸업반에 있으니 아들과 딸이 그것을 주선할 수 없는 상황이었다. 그러나 그 동안 나를 위해서 25년 동안이나 그리고 자녀를 기르는데 그 많은 세월 동안 지독한 수고를 하였는데 어떻게 하면 나의 감사한 마음의 충정을 조금이라도 표현할 수 없을까 생각하는 중에 아내를 위한 써프라이즈 파티를 해 주기로 작정하고 먼저 아들과 상의했다. 폴은 익사이팅(exciting) 아이디어라고 무척 기뻐했다. 우리는 워싱턴에 있는 샤론에게 엄마 몰래 비밀로 전화를 했다. 딸도 대단히 기뻐하면서 나와 폴이 먼저 해야 할 몇 가지 일을 정해 주었다. 어떤 일을 위해서 무엇인가를 계획할 때면 샤론의 머리는 비상하게 돌아간다.

내가 3월 12일에 국무성 일과 집회를 위해서 워싱턴 D.C.(Wahsington D.C.)로 떠나야 하므로 3월 7일 토요일 오후 6시에 파티를 하기로 결정하고 초청 카드를 보내기로 했다. 써프라이즈 파티이기 때문에 초청장을 받는 사람은 누구에게도 언급하지 말고 특히, 내 아내에게는 절대로 말하지 말고, 그날 6시 이전에 우리 집에 도착해야 한다는 내용으로 카드를 보내기로 했다. 나는 은혼 기념카드를 많이 샀다. 나는 폴과 그 당시는 우리 경영대학원 학생으로 내 연구소 조교로 일하고 있었던 홍유식 군(지금은 전도사)과 함께 내 사무실에서 카드를 다 써서 파티 한 달 전에 우편으로 보내는 일을

복받는 가정(자녀)

마쳤다.

음식은 음식점에서 주문하기로 하고 친구들이 정해진 음식을 가져오도록 해서 만반의 준비가 되었다. 내 비서들도 열심히 도와 주었다. 물론 내 아내는 무슨 일이 일어나고 있는지 전혀 모르고 있었다. 딸 샤론도 3월 6일에 도착할 수 있도록 비행기표를 사서 보냈다. 나는 아내에게 1불도 비밀이 없었기 때문에 어떻게 비행기표를 몰래 사야 할지가 고민이었다. 내가 은행잔고에서 현찰로 찾거나 또 내 크래딧 카드로 비행기표를 사면 아내가 당장 알 것이므로 어떻게 하나 궁리하다가 마침 어머니께서 현찰을 가지고 계셔서 곧 갚아 드리기로 하고 어머님께 돈을 꾸어서 딸의 비행기표를 살 수 있었다.

이렇게 준비를 하는 과정에 앵커리지 주재 한국 총영사가 우리 아내를 만났는데,

"다음 토요일에 김 박사님 댁에서 큰 파티를 하신다는데 바쁘시겠군요?"

하고 내 아내에게 묻더란다. 내 아내는,

"내가 모르는 파티가 있을 수 있나요? 우리가 아니고 아마 의사이신 닥터 김 댁에서 파티하는 모양이지요."

라고 대답했다면서 아내가 나에게 총영사와 나눈 얘기를 전해 주었다. 나의 척추가 시큰했다. 식은땀이 났다. 정말이지 큰일 날뻔 했다.

"여보, 근데 닥터 김이 왜 우리는 초대를 안했지요?"

하고 아내가 의아한 듯 내게 물었다. 나는 태연하게,

"우리하고는 그렇게 가까운 사이가 아니니까 초청을 안했을 거야."

와이 미(Why me?)

라고 슬쩍 돌려부쳐 대답은 하였으나 비밀이 탄로날까 봐 정말 얼마나 마음이 조마조마 했는지 모른다. 나중에 알았지만 총영사 비서가 초청 카드를 받고 써프라이즈 파티라고 전해주지 않고 그냥 닥터 김 댁에서 파티가 있다고만 스케줄에 적어놓아서 총영사가 그 내용을 모를 수밖에 없었다고 한다.

하여튼 아내는 지금까지 수많은 디너와 리셉션을 본인이 직접 장만하고 차려서 손님들을 대접했기 때문에 내 아내가 모르는 디너 파티가 우리 집에 있으리라고는 상상할 수가 없었던 것이다. 사실은 매년 수백 명의 손님을 치렀는데 1985년에는 한해 동안에 무려 580명의 국내외 인사들과 교인들을 접대했다. 더구나 나는 음식을 하나도 만들 수 없는 사람이라 내가 아내 몰래 잔치를 계획한다는 것도 아내로서는 상상 밖의 일이었다. 몇 차례 위기를 넘기며 준비는 잘 되어 가고 있었다.

은혼식 전날 저녁 때 딸 샤론이 도착하여 폴과 나는 집에서 따로따로 공항에 나가 샤론을 픽업(pick-up)하였다. 공항에서 우리 셋은 곧바로 은혼식 장식품을 파는 숍(shop)에 가서 딸이 미리 준비한 목록대로 물건을 사고, 또 마켓에 가서 채소, 과일 등 필요한 것을 다 사서 내 자동차 트렁크에 실었다. 같이 들어가면 혹시나 아내가 눈치 챌까 봐 아들을 먼저 집으로 보내고 나는 딸을 친구집에 데려다 주었다. 나는 아무 일이 없었던 것처럼 집에 와서 함께 저녁식사를 했다.

토요일인 다음날 딸과 그 친구들 그리고 내 비서들과 이웃 친구들이 미리 와서 모든 것을 준비하고 실내를 장식해야 했기 때문에 딸 샤론은 늦어도 낮 12시까지 내가 엄마를 모시고 꼭 집에서 나가야

복받는 가정(자녀)

한다고 명령을 했다. 나는 토요일 정오 12시부터 오후 6시까지 6시간 동안을 어떻게 아내와 시간을 보낼지 여러 가지로 궁리를 했다. 3월 7일이지만 앵커리지 지역 뿐만 아니라 알라스카 전체가 아직도 눈이 오고 길이 너무 미끄럽기 때문에 자동차로 긴 시간을 운전하며 시간을 보낼 수도 없었다. 여름 같으면 경치가 좋으니까 6시간 운전하며 같이 시간을 보내는 것은 별로 문제가 아닌데…. 나는 아침에 일어나,

"여보, 오늘 밖에서 점심 먹고 오후에 극장가자."
고 했더니,
"왜 극장을 낮에 가요? 그럼 오늘 저녁식사 후에 갑시다."
고 아내가 제의했다. 오늘 저녁은 안 된다고 했더니 무슨 약속이 있느냐고 물었다.
"아무 일도 없는데 낮에 가면 일찍 돌아오니까…, 내일 주일 새벽기도 가는데 지장이 없지 않겠어?"
하면서 12시 이전에는 꼭 집을 나가기 위하여 노력했다. 아침 늦게 식사하고 쇼핑(shopping)이라도 가자고 했으면 좋겠는데 내가 쇼핑하는 것을 얼마나 싫어하는지를 아내가 알기 때문에 6시간 동안 쇼핑한다는 것은 생각조차 못할 일이었다. 지금까지 나의 필요한 것은 모두 아내가 알아서 마련하여 주었기 때문에 나는 일년에 3번 가량만 잠깐 백화점에 들르는 정도였다.

아침 식사를 마친 후 아들 폴이 엄마와 어디 가서 시간을 보내기로 했느냐고 물었다. 아직 좋은 생각이 나지 않는다고 했더니, 아들도 초조해 했다. 이 일을 위해서도 나는 잠깐 서재에서 기도를 했다. 교

와이 미(Why me?)

인 중에서 새로 시작한 사업장을 방문하여 기도해 주도록 심방을 하라는 지혜를 주셨다.

"여보, 같이 나가서 점심먹고 내가 그 동안 많은 여행 때문에 너무 바빠서 새로 가게를 시작한 우리 교인들을 심방하여 기도해 줄 기회가 없었는데 오늘 나하고 같이 심방 갑시다."
라고 하니까 아내는 그러면 그렇게 하자고 아주 흔쾌히 동의했다.

휴…!(What a relief!) 사실 우리 교인들이 내가 심방하면 그렇게도 반가워하고 기뻐했다. 얼마나 내 기도를 바라는지 모른다. 그런데 아내는 밖이 아직도 쌀쌀하기 때문에 평상시 캐주얼 복장으로 바지에 스웨타를 입고 그 위에 오버코트를 입고 나서지를 않는가?

"여보, 심방 가는데 옷을 그렇게 입으면 어떻게 해요. 바지를 입지 말고 좀더 나은 것으로 입어요. 옷이 많은데 왜 아깝니까?"

오후 6시에 집에 도착하면 많은 친구들과 지역 유지들이 이미 와 있고 디너 리셉션이 시작 될 터인데 옷을 너무 캐주얼하게 입으면 안 되겠기에 내가 통사정을 해서 할 수 없이 아내는 적당히 괜찮은 옷으로 바꿔 입었다. 아들 폴은 빨리 나가라고 나에게 눈짓을 했다. 우리는 11시 30분쯤에 집을 나섰다. 폴이 집에 있으면서 우리가 집을 나가자마자 다 연락하기로 되어 있었다.

같이 음식점에서 점심을 먹은 후 우리는 두 가게를 방문했다. 그 분들과 같이 기도도 하고 즐거운 시간을 가졌다. 아내가 나에게 오늘 심방하는 것은 잘 생각했다고 흐뭇해 했다. 나는 시계를 보면서 계획대로 진행하고 있었다. 세 번째 가게를 들렀다. 오후 4시 반밖에 되지 않았는데 이미 가게 문을 닫았다. 큰일이 났다. 차에 돌아오면서

복받는 가정(자녀)

문득 좋은 생각이 났다. 노스트롬(Nordstrom) 백화점에 가자고 했다.

"여보, 노스트롬에서 내가 조그마한 선물을 보았는데 당신 마음에 들면 결혼기념으로 사고 싶으니 같이 갑시다."

아내는 쾌히 동의했다. 시간을 보내기 위하여 어차피 미끄러운 길 위를 천천히 운전하여 백화점 파킹 가라지(parking garage)에 차를 세워 놓고 또 천천히 쇼핑을 하면서 여기 저기 기웃거리며 시간을 보내다가 결국 백화점 안으로 들어갔다. 손가방을 결혼기념으로 사주고 싶은데 어떠냐고 물었더니 다른 선물은 절대로 사지 말라고 부탁했다.

그해 가을부터 아들이 대학교에 가야 했기 때문에 온 가족이 절약하자고 약속한 일이 있었다. 가방을 사고 시간을 보니까 6시 10분 전이었다. 이제는 집에 가도 되겠다 싶어서 자동차를 타고 집으로 향했다. 조금 후면 아내가 깜짝 놀랄 일을 생각하니 마음이 설레며 기쁘기 짝이 없었다. 골목을 돌아 우리 집 쪽으로 가면 많은 자동차가 길 양편에 있을 것이므로 아내가 혹시 짐작할까 봐 아침에 집을 나서기 전에 아들이 나에게 좋은 아이디어를 주었었다.

"아빠, 이 눈가리개 수건으로 골목 돌기 전에 엄마 눈을 가리세요."

하면서 엄마 몰래 수건을 내 주머니에 넣어 주었다. 골목을 돌기 전에 차를 멈추고 내가 아내에게 수건으로 눈 좀 가리자고 했다.

"여보, 왜 눈을 가려요?"

수건을 눈에 두르려고 하지 않았다.

와이 미(Why me?)

"여보, 내가 12일에 워싱턴 D.C.(Washington D.C.)에 가기 때문에, 오늘 마침 토요일이라 폴이 우리의 결혼 25주년 기념을 위해서 오늘 무엇을 만들어 당신을 축하하고 싶은 모양인데, 엄마가 집안에 들어오기까지는 눈을 꼭 가리워야 한다고 나에게 부탁하면서 이 눈가리는 수건을 주었어요. 폴이 전에도 그런 일을 많이 했듯이 아마 축하하는 말을 크게 써서 벽에 붙였을지도 모르겠소. 당신 눈을 가립시다."

아들의 요청이라면 언제나 잘 들어주는 엄마이기 때문에 서슴치 않고 눈 가리는 것을 쾌히 승락했다. 아니나 다를까 많은 차들이 우리 드라이브웨이(driveway)부터 시작하여 길 양쪽에 꽉 차 있었다. 나는 자동차를 파킹할 수가 없어서 멀찍이 차를 세워놓고 눈을 가린 아내의 손을 잡고 미끄러운 길을 천천히 안내하며 우리 집 문앞에 도착했다. 아들 폴이 창문을 통하여 나에게 신호를 했다. 나는 천연덕스럽게 도어벨(doorbell)을 눌렀다. 아들이 문을 열어 주었다. 집안은 불을 꺼서 어둡고 많은 축하객들이 숨을 죽이고 다 기다리고 있었다. 아내가 집안에 들어서자 아내의 눈을 가렸던 수건을 벗겼다. 불이 환하게 켜지면서 모든 축하객들이 우리 부부에게 다가오며 환호성을 질렀다.

"은혼기념을 축하합니다."(Happy silver anniversary!)

아내는 너무나 놀라서 입을 딱 벌리고 말문을 못 열었다. 너무도 놀라고 감격해 하는 아내의 모습을 보자 나도 눈물이 핑 돌았다. 나는 아내를 꼭 껴안아 주었다. 축하객들이,

"Sung, you deserve it! You deserve it!"(성매씨, 당신이야말로

이 축하를 당연히 받아야 할 사람입니다).

큰 박수와 함께 환호성이 터졌다. 많은 교수 동료들, 친구들, 지역 유지들이 집안에 꽉 차 있었다. 지극히 행복해 하는 아내의 모습을 보면서 오늘까지 변함없이 인도해 주신 하나님의 사랑과 은혜에 진심으로 감사를 드렸다.

아내와 함께 두루 다니며 오신 분들께 인사를 나누고 있는데 전화가 울렸다. 아내는 부엌으로 가서 전화를 받았다. 부엌에서는 많은 친구들이 음식을 차리느라고 한참 분주했다. 모든 축하객들이 전화 받는 아내에게 주목을 하고 있었다.

"하이, 샤론!"

◆결혼 25주년을 기념하는 써프라이즈 파티에서

와이 미(Why me?)

　아내는 축하객들에게 큰 소리로 샤론이 동부에 있는 워싱턴에서 지금 전화를 한다고 말했다. 아내는 딸이 워싱턴에서 우리 은혼식 축하 전화를 하는 줄 알고 지금 집에서 일어나고 있는 일을 흥분하면서 딸에게 전화로 이야기 하고 있었다.
　"엄마, 잠깐만 기다리세요. 누가 문을 두드려요. 누군가 알아보고 전화 계속해요. 끊지 마세요."
　사실은 딸 샤론이 우리 집 이층에 있는 자기 방에서 다른 전화로 아래층 부엌에 전화를 했던 것이다. 물론 오신 손님들은 딸이 이층에서 전화한다는 것을 다 알고 있었다. 엄마가 전화를 들고 딸과 다시 통화할 것을 기다리는 동안 딸이 이층에서 내려와 부엌에서 전화를 들고 있는 엄마 앞에 나타난 것이다. 아내가 하마터면 심장마비로 쓰러질 뻔했다. 엄마와 딸이 얼싸안고 너무도 기뻐 환호하며 감격의 눈물을 흘리지 않는가? 이 장면은 내가 글로 다 표현할 수 없는 엄마와 딸의 감격적인 순간이었다. 많은 축하객들이 딸과 엄마를 둘러싸면서 같이 감동하면서 눈시울을 적셨다. 모두가 마음껏 즐긴 잊을 수 없는 밤이었다.
　케익을 자르기 전 나는 축하객들에게 간단히 인사를 하면서 우리 변화된 가정을 간증하였다. 큰 도전과 감동을 주었다고 한다. 그 뒤 우리 가정에서 있었던 이 사랑의 에피소드가 지역사회에서 큰 화제가 되었고 지금도 그때 참여했던 친구들이나 우리 대학교 총장 등 지역 유지들을 만나면 잊을 수 없었던 그날을 회상하며 이야기를 나누곤 한다.
　9월 10일에 대학교 재단에서는 나의 그 동안의 업적을 축하하는

복받는 가정(자녀)

◆알라스카 주립대학 최고 영예상을 받던 날 주지사, 총장 등 주 리더들의 축하를 받는 장면(1992년)

리셉션을 열고 대학교와 지역 사회의 많은 지도자들을 초청한 가운데 1만 5천 불의 상금과 함께 알라스카 전체 주립대학교 최고 영예상(Edith R. Bulluck Prize for Excellence)을 나에게 수여하면서 수석 영예 교수(distinguished professor)로 임명해 주었다. 상금은 아내에게 전달하고 나에게는 상패와 특별 타이틀을 수여했다.

우리는 그 해 10월 총장의 권유로 큰 유람선(princess cruise)을 타고 8일 동안 카리비안 해를 크루스(cruise) 하면서 정말 멋있는 결혼 25주년을 보냈다. 전혀 상상도 못했던 일이다. 에베소서 3장 20~21절 말씀이 생각났다.

'내가 온갖 구하는 것이나 생각하는 것보다 더 측량할 수 없을 만

와이 미(Why me?)

◆결혼 25주년을 기념하여 카리비안 해 유람선에서

큼 넘치게 하시는 하나님께 영광을 돌릴 뿐이다.'

하나님께서 나의 변화를 통하여 큰 은혜와 축복을 베푸시어 가장 아름다운 아내와 가장 행복한 가정을 만들어 주셨다. 전적으로 하나님의 크신 은혜 때문이다.

"하나님, 당신께만 늘 감사와 찬송과 영광을 돌립니다. 왜 하필이면 나에게 이렇게 엄청난 은혜와 사랑을 베푸십니까? Why me?"

너는 가라, 알라스카로

북북서로 돌려라

알라스카로 가야할지, 한국으로 가야할지 또는 그대로 페퍼다인 대학교에 남아 있어야 할지, 다른 대학교에 가야할지 중대한 결정을 해야 했다. 하나님의 뜻이 어디에 있는지 나는 분명히 알고 결정하고 싶었다. 내가 중생한 후 하나님의 뜻대로 결정해야 할 첫 과제였다.

우리가 하나님의 자녀들이라면 무슨 일이든지 결정해야 할 때, 특히 중요한 일을 결정해야 할 때 우리는 마땅히 하나님의 뜻대로 결정해야 할 것이다. 우리가 태어날 때는 아들로 태어나느냐 또는 딸로 태어나느냐 하는 선택권이 주어지지 않는다. 또 내가 선택한 어느 특정 부모를 통하여 태어나겠다는 자유도 없다. 그러나 우리가 이 땅에 태어난 이후에는 하나님께서 우리에게 선택의 자유를 주셨기 때문에 하나님의 뜻에 합당한 결정을 하는 것은 하나님의 자녀로서의 본분이라 하겠다.

우리는 일평생 살아가면서 순간순간 수많은 선택의 기로에 서게

와이 미(Why me?)

되며 그 때마다 어느 쪽인가를 선택하고 결정해야 한다. 우리는 그 많은 대학 중에서 어느 대학에 입학할 것인가, 그 많은 전공 분야 중에서 어느 분야를 전공 할 것인가, 어느 직업을 택할 것인가, 어떤 사업을 할 것인가, 또는 어떤 직업이나 사업으로 바꿀 것인가, 어느 배우자를 선택할 것인가, 어느 지역 또는 어느 도시에 정착하여 어떠한 집에서 살 것인가, 이사를 할 것인가 안 할 것인가, 누구를 친구로 삼을 것인가, 어느 교회를 택하여 섬길 것인가, 신학교를 갈 것인가 말 것인가, 은퇴한 후 무슨 일을 할 것인가 등등의 수많은 결정을 해야 한다.

인생은 한마디로 말해서 선택과 선택의 연속이라고 해도 과언이 아니다(choice after choice after choice…). 이 선택은 결국 우리에게 주어진 기회이다. 나는 이러한 결정 하나하나를 하나님의 뜻에 합당하게 결정하느냐에 따라 하나님의 자녀들이 풍성한 영적인 삶, 능력있는 삶을 영위할 뿐만 아니라 모든 면에서 넘치게 열매를 맺는 삶을 살 수 있다고 믿고 있다.

하나님께서 나를 변화시킨 후 내가 그 많은 중요한 일들을 결정할 때마다 하나님의 선하시고 기뻐하시고 온전하신 뜻을 분별하여 그의 뜻대로 결정하려고 최선을 다해 왔다(로마서 12:2). 나는 내 부족함을 알기 때문에 중대한 선택을 결정해야 할 때마다 나는 하나님께 매달리어,

"하나님, 내가 지금 결정해야 할 이 일이 얼마나 중요한 것인가를 하나님이 잘 아십니다. 나에게 지혜와 총명과 명철함을 충만하게 주

셔서 하나님의 뜻에 합당하게 이 일을 결정할 뿐만 아니라 결정한 일을 주저하지 말고 담대하게 실행할 수 있는 믿음과 능력을 허락해 주세요."라고 기도해 왔다.

1980년 2월 하순경이었다. 하루는 당시 L.A. 총영사관에 파견되어 근무하던 한국 중앙정보부 소속 현역 준장 김 장군이 내 대학 사무실을 방문한 적이 있었다. 그는 며칠 후에 다시 나에게 전화를 했다. L.A. 8번가에 있는 일본 음식점에서 점심을 같이 하자는 것이었다. 함께 만나서 점심을 하는 중에 그는 나에게 한국을 다녀오라고 권했다. 내용인즉, 전두환 장군(그 당시는 최규하 씨가 대통령이었다)이 앞으로 대권을 잡고 새 정부를 출범하려고 하는데 실력 있고 청렴한 때묻지 않은 학자들을 초청하여 새 정부의 중요한 위치에서 나라를 위해서 일할 수 있는 기회를 마련하고 있으니 한국에 귀국하여 만나보고 오라는 것이다. 그리고 김 장군은 내가 두 번째로 미국에서 접촉한 학자라고 말하면서 내 이력서를 달라고 부탁했다. 간단한 영어 이력서는 있었지만 한국말로 된 이력서는 나에게 필요가 없었기 때문에 전혀 준비한 것이 없었다. 학교에 돌아와 간단히 이력서를 써서 김 장군에게 보냈다.

집에 와서 아내에게 그날 일어났던 일을 쉐어링하였더니,

"당신, 한국에 다시 돌아가고 싶으면 혼자 가세요. 나는 여기에서 아이들과 같이 살 테니까요!"

하면서 나에게 야단을 쳤다.

"여보, 내가 한국에 귀국한다고 대답은 안했는데 왜 화를 내요?"

"당신이 한국에 귀국할 마음이 없으면 왜 이력서를 김 장군에게

와이 미(Why me?)

보냈어요?"
 "김 장군이 자꾸 사정해서 보낸 것이지 별 의도는 없어요."
 이러한 일이 있은 지 일주일 후 나는 샌프란시스코에서 열리는 미국 행정학회에 논문을 발표하기 위해 참석했다. 미국 대학에서 교수하고 있는 한국계 학자들이 행정학계에서는 유명한 그 지역에 살고 있는 전 교수 집에 모여 저녁을 들면서 친목의 시간을 가졌다. 대학 선배인 박명수 교수가,
 "김 박사, 언제 한국에 들어가는 거요?"
하고 물었다.
 "박 교수님이 어떻게 그 일을 아세요?"
 "나에게도 접촉이 왔지…. 그리고 미주 한국일보 기자들도 다 알고 있어. 만약에 김 박사가 정치 권력에 욕심이 있으면 한국에 지금 나가야 돼. 지금 들어가서 앞장 서서 공을 세워야 전두환 새 정부가 들어서면 큰 일을 하지 않겠어?"
하면서 어떻게 결정했느냐고 물었다. 나는 박 교수를 뒷마당으로 안내하면서,
 "형님, 하나님 뜻을 찾고 있습니다. 내가 중생하기 전에 이런 기회가 왔었으면 당장이라도 한국에 들어가 정치 권력에 힘입어서 나를 무시했던 사람들에게 본때도 보여주고 의기양양하게 살고 싶겠지만 이제는 하나님 뜻대로 내 삶을 살기로 했습니다. 한국에 들어가는 것이 하나님의 뜻이라면 그대로 순종해야지요. 아직은 마음이 그쪽으로 가지 않습니다."
 "나도 지금은 들어갈 마음이 없어…. 나하고 꼭 연락해요."

"알겠습니다. 형님."

전 교수 집에서 좋은 시간을 가진 후 그날 밤 함께 호텔로 돌아왔다.

그 다음날 나는 미국의 에너지 정책과 환경 문제 패널에서 다른 교수들과 함께 논문을 발표하고 동료들과 대화를 나누면서 호텔 로비쪽으로 나오는데 키가 자그마한 백인 교수가 나에게 악수를 청하면서 자기는 알라스카 주립대 경영 행정대학 교수라고 소개했다. 그리고는 조용하게 이야기할 수 없겠느냐고 요청했다. 나는 쾌히 승락하면서 조용한 자리를 찾아 앉았다. 알고보니 아우프렉트(Aufrecht)라는 그 교수도 USC(남가주 대학교) 출신이었다. 그는 내가 특별히 존경하고 나를 가르쳤던 교수를 자기도 잘 안다고 하면서 그 교수가 나를 꼭 만나보라고 권고했다고 덧붙였다. 그는 그날 발표된 내 논문의 내용이 너무도 좋다고 칭찬하면서 사실은 자기 대학을 위해서 좋은 교수를 물색하라는 지시를 받고 이 학회에 참석했다고 털어놓았다. 아우프렉트 교수는 나에게 물었다.

"우리가 지금 찾고 있는 교수는 가르치기를 잘할 뿐만 아니라 알라스카의 에너지와 환경 분야를 위해서 연방정부, 주정부, 지방정부, 그리고 원주민을 도울 수 있는 전문가이어야 하는데 여러 교수들이 당신이 가장 적격자라고 당신을 강하게 추천했습니다. 알라스카 주립대학교에 교수로 올 마음이 없으십니까?"

나는 알라스카와 그 주립대학교에 대해서는 전혀 관심이 없어서 정중하게 거절했다.

"알라스카 주립대학교요? 나는 전혀 관심이 없습니다."

와이 미(Why me?)

아우프렉트 교수는 나에게 신청서를 주면서
"알라스카에 오고 안 오고는 차후에 일이고 오늘 이 신청서를 완성하여 나에게 꼭 주시면 감사하겠습니다."
그는 끈질기게 매달렸다.
나는 별 관심 없이 신청서의 빈칸을 다 채워 완성한 후 옆에서 기다리고 있는 그에게 건네주었다. 금요일에 오렌지 카운티(Orange County)에 있는 집으로 돌아왔다. 그날 오후 아우프렉트 교수에게서 다시 전화가 왔다. 신청서에 우리 집 전화번호가 적혀 있었기 때문에 내 전화번호를 알고 전화를 한 것이었다. 토요일 오후에 싼타모니카(Santa Monica)에 사는 자기 아버지 집에 우리 네 식구를 초청할 테니 자기 집 식구들과 함께 바베큐(B.B.Q.)를 하며 저녁을 같이 하자고 했다. 그렇게 하자고 대답하고 다음날 그 집에 도착했다. 뒷마당에서 바베큐를 하며 저녁을 잘 먹고 재미있게 시간을 보냈다. 어둑해지자 다 같이 집안으로 들어갔다. 아우프렉트 교수가 알라스카 슬라이드 사진을 가져왔으니 같이 구경하자고 청했다. 우리는 슬라이드를 통해 왕게(king crab), 연어(salmon), 광어(halibut), 대구(cod), 꽃게(dungeness crab), 눈게(snow crab), 이면수 등 수많은 종류의 생선과 갖가지 야생동물 그리고 기가 막히게 아름답고 웅장한 만년설(Glaciers)과 맥킨리산(Mt. McKinley) 등 너무도 아름다운 자연을 보았다. 내가 그렇게도 좋아하는 생선을 보자 나도 모르게 군침이 돌았다. 특히 내가 제일 좋아하는 그 비싼 연어(그 당시 1파운드당 6불이 넘었다)가 알라스카에서 그렇게 많이 잡힌다니 감탄이 절로 나왔다.

너는 가라, 알라스카로

사실 나는 내 병을 식이요법으로 치료할 때 매일매일 연어를 조금씩 섭취했었다. 그 때문에 생선 중에서 연어를 제일 좋아하게 되었다. 그날 우리를 위해서 바베큐로 저녁을 대접하고 특히 알라스카 생선과 알라스카 경치를 슬라이드 쇼로 보여주었던 것이 나의 마음을 끌기 위한 전략적인 계획이었다는 것을 나중에 내가 알라스카에 올라간 후 이제는 가까운 친구가 된 아우프렉트 교수가 솔직하게 토로했다.

"야! 이 친구야. 자네가 생선을 그렇게 좋아한다고 해서 일부러 슬라이드를 가지고 가서 보여 주면서 자네를 꼬신거야!"

하면서 다른 친구 교수들과 함께 폭소를 터트렸다.

내 마음이 새로워지고 변화되어야만 하나님의 선하시고 기뻐하시고 온전하신 뜻을 알 수 있다(로마서 12:2). 내가 어디로 가느냐 하는 이 중요한 결정을 하기 위해서는 우선 내 마음에 있는 모든 죄를 다 주님께 고백하고 회개하며 주님의 피로 씻음 받은 새로운 마음과 순수한 동기를 갖는 것이 중요하다. 하나님의 뜻이 내 마음에 분명하게 비칠 수 있도록 순수하고 깨끗한 동기와 새로운 마음을 갖는 것이 하나님의 뜻을 아는 첫 단계인 것을 깨닫고 체험하게 되었다.

이 일을 놓고 힘써 기도하다가 나는 요셉에 대하여 읽고 싶은 마음이 들었다. 창세기 37장부터 50장까지 읽으면서 요셉의 일생을 놓고 묵상하는 중에 하나님께서는 나에게 알라스카의 요셉이 되라고 도전하셨다. 알라스카에는 국무총리가 없는데 내가 어떻게 알라스카의 요셉이 될 수 있을까 하는 생각이 들었다.

와이 미(Why me?)

알라스카는 동력자원을 포함하여 엄청난 천연자원을 소유한 보고의 땅이다. 나는 마침 미국의 동력자원 정책에 대한 논문을 써서 박사학위를 받았고 또 그것을 가르치고 있었다. 하나님께서 나를 그쪽으로 보내시기 위해서 준비시키셨음이 분명했다. 미국은 말할 것도 없거니와 아시아 태평양 지역과 세계를 위해서 알라스카가 차지하는 위치와 역할은 너무도 중요하다.

나는 알라스카로 가서 요셉이 되라는 하나님의 강한 도전이 더욱 강하게 다가왔다. 나는 요셉같은 인물에 비교도 할 수 없는 작은 존재인 것을 알고 있지만 하나님께서 말씀을 통해서 그렇게 도전을 주셨다. 무슨 일을 결정할 때든지 하나님의 뜻대로 결정하려면 먼저 성경 말씀을 통하여 하나님의 뜻을 발견해야 한다. 이것이 내가 깨달은 하나님의 뜻을 아는 두 번째 단계이다.

그 후 김 장군한테서 두 차례나 전화가 왔다. 나는 한국 나가는 것을 결정하기가 어렵다고 전했다.

5월 초가 되었다. 알라스카 경영 행정대학(school of business and public affairs) 학장이 교수선정위원회에서 만장일치로 나를 초청하기로 결정했다는 내용과 함께 정식 오퍼(offer)를 보내왔다. 그는 내가 오퍼를 수락할 것인지 가부를 1개월 안에 해답해 달라고 요청했다. 내가 편지를 받은 며칠 후에 아우프렉트 교수에게서 전화가 왔다. 오퍼를 잘 받았는지 확인하면서 나와 내 가족이 알라스카에 이사 오면 내가 살 집에서 학교까지 자동차로 2분밖에 걸리지 않는다고 하면서 L.A. 지역에 비교하면 하루에 적어도 3시간씩은 쎄이

너는 가라, 알라스카로

브(save) 할 수 있으므로 내 생산 능력이 매주마다 굉장히 올라갈 것이라고 격려해 주었다.

나는 그 당시 오렌지 카운티(Orange County)의 자그마한 도시 플레쎈치아(Placentia)에 살면서 말리부(Malibu)에 위치한 페퍼다인 대학교와 L.A. 중남부에 있는 제2캠퍼스에서 가르치고 있었기 때문에 고속도로에서 보내는 시간이 매일 왕복 3시간 정도였다. 내가 섬기는 라성 빌라델비아 교회도 1시간 이상 운전해서 가야만 했다. 어떤 때는 교통난으로 2시간 이상 온갖 자동차 매연을 맡으며 운전하고 학교에 도착하고 나면 아침 강의가 시작되기도 전에 벌써 골치가 아프고 컨디션이 좋지 않을 때도 많았다. 방과 후 다시 1시간 반 내지 2시간 동안 운전하고 집에 오면 피곤하여 주말 외에는 다른 활동을 하기가 힘들었다. 그렇지만 나는 자동차 운전을 아주 즐기면서 큰 불편을 느끼지 못하고 생활하고 있었다. 그런데 이상스럽게도 알라스카 주립대에서 오퍼를 받은 후부터 내가 고속도로 위를 운전할 때마다 계속 졸음이 왔다. 고속도로를 달리는데 졸음이 오는 것같이 괴롭고 고통스러운 일은 없을 것이다. 소리를 지르고, 찬송을 부르고, 허벅다리를 꼬집고 두드려도 계속 졸음이 오는 것이었다. 너무나도 괴로웠다. 고속도로에서 잠깐이라도 졸면 내 인생은 끝난다. 나는 공포를 느끼면서 어떤 때는 이머전시 파킹(emergency parking)을 해야 했다. 거의 한 달 동안 너무도 견디기 힘든 고속도로 운전이었다.

내가 오퍼를 받고 그 일을 결정하기 위하여 내 마음을 새롭게 하고, 순수한 동기에서 하나님의 뜻을 비추어 보고, 또 성경 말씀을 통

와이 미(Why me?)

◆뒷마당 수영장에서 즐겨 놀고 있는 딸 샤론과 아들 폴

하여 받은 비전을 생각할 때 분명히 내가 알라스카로 가는 것이 하나님의 뜻인 줄 알면서도 나는 마음을 정하지 못하고 행동으로 옮기지 못하고 있었다. 성령님께서는 계속하여 내 마음을 알라스카 쪽으로 인도하셨다. 내가 학교에서 돌아오면 딸과 아들이, 특히 딸 샤론이 나를 껴안으며 걱정스럽게 물었다.

"아빠, 우리 알라스카로 가는 거야?"

"샤론, 아직 결정하지 않았어. 조금 기다려. 곧 가족회의를 하자. O.K.?"

딸은 풀이 죽어 대답하곤 했다.

"O.K.…, 아빠, 나 알라스카로 가고 싶지 않아…."

그럴 때마다 나는 마음이 괴로웠다. 가족회의로 모였다. 아내도 반대하고 딸과 아들도 다 반대하였다. 얼마 전에는 담임 선생님으로부

너는 가라, 알라스카로

터 내 딸이 초등학교를 1등으로 졸업한다는 기쁜 소식을 들었을 뿐아니라, 이제 곧 졸업 후에는 졸업생들이 다같이 바로 옆에 있는 중학교에 입학하도록 되어 있었기 때문에 샤론은 아주 신이 나 있었다. 그런데 알라스카로 이사갈 가능성이 있으니 얼마나 실망스럽고 초조했겠는가? 알라스카에 가야 할 특별한 이유가 없는데 왜 알라스카로 가려고 하는지 딸은 이해할 수가 없었다. 주말이면 주위에 있는 친구들을 데려와서 우리 뒷마당 수영장에서 물고기들처럼 즐겁게 재잘거리며 놀던 친구들과 정든 모든 것을 뒤에 두고 떠나야 하니 12살 된 딸에게는 너무도 기가 막힌 일일 수밖에 없었다.

담임 목사님이신 조천일 목사님도 반대하시고 온 교인들도 모두 반대했다. 친구인 페퍼다인 대학교 부총장과 동료 교수들도 나더러 미쳤느냐는 것이다(John, are you crazy?). 그들도 내가 왜 알라스카로 가야 하는지 이해할 수가 없다는 것이었다.

나는 그 때까지 가족이 반대하는 일을 혼자서 내 마음대로 결정한 일이 없었다. 처음에는 반대할지라도 서로 상의하고 이해하고 기도하면서 다같이 한 마음으로 결정해 왔다. 그런데 이번 일은 아내도 자녀도 전적으로 반대하지 않는가? 한 사람도 찬성하지 않고 모두가 적극적으로 반대하면 그것이 하나님 뜻인 줄 알고 포기하는 것이 일반적인 우리의 경험이다. 나는 나의 내적 확신에도 불구하고 주변의 극심한 반대 때문에 그 때까지 결정을 내리지 못하고 주저하고 있었다. 지금 생각해 보면 내가 그렇게 망설이고 있을 때 하나님께서 나에게 깨닫도록 싸인을 주고 계셨다. 그러나 나는 매일 고속도로를 달릴 때마다 졸음이 엄습해 오는 괴로움을 당하면서도 왜 하나님께서

와이 미(Why me?)

나에게 졸음을 주시는지 그 싸인의 의미를 깨닫지 못하고 있었다.

수요일 밤에는 학교에서 돌아오는 길에 꼭 교회에 들러 수요예배를 드렸기 때문에 집에는 언제나 늦게 도착했다. 한 달이 거의 지나 그 주 금요일까지는 내가 오퍼를 받을 것인지 말 것인지 해답을 해야만 했다. 금요일까지 싸인을 해서 보내지 않으면 그 오퍼가 무효가 되는 것이다.

그 주 수요일 저녁에도 평소와 같이 학교에서 강의를 마치고 교회에 들러 수요예배를 드리고 장로고시 공부를 마친 후(그때 나는 조천일 목사님의 지도하에 장로고시 훈련을 받고 있었다) 고속도로를 타고 집으로 향하고 있었다. 고속도로가 4차선으로 되어 있는데 1차선을 달리다가 나는 그만 잠이 들어 버렸다. 자동차는 1차선에서 2차선으로, 2차선에서 3차선으로, 3차선에서 4차선으로 정신없이 달려가고 있었다. 만약에 양쪽 고속도로를 나누는 낮은 시멘트 벽의 방향이 반듯하지 않고 굽어져 있었으면 내 자동차가 시멘트 벽에 부딪혀 박살이 나면서 나는 즉사했거나 큰 중상을 입었을 것이다. 그러나 그 시멘트 벽의 방향이 반듯했었기 때문에 내 차가 60마일로 달리면서 1차선에서 4차선까지 차선을 넘었는데도 시멘트 벽에 부딪히지 않았던 것이다.

꿈결 같은데 '빵빵빵…!' 하는 자동차의 홍킹(honking) 소리가 너무 요란하게 울려서 눈을 뜨고 즉각적으로 브레이크를 밟았더니 자동차가 '끽…!' 소리를 내면서 멈추었다. 오른쪽 앞바퀴가 고가도로로 된(overpass) 고속도로 레일에 걸려 있었다. 고속도로 다리 밑에 있는 도로에는 많은 자동차가 오가고 있었다.

너는 가라, 알라스카로

　만약 내가 한순간만 더 졸았더라면 내 자동차는 고속도로 다리에서 그 밑으로 떨어질 수밖에 없었다. 식은땀이 온몸을 적시었다. 지나가던 자동차들이 이머전시(emergency) 신호를 켜고 앞뒤로 멈추어 섰으며 사람들이 내 자동차로 몰려왔다. 담요를 가지고 오는 사람도 있었다. 제일 먼저 나에게 온 사람이 나에게 괜찮느냐고 친절하게 물으면서 그는 내가 심장마비에 걸린 줄 알았다고 했다. 여러 사람들이 얼굴을 내밀면서 괜찮느냐고 물었다. 부끄럽기도 했다. 나는 잠깐 잠이 들었다고 말하면서 이제는 괜찮으니 돌아가라고 했다. 너무도 고마운 사람들이었다.
　오퍼를 받은 후 거의 1개월 동안 고속도로에서 졸음이 왔던 것이 하나님께서 나에게 보여주신 큐(cue)였는데도 그것을 1개월 동안이나 깨닫지 못하고 마감날 이틀 전까지 결정을 내리지 못하고 자꾸 L.A.에서 떠나지 않으려고 하니까 하나님께서 나로 하여금 강권적인 결정을 하도록 인도하신 것이었다. 하나님의 자녀들이 중요한 결정을 해야 할 때 하나님께서는 주위에서 일어나는 사건들을 통하여 꼭 힌트를 주시면서 하나님의 뜻을 알려 주신다는 것을 나는 그 후로 너무나 많이 경험하고 있다. 이것이 하나님의 뜻을 아는 제3단계이다.
　나는 자동차를 안전한 곳으로 옮긴 후 조용히 앉아서 기도하면서 하나님께 물어 보았다. 기도는 하나님의 뜻을 아는 제4단계이다.
　"하나님, 하나님께서는 저 같은 입장에서 어떻게 하시겠습니까? 제가 L.A.에 그대로 남아 있기를 원합니까? 한국으로 가기를 원하십니까? 또는 다른 지역의 대학으로 가기를 원하십니까? 알라스카

와이 미(Why me?)

◆오렌지 카운티에서 살던 시절 딸 샤론과 아들 폴

로 가기를 원하십니까? 알라스카에 가면 집에서 학교까지 2분 정도밖에 안 걸린다는데 알라스카에 가는 것이 하나님 뜻입니까?"

"가라!"(Go!)

하나님께서 강권적으로 나에게 알라스카로 가라고 명령하셨다. 알라스카로 가는 것이 하나님의 뜻임을 분명히 깨닫게 되었다. 나는 다시 조심스럽게 운전하여 집에 늦게 돌아왔다. 아내와 샤론과 폴이 아빠를 기다리고 있었다. 이틀 후까지는 가부간에 결정을 해야 할 것을 알고 있었기 때문에 한 달만 있으면 초등학교를 마칠 딸이 수심이 찬 얼굴로 알라스카에 갈거냐고 또 물었다. 알라스카로 가는 것을 그만 두기로 했다고 말하면 얼마나 좋아 뛰면서 나를 껴안고 야단법석을 할 텐데 나는 어떻게 말을 시작해야 할지 정말 마음이 아팠다.

어느 부모가 자식의 마음을 아프게 하는 것을 원하겠는가? 나는

너는 가라, 알라스카로

딸과 아들을 내 양쪽 무릎에 앉히고 아내도 앉으라고 하고서 고속도로에서 일어났던 사건을 이야기했다. 우리가 알라스카로 가는 것이 하나님의 뜻이라는 것을 말하지 않을 수 없었다. 셋은 다 울음을 터트리고 말았다. 모두가 딸을 따라 윗층 딸 방으로 올라갔다. 마음이 몹시 아팠다. 하나님께서 나에게 왜 하필이면 가장 어려운 선택을 하게 하실까? 알라스카로 가는 것은 분명히 가장 어려운 선택이었다. 그러나 가장 어려운 선택을 할 경우 내가 그 일을 이루기 위해서 최선을 다한다 해도 하나님을 전적으로 믿고 의존하지 않고는 그 일이 성취될 수가 없을 것이다. 오직 하나님만을 전적으로 의존하고 신뢰함으로써 그 일이 이루어졌을 때 나는 1%의 크레딧도 주장할 수 없고 모든 영광을 주님께만 돌릴 수밖에 없음을 깨달아 알게 되었다. 이것이 하나님의 뜻을 아는 마지막 단계이다.

그것이 또한 하나님의 속성인 것도 깨달았다(시편 37:5-6, 소요리문답 제1조). 또한 믿음은 모험인 것도 깨달았다. 아무리 어려운 길이라 할지라도 그것이 하나님의 뜻이면 담대한 믿음으로 온전히 주님께 의존하고 행동을 취하는 모험이 있어야만 한다.

'신앙은 모험이다.'

아는 사람이라고는 하나도 없고 눈과 얼음으로만 쌓였다는(사실은 그렇지 않은 것을 알라스카에 살면서 알게 되었다) 그 추운 북극의 땅 알라스카로 가는 것이 하나님의 뜻이니 누구를 의지하고 가겠는가? 나는 조 목사님과 상의했다. 조 목사님께서도 반대하셨다. 그렇지만 나는 내가 알라스카로 가는 것이 분명한 하나님의 뜻이라고 믿고 장로 장립을 받은 후 8월 15일에 L.A.를 떠났다. 그날 우리 가

와이 미(Why me?)

족은 아침 일찍 일어나 모든 준비를 마치고 출발에 앞서 라성 빌라델비아 교회에 들러 하나님께 기도하는 시간을 가졌다. 우리 네 식구는 함께 손을 잡고 울면서 기도했다. 하나님께 모든 것을 맡겼다. 조 목사님과 성도들에게 작별인사를 하고 우리는 자동차를 운전하면서 L.A.를 떠나 북북서로 향했다.

사실 조 목사님께는 일평생 알라스카 구경을 꿈꾸는 사람이 얼마나 많은데 구경하는 셈치고 2년만 살고 오겠다는 약속을 하고 떠나 왔다. 그러나 하나님의 뜻은 2년이 아니었다. 하나님께서는 우리로 16년의 세월동안 알라스카에 머물게 하시면서 측량할 수 없는 풍성한 삶을 체험하게 하셨고 하나님께서 숨겨 놓으신 엄청난 비밀, 즉 미국과 세계를 향한 비전을 계시해 주셨다(에베소서 3:20~21).

알라스카의 면면

우주를 창조하신 하나님께서 장엄하고 웅장한 아름다운 자연의 극치를 알라스카에 창조하신 것 같다. 알라스카는 하나님께서 지으신 걸작품으로 신비의 땅이다. 미국 본토의 5분의 1이나 된다. 텍사스 주보다 2배나 크고 남북한의 7배가 되는 거대한 땅이다. 북쪽으로는 북극해에 접해 있는 북극권(Arctic Circle)이 있다. 그곳은 겨울이면 거의 3개월 동안 해가 없고 화씨 마이너스 100도 이하로 내려 가기도 한다. 반대로 여름에는 3개월 동안 해가 지지 않는다. 이곳은 미국에서 원유 생산을 가장 많이 하는 곳이다. 미국 원유의 4분의 1을 이곳에서 생산한다. 천연가스는 한국, 일본, 대만에 50년간 공급할 수 있는 양이 묻혀 있다.

알라스카 서북쪽에는 세계적으로 컴퓨터 제작에 많이 사용하는 아연과 납이 묻혀 있는데 지금 한창 생산 중에 있다. 석탄 매장량도 엄청나다. 만약에 그것을 개발한다면 전 미국이 다른 동력자원을 개발하여 공급하지 않더라도 앞으로 4백 년 동안 대체 동력자원으로 충당할 수 있는 양의 석탄이 묻혀 있다. 미국 본토보다 2배가 되는 해안(Coast Line)에는 1만 2천 개의 강이 흐르고 있는데 여름이면 바다에 나가 산란하기 위해 이 강으로 올라오는 연어가 그 숫자를 헤아릴 수 없을 만큼 많다. 알라스카 주가 1년 동안 일본을 비롯하여 유럽, 한국 등 세계시장에 내다파는 연어 수출량만도 14억 달러에 달한다. 그 외에도 왕게, 대구, 광어, 이면수, 청어, 명태 등을 생산하는 세계 최대의 수산활동이 알라스카 연안을 중심으로 활발하게 이루어지고 있다.

알라스카 내륙지방은 훼어뱅스(Fairbanks)를 중심하여 광산의 중심지이다. 이곳의 기온은 여름에는 화씨 90도 이상이 되기도 하고, 겨울에 화씨 마이너스 60도까지도 내려간다. 전 미국 도시 중 온도의 차가 가장 심한 곳이기도 하다.

북미에서 가장 높은 맥킨리 산(Mt. Mckinley; 20,320 피트)은 형용할 수 없이 웅장하고 장엄하고 늠름한 자연의 위용을 그대로 보여주고 있다. 이 산을 보기 위해서 여름 4개월 동안에 무려 1백만 명이상의 관광객이 이곳을 방문한다. 처음 원주민들이 베링(Bering) 해협을 건너 알라스카에 도착했을 때 맥킨리 산을 보고 감탄하면서

와이 미(Why me?)

'데날리'(Denali!)라고 외쳤다고 한다. 데날리라는 말은 '위대한 것'(The Great One)이라는 표현이다. 그래서 맥킨리 산을 중심한 국립공원을 데날리 국립공원(Denali National Park)이라고 부른다. 맑은 날씨에는 내가 살았던 앵커리지(Anchorage)에서도 150마일 (240km) 떨어져 있는 맥킨리 산의 웅장한 모습을 볼 수가 있다. 아침 해가 뜰 때면 하얀 눈으로 덮힌 그 산에 아침 햇살이 비쳐 금빛으로 보이고, 해가 질 때면 그 산에 노을이 비쳐 딸기빛으로 보인다. 정말 감탄사가 절로 나오지 않을 수 없다. 세계의 높은 산 중에서 기후의 변동이 가장 심한 산이기도 하지만, 무서운 폭풍이 다 지나간 후 변함없이 우뚝 서 있는 맥킨리 산은 더 없이 믿음직스럽다. 나는 이

◆알라스카의 만년설 앞에서 아내와 아들

너는 가라, 알라스카로

◆알라스카 Moose가 산 주변의 마을에 자주 나타난다.

산을 바라볼 때마다,
"하나님, 나에게도 맥킨리 산과 같이 변함없는 강한 믿음을 주시옵소서."
하며 기도하곤 했다.

풍성한 자원 뿐만 아니라 야생동물들 또한 얼마나 많은지 모른다. 야생동물 중 무스(Moose)는 우리가 사는 동네에까지 들어와서 나뭇잎을 먹으며 앞마당, 뒷마당으로 아주 두려움없이 다닌다. 이 외에도 곰, 카리부, 늑대, 사슴, 노루 등 수많은 동물들이 전 알라스카에 퍼져 있다.

북극 푸르도 베이(Prudhoe Bay)에 가면 북미 역사상 최대의 매장량(1백 30억 배럴)을 가진 유전이 있다. 그곳에서 원유를 생산하

와이 미(Why me?)

며 남쪽 벨디즈(Valdez)까지 옮기는 송유관을 건설했는데 그 길이가 무려 8백 마일이나 된다. 이 송유관을 건설하려고 할 때는 약 10억 불(1 billion dallars)을 예산했으나 1977년 8월(8월 2일에 첫 원유가 수송됨) 그것을 완성했을 때에는 90억 불(9 billion dollars)을 넘게 되었다. 예산 초과의 가장 큰 이유가 야생동물과 환경을 보호하기 위해서 였다고 한다. 대 기름회사들은 그 많은 비용을 2년 반 만에 다 갚게 될 정도로 엄청난 이윤을 남겼다. 북극해에 접해 있는 이 거대한 기름생산 플랜트(plant)는 직접 가서 보지 않고서는 상상할 수 없는 오퍼레이션(operation)이다.

완전 초록색과 파란색이 섞여 있는 루비 칼라의 신비하고 장엄한 만년설(Glacier)은 전 세계의 70%가 알라스카에 있다. 여름에 이 만년설 만(Glacier Bay)에 가면 고래들이 꼬리를 치며 헤엄치는 모습을 쉽게 볼 수 있다. 큰 광어나 연어, 꽃게 같은 것을 잡아 즉석에서 요리해 먹으면서 큰 유람선이 지나가는 것을 보는 광경도 오직 알라스카에서만 볼 수 있는 풍물이다.

1986년 여름에 우리 가족은 일본 친구 시부쟈와 가족과 함께 3박 4일 동안 이 만년설 만에서 배를 타면서 함께 시간을 보냈다. 잊을 수 없는 추억이다. 만년설의 큰 덩어리들이 '꽝! 꽝!' 대포소리를 내면서 계속 바다로 떨어지는데, 바다 여기 저기 떨어져 있는 그 수많은 얼음덩이 위에서 재미있게 놀고 있는 작은 물개들(sea otters)의 모습은 너무도 아름답기만 하다. 하나의 만년설은 미국 동북부에 위치한 로드 아일랜드(Rhode Island) 주보다 그 싸이즈가 더 크다. 공기오염으로 대기권이 점점 더워져 그 많은 만년설이 다 녹는다면 일본을 비롯하여 많은 부분의 육지가 바다에 잠긴다는 이론도 강하게 대두되고 있다.

여름에는 앵커리지만 해도 자정이 지나서야 해가 진다. 해가 졌다고 해도 계속해서 환하다가 새벽 3시면 먼동이 환히 트고 4시가 되기 전에 다시 해가 뜬다. 5시 반에 새벽기도를 간다고 하지만 새벽기도가 아니고 아침 기도회에 가는 기분이다. 대신 겨울에는 오전 10시 반에 해가 떴다가 오후 3시면 해가 지기 때문에 밤이 길다.

별이 총총한 겨울밤에는 가끔 '극광'(aurora라고도 하고 Northern Lights이라고도 불리는)이 하늘을 덮는데 정말 장관 중의 장관이다. 산이 불타는 것 같다. 7가지 아름다운 색깔이 뒤엉켜 하늘을 배경으로 춤을 춘다. 갑자기 온 하늘이 여러 색깔로 바뀌면서 웅장하게 움직이는 모습은 차마 글로 다 표현할 수가 없는 대자연의 오케스트라이다. 한번은 비행기에서 이 모습을 보고 나는 너무도 감격하여 눈물을 흘리며 창조주 하나님을 찬양한 적이 있다.

연어를 비롯하여 수많은 생선을 계속 섭취하고 깨끗한 공기로 숨을 쉬며 깨끗하고 시원한 물을 마심으로 나의 건강은 빨리 회복되었을 뿐 아니라 더욱 강건하게 되었다. 하나님이 창조한 신비하고 웅장한 자연 속에서 그렇게도 하얗고 하얀 눈이 내릴 때 나는 내 마음을 비추면서,

"하나님, 나의 마음도 저 흰 눈같이 순결하고 깨끗하게 하옵소서."

기도하게 되었고 저 장엄한 맥킨리 산을 바라보면서,

"나의 믿음도 그렇게 변함없이 강하게 하옵소서."

하고 기도생활을 할 때 나의 영혼과 마음도 날로 날로 강하고 담대하

와이 미(Why me?)

게 되어갔다.

알래스카에 도착

이렇게 신비하고 장엄한 자연 환경을 미처 경험하기도 전에 우리가 알래스카에 도착한 1980년 8월 25일부터 가을비가 오기 시작하여 결국에는 그 비가 눈이 되어 추운 겨울을 맞이하게 되었다. 그해 겨울은 앵커리지의 기록을 깨는 강추위였다. 기온이 화씨 마이너스 36도까지 내려갔다. 우리는 집에 물 파이프가 터져 이틀 동안 더운 물 없이 지내야 하는 어려움을 겪기도 했다. 뿐만 아니라 L.A.를 떠나기 전에 보낸 이삿짐이 두 달이 넘도록 도착하지 않아 우리는 가구도 없이 지내야만 했다.

옆집에서 빌려온 조그마한 상에서 식사를 하는데 하루는 상다리가 튼튼하지 않아 딸 샤론이 마시려던 우유잔이 엎질러져 온 상이 우유로 뒤덮이게 되고 말았다. 딸이 의자에서 벌떡 일어나더니,

"나는 알래스카가 싫고, 아빠도 미워요."(I hate Alaska, and I hate you, Dad!)

라고 하면서 대성 통곡을 하며 '쾅!' 하고 제 방문을 닫고 들어가 버렸다. 아내와 어린 아들도 울면서 딸 샤론을 뒤따라 들어가서 딸 방에서 셋이 함께 울고 있었다.

다음날은 학교에 처음 가는 날이었다.

딸 샤론이,

◆알라스카 생활을 시작하면서(1980년)

"아빠, 나 내일 학교 가는데 전체 학생 중에서 한 사람도 몰라요. 우리가 오렌지 카운티에 그대로 살고 있었더라면 우리 학교 모든 학생들이 다 나를 알 뿐만 아니라 내가 유명해서 인기도 있고 모두가 나를 부러워할 텐데…. 아빠는 왜 나를 이렇게 아무것도 아닌 존재로 만들었어요?"
하면서 또 울음을 터트렸다.

아내와 아들도 같이 울었다. 우리 딸이 아빠를 얼마나 사랑하고 '아빠 딸'(Daddy Girl)이라는 티셔츠(T-shirt)까지 사 입고 다니면서 아빠를 자랑하며 재미있게 살고 있었는데 알라스카로 이사오면서부터는 공부에도 흥미를 잃고 피아노 레슨도 받지 않고 아이스 휘겨 스케이팅(ice figure skating) 레슨도 받지 않겠다고 고집을 부렸다.

와이 미(Why me?)

사랑하는 딸이 받는 어려움 때문에 가정은 늘 불안했다. 나는 마음에 심한 고통을 느끼며,

"하나님, 왜 우리를 여기에 오게 하셨습니까? 하나님께 온전히 맡기고 모든 것을 포기하고 이곳까지 왔는데…. 하나님, 어떻게 하시기를 원하십니까? 빨리 이 문제를 해결해 주십시오."

간절히 울면서 기도하곤 했다.

아내가 조천일 목사님께 전화할 때마다 우니까 조 목사님께서 그러면 그곳에서 고생하지 말고 빨리 내려오라고 하셨다. 사실 앵커리지에 도착하여 다니던 교회도 마땅치 않고 해서 주일마다 조 목사님 설교 테이프를 들으며 집에서 예배를 드리기도 했다. 나는 최선을 다하면서 하나님께 온전히 맡겼다.

앵커리지의 세 장로

아내가 이화여대 출신이라 앵커리지 이대 동창회에서 우리 아내를 환영하는 모임을 갖게 되어 남편들도 같이 참석하게 되었다. 그 중에는 장로교회의 장로들도 있었고 교회를 떠나서 나가지 않는 사람들도 있었고 전혀 기독교와 관계없는 불신자와 불교신자들도 있었다. 저녁식사를 하는 중 한 장로가 술을 마시고 있었다.

"장로님이라고 하셨죠?"

"네."

"장로님이 어떻게 술을 드십니까?"

"성경에 술 취하지 말라는 말씀은 있어도 술 마시지 말라는 말씀은 없지 않습니까?"
하고 반문을 했다. 나는 그 댁 안주인에게 성경책을 가져다 달라고 부탁했다. 그 장로에게 성경책을 주면서 잠언 23장 29절부터 읽으라고 했다. 잠언을 읽으면서 그 장로는,
"어?! 술을 보지도 말라고 했네."
하면서 붉은 얼굴을 더 붉히면서 창피해 했다.
"C 장로님, 술을 계속해서 드시려면 장로직을 내 놓으시고, 장로직을 계속 하시려면 오늘부터 당장 술을 끊으세요!"
연상의 장로, 처음 만난 장로였지만 두려움 없이 담대하게 권면했다. 바로 그 자리에서 그 분은 약속했다.
"이제부터는 술을 마시지 않겠습니다."
너무 충격을 받으신 것 같았다. 그 뒤 그 장로님은 나의 아주 가까운 친구가 되었고, 나는 그 분을 선배로 잘 모셨다. 그 분의 가족과 우리 가족도 형제같이 아주 가깝게 지내게 되었다. 심장수술을 받다가 62세의 젊은 나이에 하늘 나라에 가셨지만 그는 참 기도와 믿음의 사람이었다.
또 다른 C 장로는 식사가 끝난 후 유행가를 멋있게 불렀다.
"장로님, 유행가를 참 잘 부르시네요."
"제가 유행가 390곡을 외웁니다. 저는 늘 유행가 부르기를 좋아합니다."
아주 기분 좋아하며 유행가를 또 불렀다. 노래가 끝난 후에 나는,
"유행가 390곡을 외우신다구요? 찬송가 390곡을 외우면 얼마나

와이 미(Why me?)

좋겠습니까?"
 부드럽게 도전하였더니,
 "어, 이거 한 번 얻어 맞았네요!"
라고 대꾸했다.
 그 C 장로는 의사인데 어디에서든지 유행가를 부르지 않으면 직성이 풀리지 않는 사람으로 유명하다. 오늘날까지도 그 버릇을 버리지 않고 있어 그의 신앙생활은 말할 수 없이 만신창이가 되었고 게다가 인박힌 노름까지 하여 자신과 가정과 교회에 그리고 지역 사회에까지 큰 수치와 폐를 끼치며 살고 있다.

 노태우 대통령이 구라파를 순방하러 가는 도중 앵커리지(Anchorage)에서 하룻밤을 묵게 되었다. 도착하던 1989년 11월 18일 저녁에 쉐라턴 앵커리지 호텔 연회장(ballroom)에서 교포를 위한 리셉션(reception)이 열렸다. 약 5백 명의 교포들이 초청되었다. 리셉션 도중에 스피커를 통하여,
 "여기에 김춘근 교수 계십니까? 앞으로 나오시지요."
 노 대통령이 나를 부르는 것이었다. 나와 아내는 경호원의 안내를 받으며 노 대통령과 영부인 앞으로 나갔다. 대통령과 영부인 앞에는 다과가 차려있는 긴 테이블이 있었고, 장관들과 비서들 그리고 대통령을 수행하는 한국 기업주 대표들이 둘러서 있었다. 나와 아내는 테이블 바로 건너편에 서 있는 대통령 부부와 반갑게 악수를 나눴다.
 노 대통령이 무선 마이크를 손에 들고,
 "김 교수님께서 알라스카와 한국과의 우호 증진과 경제 협력을 위

너는 가라, 알라스카로

해서 많은 수고를 하실 뿐만 아니라 알라스카 주의 경제 발전과 대학교의 발전을 위해서 큰 공헌을 하신다는 소식을 들었는데 잠깐 말씀해 주시지요."

나는 약 5분 동안 나의 역할을 간단하게 요약해서 말씀드렸다. 노 대통령은 무척이나 흐뭇해 하시면서 격려의 말씀도 해 주셨다. 많은 박수를 받았다. 나와 아내는 노 대통령과 영부인과 함께 대화를 나누고 있었다.

갑자기 앵커리지 한인 회장이면서 유행가를 390곡을 외우며 유행가를 대중 앞에서 부르지 않으면 직성이 풀리지 않는다는 그 노름으로 유명한 C 장로가 노 대통령이 가져온 소주를 참석한 모든 사람들에게 따르라고 하면서 건배를 하자고 제의했다.

모두가 소주를 잔에 따르고 있을 때에 노 대통령께서도 작은 소주병을 들더니 나의 잔에 소주를 따르려고 권했다. 이러한 상황에서 크리스천들은 어떻게 처신해야 할지 당황할 것이다. 한 나라의 대통령이 소주를 따르려고 할 때 받지 못하겠다고 하는 장로나 크리스천들이 얼마나 될 지 모르겠으나 나는 겸손하고 정중하게 말했다.

"죄송합니다. 저는 술을 못합니다."

노 대통령은 즉시 명령했다.

"여기에 오렌지 쥬스를 가져오시오."

오렌지 쥬스가 나왔다. 내가 들고 있던 잔에 노 대통령께서 오렌지 쥬스를 부었다. 그리고는 우리는 함께 건배를 했다. 조금도 어색함이 없었다.

이 사건은 신앙인들에게 큰 도전을 주는 중요한 에피소드가 되었

와이 미(Why me?)

다. 대통령이 초청해서 베푼 리셉션에서 신앙인이 소주로 건배했다고 해서 뭐 그렇게 부끄럽고 잘못되었느냐고 생각할 수도 있고, 건배는 함께 해도 술은 마시지 않으면 되지 않겠느냐고 반문할 수도 있을 것이다. 그러나 다니엘은 젊은 청년으로 바벨론에 포로로 묶여 가서도 뜻을 정하여 궁중에서 주는 음식과 술을 들지 않겠다고 각오를 한 사실처럼 대통령 앞에서도 하나님의 뜻을 거역하는 일은 하고 싶지 않았다. 다니엘의 그 청렴하고 깨끗한 성품과 하나님께 순종하는 마음과 단호한 결단(다니엘서 6장)이 그를 위대한 하나님 사람으로 만든 것을 알면서도 우리는 신앙의 담대한 결단력이 부족하여 얼마나 세상의 풍조와 타협하며 살아가고 있는가? 대통령과 나와의 관계가 중요한 것이 아니라 먼저 하나님과 나와의 관계가 최우선이 되어야 한다. 하나님과 나와의 원색적이고 순수한 관계(the original and authentic relationship between God and myself)가 나의 모든 인간 관계의 중심이며 나의 삶의 원칙이 되어야 하기 때문이다.

어떠한 환경에서도 나는 인간적인 관계를 위해서 하나님과 나와의 순수하고 원색적인 관계를 해칠 수는 없다. 한 장로는 대통령을 위해서 건배하자고 제의하면서 소주를 마시고, 다른 한 장로는 대통령이 따라주는 술을 감히 거절하면서 오렌지 쥬스로 건배하는 모습이 얼마나 대조적인가? 나는 추호도 교만한 마음으로 이 사건을 전하는 것이 아니다. 어떠한 형편에서도 우리 크리스천들이 이제는 깨어서 각성하며 담대하게 결단력있는 삶을 살아야 할 때가 왔다고 나는 분명히 믿는다. 특히 그날 참석했던 많은 크리스천들에게 두 장로의 대조적인 모습이 큰 도전이 되었다고 한다.

C 장로는 특히 노름에 완전히 중독되어 있었다. 그는 노름에 빠져서 교회의 많은 돈도 없애 버렸고 자신의 재산도 다 탕진하였으며 연방 세무국의 감찰까지 받게 되었다. 결국 그는 첫 번째 교회에서도 쫓겨나고 두 번째 교회에서도 사임해야 되는 불명예스러운 장로가 되고 말았다. 탈랜트도 많고 의술도 좋은 의사인데 안타까운 일이 아닐 수 없다.

어느날 세 번째 K 장로를 만났다. 그 당시 앵커리지에는 장로가 셋 뿐이었다. K 장로는 성가대 지휘를 하고 있었고 식료품상점 (grocery store)을 경영하고 있었다. 대화를 나누는 중에 주일에 가게를 연다는 사실을 알게 되었다.

"K 장로님, 주님의 날에 장로님이 가게를 열면 안 되잖아요. 믿지 않는 사람들과 같이 주일을 일요일로 생각하시면 가게를 여시고, 주일을 하나님께 경배하고 예배하며 찬양하는 날로 지키시려면 가게를 닫으셔야죠."

나는 조용하게 K 장로에게 도전했다. K 장로는 불쾌해 하며 언짢은 태도로 대꾸했다.

"제가 많은 자금을 들여서 가게를 샀고 은행의 빚도 많은데 주일에 가게를 열지 않으면 많은 손해가 날 것입니다. 그리고 오랫동안 그 자리에서 가게를 했기 때문에 주일에 가게를 닫으면 중요한 고객들을 잃게 됩니다. 손해가 크지요."

"K 장로님, 주일에 가게를 닫는 대신 토요일에 늦게까지 연다는 광고를 계속 내면서 토요일에 와서 사는 고객들에게 특별 할인하는

와이 미(Why me?)

쎄일을 하게 되면 주일에 와서 물건을 살 고객들이 토요일에 와서 사기 때문에 괜찮을 것입니다. 하나님의 뜻대로 해 보십시오. 예수님의 방법대로 해 보십시오. 하나님이 크게 역사하셔서 오히려 가게가 더 잘 될 것입니다. 한 번 그렇게 해 보십시오."
하면서 나는 마태복음 6장 33절 말씀을 성공의 비결로 전해 주었다.

K 장로는 끝내 자기 방법대로 하다가 1986년부터 알라스카의 원유값이 배럴당 33불에서 9불까지 내려가 알라스카 주 전체가 극심한 경제 침체를 겪게 되면서 함께 큰 타격을 받게 되었다.

많은 사람들이 빚을 갚을 수 없어 파산하면서 키(key)를 은행에 돌려주고 알라스카를 떠나게 되었고 또 매달마다 은행에 지불해야 하는 집값(mortgage)도 낼 수가 없어서 집을 버리고(foreclosure) 남쪽 본토로 떠나야 하는 어려운 실정에 처하게 되었다. K 장로도 계속 버티다가 결국은 가게를 살 때 지불했던 막대한 자금과 또 그 동안 은행 빚을 갚는데 매달 지불했던 돈도 다 포기하고 알라스카를 떠나고 말았다.

교회를 통한 풍성한 삶

섬기는 자세

우리가 중생했을 때 거듭난 삶의 모습이 두 번째로 뚜렷하게 나타나는 곳이 교회이다. 교회는 그리스도의 영광스러운 몸이다(에베소서 1:23). 그리스도는 교회의 머리이시고 우리는 그의 몸이며, 우리 성도들은 서로 각각 지체의 관계를 맺고 있기 때문에 우리는 교회를 통하여 그리스도와 생명 관계를 맺고 있다는 것을 알아야 한다.

하나님께서 나를 변화시키신 후 나에게 하나님의 크신 은혜와 성령 충만의 능력과 지혜를 넘치게 주셔서 나로 하여금 그리스도의 영광스러운 몸인 교회의 특징과 사명을 성경 말씀을 통하여 분명히 깨닫게 하셨고 또 온 정성을 다하여 교회를 성실하고 충성스럽게 섬기는 비결을 보여 주시면서 엄청난 체험을 하도록 인도하셨다. 교회를 통한 나의 신앙생활은 나에게 큰 기쁨과 감사가 넘치는 풍성하고 생산적인 삶을 늘 맛보며 살게 해 주었다. 나는 교회를 통한 신앙생활을 무척이나 즐거워해 왔으며 우리 가정이 내가 섬기는 교회에 큰 복

와이 미(Why me?)

이 되는 것을 직접 체험하여 왔다. 우리 가정이 교회에 있으므로 인하여 섬기는 교회가 복을 받는 것은 참 귀한 일이 아닐 수 없다. 나에게는 하나님께 경배와 찬양을 드리고 말씀을 들으며 예배하는 시간이 그렇게도 재미있고 소중할 수가 없다. 그래서 나는 늘 기쁜 마음으로 주일이 오기를 간절히 기다린다.

나는 교회에 가면 기쁨과 감사에 넘쳐 감격하면서 예수 그리스도의 심장으로 어린 아이들을 다 안아주면서 그리스도의 사랑을 보여주었고 만나는 교인들마다 그들의 마음에 구원받은 기쁨과 감격을 전해 주려고 최선을 다하여 왔다. 몇 가지의 에피소드를 통해서 교회를 통한 나의 풍성한 신앙생활을 함께 나누고 싶다.

라성 빌라델비아 교회

나는 조천일 목사님께서 시무하셨던 미국 남가주 라성 빌라델비아 교회를 섬기면서 특별히 조 목사님을 통하여 받은 철저한 신앙 훈련이 나의 믿음과 영적인 성장에 중요한 기초가 되었고 또 그 분을 통해서 순종하며 섬기는 자세를 배우게 되었다.

라성 빌라델비아 교회를 섬기는 동안 하나님께서 나에게 특히 젊은이들을 사랑하며 그들에게 복음을 전하는 열정적인 마음 (passionate heart)을 특별한 은혜와 은사로 주셨다.

1978년 가을, 나의 병이 완쾌되어 충분히 활동할 수 있게 되면서 나는 매주일 예배가 끝난 후 오후에는 젊은 청년, 대학생들을 동원하

교회를 통한 풍성한 삶

여 L.A. 한국 타운에 있는 수퍼마켓으로 가서 거기에서 악기로 찬양을 하면서 오가는 손님들에게 한글, 영문, 서반아어로 된 전도지를 나누어 주고 그들을 붙들고 전도하기 시작했다. 그리고 한 달에 한 번씩은 어느 특정 지역을 정해서 학생들을 동원하여 각 집을 방문하면서 전도했다. 젊은이들이 복음을 전하게 되니까 우리 교회의 대학생 모임이 계속해서 질적으로나 양적으로 크게 성장하는 것을 볼 수 있었다.

그러나 1980년 여름에 그렇게도 정들었고 기쁘게 섬겼던 라성 빌라델비아 교회를 떠나 알라스카로 가야 했을 때 그것은 너무나도 견디기 힘든 이별이었다. 우리 학생들은 우리를 떠나 보내는 것이 너무나도 섭섭하여 우리를 위해서 4번이나 송별 모임을 베풀어 주었다.

나는 조천일 목사님으로부터 하나님 말씀을 통하여 그리고 구체적인 행동으로 아주 강한 신앙 훈련을 받았다. 조 목사님은 교회에서 안수 집사와 장로 장립을 받기 전에 나를 철저하게 훈련시켰다. 어느 날 나를 부르시더니 분명하게 일러주셨다.

"김춘근 집사, 우리 교회에서는 김춘근 교수도 아니고, 김춘근 박사도 아니오. 김춘근 집사로서 겸손히 주님 섬기며 순종하시오. 교수로 또는 박사로 대우 안해 주는 것이 싫으면 나가도 좋아요."

나는 좀 불쾌했지만 목사님께 대답했다.

"목사님, 알겠습니다. 명심하겠습니다."

그러나 내가 변한 후에는 이것이 전혀 문제가 되지 않았을 뿐만 아니라 나는 참으로 집사와 장로가 된 것이 교수와 박사가 된 것보다

와이 미(Why me?)

더 귀한 직분으로 알고 교회를 통하여 주님을 섬기는 일에 최선을 다했다. 얼마나 명예스럽고 가치가 있는 하나님이 주신 직분인가? 이 명예로운 직분을 주신 하나님께 감사드린다.

우리는 조 목사님을 특별히 좋아하여 가족과 함께 목사님 댁을 자주 방문했다. 그러는 중에 조 목사님의 4자녀들과는 한 집안 식구같이 되었다. 주말이면 많은 시간을 함께 즐겁게 보내곤 했다. 조 목사님과 사모님께서 목회일로 너무나 바쁘셔서 자녀들과 보내는 시간이 별로 없었으므로 우리 가족은 조 목사님의 자녀들과 시간을 같이 보내려고 특별히 애를 썼다. 그것이 우리 가정이 조 목사님의 목회를 돕는 것이라고 믿었기 때문이었다.

조 목사님과 나는 한밤중에도 전화 통화를 많이 했다. 서로를 격려하며 상의하기 위해서였다. 조 목사님은 밤을 새우며 새벽까지 말씀을 연구하며 준비하셨다. 나도 교수로서 새벽까지 연구하고 논문도 많이 써야 했다. 그래서 우리는 자연스럽게 그 시간에 자주 대화를 나누었다.

이러한 일들로 인해서 김춘근 집사가 아부쟁이라는 말이 교회 안에서 떠돌았던 모양이다. 내가 안수집사로 피택된 후에 조 목사님 사무실에 들렸더니,

"김춘근 집사가 나에게 아부를 잘해서 안수 집사에 피택되었다는 소문을 내가 들었어."

웃으시면서 말씀하셨다.

"목사님, 그것이 사실이지요. 제가 목사님께 얼마나 아부를 잘 합

니까?"
　나도 웃으면서 대꾸했다.
　"야, 이것 봐라. 김 집사가 나에게 언제 아부했어?"
　"목사님, 제가 지금도 목사님께 아부하려고 뵈러 왔지 않습니까?"
　우리는 폭소를 터트렸다. 나는 제직회 때 조 목사님께 시간을 좀 달라고 한 후 다음과 같이 말했다.
　"저는 조천일 목사님께 충성스럽게 아부하는 사람입니다. 나는 아부쟁이입니다. 왜 내가 목사님께 아부를 하겠습니까? 목사님께 사회적인 지위를 달라고 아부하는 것이 아닙니다. 저는 박사이고 교수입니다. 세상적인 지식 달라고 아부하는 것도 아닙니다. 나는 미국 정치학으로 학위를 받은 박사입니다. 내가 돈을 달라고 목사님께 아부하는 것도 아닙니다. 나는 대학교에서 주는 월급으로 잘 살고 있습니다. 내가 목사님을 잘 섬기고 아부한다면 목사님이 기도하실 때마다 나를 더 기억할 것 아닙니까? 나는 중보기도의 능력을 믿기 때문에 나를 위해서 늘 기도해 주시도록 순수한 마음과 동기에서 영적으로 아부하는 것입니다. 내가 분명히 믿기는 충성도 도중 하차하면 결국은 아부가 되고 아부도 끝까지 하면 충성이 되는 것입니다. 나는 끝까지 하나님께 아부하고 목사님께도 아부하여 이 다음에 '충성된 종'의 타이틀을 받고 싶습니다".
　많은 제직들이 큰 도전을 받았다는 뒷소식을 들었다. 진실되고 순결한 마음으로 그리고 순수한 동기로, 충성스럽고 성실하게 섬기는 예수님의 제자들이 오늘날처럼 절실히 필요한 때가 없는 것 같다. 하나님은 바로 그러한 성도들을 찾아서 크게 쓰시는 것을 우리는 성경

와이 미(Why me?)

역사에서 그리고 현재에도 직접 보고 체험하고 있지 않은가?

앵커리지 열린문 교회

1980년 11월에 조천일 목사님께서 알라스카 총영사관에서 근무하고 있었던 큰 따님과 우리 가족이 보고 싶어서 영국에서 회의를 마치시고 L.A.로 가시는 편에 앵커리지를 방문하셨다. 목사님은 모든 상황을 점검하신 후,

"김 장로가 L.A.에 내려 오지 않고 알라스카 주립대학교에서 계속 교수를 한다면 앵커리지 지역에 교회다운 지교회를 시작하는 것이 좋겠어."

라성 빌라델비아 교회의 지교회를 세우면 좋겠다는 의견이셨다.

사실 나는 앵커리지에 도착하여 3개월 동안 대학교와 지역사회에 적응하는데 바쁘게 지내면서도 여러 교포들을 만날 수 있는 기회를 만들고 있었다. 그러는 중에 여러 사람들을 만났는데 그 가운데에는 교회생활에 실망하여 교회를 떠난 사람들도 있었고 다시 신앙생활을 시작하고 싶어하는 사람들도 있었다. 여러 사람들이 정말 교회다운 교회를 세우면 같이 힘을 합하겠다고 나를 격려해 주던 차에 마침 조 목사님께서 우리를 방문하신 것이다.

아내와 나는 1981년 1월부터 많은 미국 교회를 방문하여 예배 드리면서 우리가 빌려서 예배할 적당한 장소를 6개월 동안 찾았다. 마침 좋은 백인교회를 발견했다. 그 교회 담임목사도 아주 좋은 분이었

교회를 통한 풍성한 삶

다. 나는 조 목사님께 그 사실을 알렸다. 1981년 7월 31일에 조 목사님의 추천으로 라성 빌라델비아 교회에서 정진구 목사님을 파송해 주셔서 드디어 8월 2일에 우리 집 응접실(living room)에서 어른 12명과 우리 자녀 2명이 첫 예배를 드리고 휄로우쉽(fellowship)을 가졌다. 정 목사님을 어떻게 대접하며 교회를 앞으로 어떻게 운영해 나가야 할 지 정말 막연한 가운데 하나님께서 우리의 앞길을 크게 인도해 주실 것을 온전히 믿고 신뢰하면서 우리는 첫 걸음을 내딛었다.

1981년 8월 16일 오후 1시 30분 우리는 드디어 제일 그리스도 교회에서 예배를 드리게 되었다. 예배 시간이 다 되었는데 두 사람만이 참석했다. 나와 아내는 문 밖에 서서 한 사람이라도 더 오기를 학수고대하며 기다렸다. 한 영혼이 그렇게도 귀할 수 있을까? 결국 우리는 우리 가족을 포함해서 10사람이 함께 예배를 드렸다. 나는 8월 3일부터 45일간을 하루도 빼지 않고 앵커리지 시에 사는 한국 교포 가정과 사업터를 방문하면서 전도하기 시작했다. 아내와 정 목사님도 가끔씩은 동행해 주었다.

내가 우리 가족과 함께 앵커리지에 있는 알라스카 주립대학교 교수겸 과장 그리고 연방정부 토지 및 자원개발 자문위원으로 온다는 소식이 신문지상을 통하여 앵커리지 지역과 알라스카에 알려져 있었다. 한국계 교수가 처음으로 주립대학교 교수로 오니까 많은 교포들이 환영도 하고 자녀들의 교육에 관해서 큰 관심을 보이면서 조언을 구하기도 했다.

어느날은 우리 대학교에 다니는 한국계 여학생이 한국에서 오신 할아버지, 할머니를 내 사무실에 모셔와서 인사를 시키며 나를 소개

와이 미(Why me?)

◆알라스카 열린문 교회 창립 1주년 기념(1982년)

한 일이 있었다. 그 할아버지와 할머니는 한국 사람으로 미국 대학에서 가르치는 교수를 본 일이 없었기 때문에 도대체 내가 어떻게 생겼는지 보고 싶어서 손녀딸에게 부탁하여 일부러 나를 보러 오셨다는 것이다. 그 분들과 재미있게 환담을 나누었다.

그 분들이 내 사무실을 떠난 다음 나에게 좋은 아이디어가 떠올랐다. 내가 알라스카 주립대학교에 새로온 김춘근 교수라고 소개하면서 방문할 수 있겠느냐고 교포 가정들에게 전화하면 그분들이 나를 만나고 싶어 할 것 같았다. 특히 이민 온 교포들의 경우 자녀 교육을 위해서도 나를 만나보고 싶어 할 것이 분명했다. 이런 기회를 이용하여 그들에게 예수 그리스도의 복음도 전하고 그들을 교회에 인도하면 얼마나 좋겠는가 하는 생각이 들었다.

교회를 통한 풍성한 삶

나는 전화번호부를 통하여 그리고 8월 2일 첫 예배 때 참석한 분들의 도움을 얻어서 교포 가정들의 전화번호를 정리한 후 한 가정 한 가정에게 전화를 하면서 방문 약속을 했다. 다른 교회에 다니는 교인을 만나게 되면 그 교회에서 열심히 하나님을 섬기라고 권하고, 믿지 않는 가정에게는 열심히 예수님을 소개해서 그들을 교회로 인도하는데 최선을 다했다. 여러 가정들이 교회에 나오기 시작했다. 그 중에는 나의 과거를 다 조사한 후에 교회에 나오기로 작정한 사람도 있었다. 어떤 부인은 제발 자기 남편을 인도해서 좋은 사람으로 만들어 달라고 부탁은 하면서도 본인은 자기 어머님이 평생동안 불교를 독실하게 믿어왔기 때문에 할 수 없이 어머니를 따라 가야 한다고 자신의 입장을 변명하기도 했다. 나는 마음 속으로,

"너는 내 밥이야."

하면서 그 분들을 위해서 기도하기 시작했다.

그 남편이 곧 교회로 인도되었고 결국은 부인도 남편을 따라 함께 교회에 나오게 되었다. 나중에는 자녀들과 어머니도 다 교회로 인도되었다. 지금은 남편은 안수집사가 되었고 부인도 집사가 되어 여선교회 회장까지 지냈다. 어머니는 너무도 아름답고 충성스러운 권사로 하나님을 섬기는 중 마침내 아들과 며느리를 주님께 인도하여 지금은 그 아들 부부가 같은 교회에서 집사로 섬기고 있다. 그 아들도 남선교회 회장을 지냈다. 자녀들이 주 안에서 다 형통하게 되었다.

"주 예수를 믿으라 그리하면 너와 네 집이 구원을 얻으리라"는 예수님의 말씀이 그대로 이루어진 것이다.

얼마 후에 바로 이 여집사님이 앵커리지 총영사관에서 부영사로

와이 미(Why me?)

근무하는 딸을 방문하기 위해서 한국 대전에서 오신 한동찬 씨 부부에게 저녁을 대접하면서 우리 부부를 초청했다. 한 부영사의 아버님은 대전지역 불교 평신도회 회장이었는데 미국을 방문하기 전 대전지역 불교 평신도회로부터 방미 송별식을 크게 받고 오셨다고 한다. 집사님 댁에서 저녁식사를 잘 마치고 서로 대화를 나누는 중에 성령님께서 역사하심을 따라 나는 한 선생 부부에게 나의 깊은 신앙 간증을 쉐어링(sharing) 했다. 간증이 끝난 후 한 선생은,

"내가 왜 미국에 왔는가를 이제 알게 되었습니다. 나도 내 아내와 함께 김 장로님이 만난 예수님을 만나 믿고 싶습니다."

그 자리에서 눈물을 흘리며 예수님을 구주로 모시기로 결심한 것이었다. 그 뒤 한씨 부부는 6개월 동안 우리 교회에서 훈련을 받은 후 세례를 받고 한국에 다시 돌아 가게 되었다. 한국에 돌아가자마자 대전 중앙 장로교회에 등록하고 전도하기 시작하여 27명이나 되는 가족과 친척들을 예수 그리스도 앞으로 인도했다. 한 부부의 변화가 27명의 생명을 구원한 것이다. 성령님의 역사가 아니면 누가 이런 일을 할 수 있겠는가?

어느 날은 L씨 집에 들렀더니 내가 전도하러 온 줄 알고,

"저희는 이것을 믿습니다."

하고 내 앞에 자그마한 불상을 내놓기도 했다. 듣기 싫어했지만 열심히 복음을 전했다. 특별히 내 아내가 그 가정을 위하여 계속해서 열심히 노력하였으나 1996년 8월 우리가 알라스카를 떠나올 때까지 그 가정은 예수님을 영접하지 않았다. 하나님의 뜻이면 언젠가는 그 가정이 예수님을 영접할 것이다.

어느날 저녁 나와 아내가 Y씨 집을 방문했더니,
"우리 딸이 대학에 다니는데 잘 좀 도와 주십시오."
도움을 요청하면서도 예수님을 전하니까 완강하게 거부했다. 1993년에도 예수님을 영접할 수 있는 절호의 기회가 있었으나 그는 끝까지 예수 믿기를 거부하면서 교회를 욕하기까지 했다. 그는 결국 뇌일혈로 이 세상을 떠났다. 한번 사는 인생인데…. 그는 끝내 예수님을 모르고 죽었다.

어느날 저녁 P씨 가정을 방문하려고 예고없이 문을 두드렸다. P씨가 문을 열더니 내가 성경책 든 것을 보고 "김 박사님, 오늘은 저희 집안에 일이 있어서 들어 오실 수가 없습니다. 다음에 오시지요." 보통 때 같으면,
"예고없이 와서 죄송합니다. 다음에 들르기로 하겠습니다."
하면서 그냥 돌아갔을 것이다. 그러나 그 순간 성령님께서 나에게 꼭 들어가서 복음을 전하라고 강하게 도전을 하셨다. 나는 사정했다.
"이왕에 왔으니 좀 들어갑시다."
P씨는 안된다고 완강하게 나를 막았다.
"나는 당신이 내 얼굴에 물을 끼얹거나 침을 뱉는다 해도 꼭 들어가겠습니다. 좀 들어 갑시다."
하면서 문을 밀치고 들어가니까 P씨는 할 수 없이 나를 응접실로 안내했다. 분위기가 서먹서먹 할 수밖에 없었다. P씨는 기분이 많이 상한 것 같았다. 나도 아주 불편했다. 어떻게 말을 시작해야 할 지 떠오르지가 않았다. 나는 성령님께 온전히 맡겼다.

집안에 들어가 보니 그날 나를 들어오지 못하게 할 충분한 이유가

와이 미(Why me?)

있었다. 재떨이에는 담배불이 타면서 연기를 내고 있었고, 소파(sofa) 앞에 있는 커피 테이블 위에는 맥주병이 즐비하게 놓여 있었다. 그리고 그 앞에 있는 TV에서는 세계 미인대회 광경이 방영되고 있었다. P씨가 담배를 '후' 피우며 맥주를 마시면서 TV에 나오는 날씬하고 아리따운 여자들과 수영복 차림으로 몸매를 마음껏 드러내는 미인들을 정신없이 바라보면서 깊은 감상에 젖어 있을 그 때에 내가 예고도 없이 문을 노크하고 억지로 그 응접실에 들어 갔으니 완전히 상판을 깨버린 셈이 되었다. 잠시 후에 P씨는,

"김 박사님, 맥주 좀 드시지요."

하면서 맥주를 권했다.

"저는 술을 일절 못합니다."

P씨는 맥주는 술이 아니라는 둥, 기독교인들이나 천주교인들도 술을 다 들더라고 하면서 맥주에 대한 자기 견해를 이야기했다. 그는 담배를 계속 피워댔다.

"담배불 좀 끄시지요." 했더니 듣는 체도 하지 않고 계속해서 담배를 피우고 있었다. 나는 사실 담배 연기만 맡으면 알레르기 때문에 밤새도록 심한 재채기를 하며 큰 고통을 당한다. 나는 조금 언성을 높이면서, 그러나 정중하게,

"P선생님, 담배불 좀 끄시지요!"

P씨는 아주 못마땅해 하면서 담배불을 재떨이에 꽉 눌러 비비면서 껐다. 잠시 후,

"이 맥주병들도 치우십시오."

했더니,

"여보, 이 맥주병 다 가져 가요."
하고 부엌쪽을 향해서 버럭 큰 소리를 질렀다. 부엌에서 아내가 나오면서 인사는 하면서도 언짢은 표정으로 커피 테이블 위에 있는 맥주병들을 쟁반에 담아 부엌으로 가져 가면서,
"우리 집에서는 기도하지 마세요!" 큰 소리로 톡 쏘아 부쳤다.
 P씨 가정이 예수를 믿어 구원을 받든 말든 그것이 나에게 무슨 상관인가? 나는 다 팽개치고 당장 그 집을 나오고 싶은 마음도 들었으나 예수님의 지상 명령에 순종해야 할 뿐만 아니라, 예수 그리스도는 하나님의 아들로 죄는 티끌 만큼도 없으신 분이 나 같은 죄인을 위해서 그 많은 고통과 수치를 당하시고 심지어는 십자가에서 죽기까지 하셨는데 이런 것도 참지 못한다면 내가 어떻게 예수님을 따르는 제자라고 할 수 있겠는가 하는 생각이 들었다. 나는 성령님의 도전과 위로를 받으면서 기쁘게 참으며 주님의 복음을 전하기로 결심했다. P씨는 계속 열심히 TV를 보고 있었다. 나는 조용하게 TV를 끄라고 했다. 들은 체도 안했다.
 "TV 좀 끄시지요."
 목소리를 좀더 높였다.
 "아 그것은 안 됩니다."
 "TV를 끄세요."
하고 나는 큰 소리로 외쳤다.
 "하, 남의 집에 와서 큰 소리 치시네!"
하면서 P씨는 TV 쪽으로 가더니 확 꺼 버렸다. 잠시 침묵이 흘렀다.
 "내가 오늘 귀댁에 방문한 것은 내가 시간이 많아 할 일이 없어서

와이 미(Why me?)

온 것 아닙니다. 나도 바쁜 사람입니다. 제가 귀댁에 지식이 탐이 나서 지식을 얻기 위해 온 것이 아닙니다. 이래뵈도 내가 박사요. 내가 귀댁에 명예가 욕심이 나서 명예 얻으러 온 것도 아닙니다. 나는 실력 있는 교수로 최우수 교수상도 받은 사람이요. 내가 귀댁에 돈이 욕심이 나서 돈을 얻으러 온 것도 아닙니다. 좋은 교수직을 갖게 되어 별로 부족함 없이 잘 살고 있습니다. 그러나 내가 오늘 귀댁에 온 것은 하필이면 당신이 한국 사람이기에 내가 받은 하나님의 이 엄청난 은혜와 사랑을 나 혼자만 가질 수 없어서 당신 가정에 거저 나눠 주려고 왔는데, 받으시오!"

혼신을 다하여 크게 고함을 지르면서 도전했다.

P씨는 간이 싸늘한 듯이,

"예!"

하고 대답했다. 계속해서 주님의 말씀을 전하고 나는 하나님께 감사와 영광을 돌리며 집에 돌아왔다. 나중에 P씨의 고백에 의하면 정말 간이 싸늘하면서 질겁할 정도로 놀랬다고 한다. 결국 그 가족이 교회에 나오게 되었다. P씨와 가족은 얼마되지 않아 남쪽으로 이사해 갔다.

모든 사람에게 늘 이런 방법으로 복음을 전하면 오히려 역효과를 낼 것이다. 그러나 특별한 경우에는 모든 것을 성령님께 맡기고 담대하게 예수 그리스도의 복음을 전할 수 있는 믿음을 가져야 할 것이다.

45일간 계속해서 전도하는 일을 마친 후에도 학교에서 강의를 하면서라도 틈만 나면 기회를 놓치지 않고 계속 전도했다. 앵커리지에

교회를 통한 풍성한 삶

는 특히 불교인이 대단히 많은 지역이다. 그런데 불교인을 전도해서 예배와 섬김의 대상을 우상에서 살아계신 하나님으로 바꾸어 놓으니까 얼마나 뜨겁고 충성스럽게 하나님을 잘 섬기는지 그들이 교회생활을 하면서 순종하며 섬기는 일에 모범이 되는 것을 목격했다. 너무도 아름다운 모습들이었다.

초창기에는 우리 교회 세례교인 중 90%가 우리 교회에서 세례 받은 기록을 세웠다. 1981년 9월에 조천일 목사님께서 오셔서 창립기념예배겸 부흥사경회를 인도해 주셨는데 그때 계시록 3장 8절을 근거로 해서 앵커리지 열린문 교회가 라성 빌라델비아 교회 지교회로 창립되었다. 하나님께서 우리 가정을 들어서 행하신 놀라운 일이다. 교회는 날로 날로 부흥했고 시련과 어려움을 겪으면서도 현재는 앵커리지에서 가장 큰 교회로 성장했고 전도와 선교, 교육면에서 질이 높은 교회가 되었다.

나는 늘 "우리 가정이 우리 교회의 복이 되게 하옵소서." 하나님께 기도하여 왔는데 하나님께서 그 기도를 들으시고 역사하셔서 사실 우리 가정을 앵커리지 열린문 교회의 복이 되게 인도하셨다. 우리 가족은 여러 가지 면에서 부족하지만 주님의 피로 값 주고 사신 열린문 교회를 통하여 하나님을 섬기는데 순수한 양심으로 최선을 다하여 왔다. 하나님께 경배하며 예배 드리는 시간이 그렇게도 기쁘고 감격스러울 수가 없었다. 우리 가정은 하나님께 예배하기 위해서 최선을 다해 준비했다. 거룩한 주일에 하나님께 예배 드리기 위해서 출석하는 하나님의 자녀들에게 나는 마음으로, 행동으로 부끄러움 없이 충심으로 예배의 모범을 실천하여 왔다. 나를 영원한 죽음에서 영원한

와이 미(Why me?)

생명으로 옮겨주신 하나님의 그 크신 사랑에 감사하고 감격하면서 하나님께 경배와 찬양과 영광을 돌려도 그 은혜를 다 갚을 길이 없는데, 거룩한 주일에 얼굴을 찌푸리고 한숨을 쉬며(물론 남 모르는 고통과 어려움이 있다 해도) 세상의 풍조에 휩쓸려 아무런 기쁨과 감격과 감사 없이 예배 드리는 교인들을 볼 때면 늘 아픈 마음이 느껴진다. 예수 그리스도를 통해 구원받은 확신이 내 마음에 충만해 있으면 감사와 감격 속에서 최선을 다하여 하나님께 예배를 드릴 수 있을 것이다. 나는 이런 예배의 모범을 계속 실천해 오면서 많은 교인들에게 영적인 예배를 드리는데 직접, 간접으로 큰 영향을 주었다는 간증을 수없이 들어왔다. 하나님께 감사와 영광을 돌린다. 하나님의 특별한 은혜로 열린문 교회를 통하여 신앙으로 잘 훈련받아 충성스럽고 순수하게 하나님을 섬기는 많은 성도들이 배출되었다. 많은 가정 가운데서 특별히 한 가정을 소개하고 싶다.

공군에 근무하는 백인 남편(JD)과 한국 부인(SM) 가정이 우리 열린문 교회로 인도되었다. 나는 내 평생 동안 신앙 좋고 충성스럽게 봉사하는 수많은 평신도들을 만났으나 그렇게도 마음이 착하고 순종 잘 하며, 교회를 위해서 모든 충성을 다하여 섬기고, 교인들의 일을 자기 일같이 최선을 다하여 봉사하는 그런 사람(JD)을 만나 본 일이 없다. 그는 열린문 교회 집사로 임명을 받았다. 그를 중심으로 해서 은퇴한 백인 목사님을 청빙하여 열린문 교회에 영어 예배가 시작되었다. 한국말을 잘 모르는 남편들과 학생들과 타인종 성도들이 영어 예배(한국어 예배와 같은 시간에 작은 채플에서 드림)를 드리게 됨으로 예배가 끝난 후 온 가족들이 친교실에 모여 함께 즐거운 시간을 가질 수 있었다.

　그는 교회 건축에도 크게 도움을 주었다. 나중에는 한인 교우들과 교제하기 위해서 자기 아들과 함께 한글학교에서 한국말을 배우기도 했다. 그의 부인 SM 집사는 통이 큰 분으로 유명하다. 내 평생에 그렇게도 아낌없이 생명을 내놓고 충성스럽게 섬기는 집사님을 만나 본 일이 없다. SM 집사는 절기에 따른 교회의 행사를 비롯하여 결혼식, 장례식, 바자회나 가라지 세일(garage sale)…, 손님 대접하는 일에 이르기까지 온갖 궂은 일은 전적으로 도맡아서 최선을 다해서 교회를 섬겼다. 교회학교, 한글학교를 위해서 자기가 운전하는 벤으로 아이들을 픽업(pick-up)하여 데려오고 데려다 주는 봉사도 수없이 했다. JD는 공군에서 제대한 후 나의 추천을 받아 지금은 알라스카 주정부에서 과장으로 근무하고 있다. 그는 그러한 과정에서도 끊임없이 공부하여 학부 과정을 마치고 경영학 석사학위까지 받은 면학도이기도 하다.

　그들에게 재미있는 에피소드가 있다. 그들이 결혼한 후 SM 집사는 김치와 매운 한국 음식을 만들어 JD에게 먹게 했다. JD가 김치나 찌개를 먹기만 하면 위가 뒤틀리고 경련이 나는 등 심한 고통을 받아 병원 응급실에도 몇 차례나 실려 갔고 입원까지도 하게 되었다. 의사는 절대로 그런 음식을 먹지 말라고 단호하게 말했다. 그럼에도 불구하고 SM 집사가 당신이 나를 정말 사랑한다면 왜 김치를 못 들겠느냐고 우겨 대니까 JD는 아내를 너무 사랑하여 비장한 각오로 계속 먹었다고 한다. 지금은 김치와 찌개 같은 매운 음식 없이는 식사를 못할 정도로 한국 음식을 좋아하게 되었다. JD와 나는 친형제

와이 미(Why me?)

와 같이 모든 일을 서로 상의하고 위로하고 격려하면서 서로를 위해 기도하고 도우면서 살아왔다. 그들을 뒤에 두고 알라스카를 떠나오면서 나는 말할 수 없는 섭섭함과 아픔을 느꼈었다.

나는 주일이면 교회에서 어린 아이들을 예수 그리스도의 심정으로 하나하나 꼭 껴안아 준다.

"하나님이 너를 사랑하고 나도 너를 이만큼 사랑해."

"나도 장로님 사랑해요."

하면서 나를 꼭 껴안는다. 너무나도 기뻐해 한다. 갓난 아이들을 위해서는 영아실에 들어가 머리에 손을 얹고 기도해 준다. 어린 아이들이 교회에서 어떻게 예수 그리스도의 사랑을 체험할 수 있겠는가? 우리는 마음으로 행동으로 예수 그리스도의 사랑을 어린이들에게 순수하게 보여 주어야 한다. 우리 아들 폴(Paul)도 어린 아이들을 참 좋아해서 피리 부는 사나이(pied piper)와 같이 어린 아이들이 자기를 겹겹으로 둘러싸면 그들을 다 껴안아 주면서 그리스도의 사랑을 보여 준다. 어린 아이들이 그렇게도 즐거워하는 모습을 늘 볼 수 있다.

한번은 앵커리지 타임즈 신문이 '대학 교수로서의 김춘근 뿐만 아니라 신앙인으로서의 김춘근 장로(The other side of Professor John Kim)'를 소개하는 특별 기사를 써서 교수와 장로로서 나의 신앙생활을 특집으로 크게 보도하기도 했다.

처음에 교회가 시작되었을 때 교인들과 우리 부부와의 수준 차이 때문에 우리는 적응하는데 무척이나 힘이 들었다(이것은 그 당시 상황을 설명하는 것이지 절대로 우월감에서 나온 것이 아님을 분명히 밝혀두고 싶다). 교회 초창기에는 우리 교인 중에서 대학교육을 받은 남자는 한 사람도 없었고 많은 가정들이 여러 면에서 어려움을 많이 겪고 있었다(사회적인 위치와 생업면에서 그리고 인종면에서). 우리를 오해하는 교인들도 있었다. 우리는 이것을 극복하기 위해서 매주 교인들을 우리 집에 초청하여 아내가 정성껏 준비한 음식을 나누면서 휄로우쉽(fellowship)을 가졌다. 나는 교인들을 섬기는 마음으로 그리스도의 사랑을 실천하려고 노력하였으며 특별히 교우들의 냄새 나는 신발들을 짝지어 차근차근 정돈하면서 내가 낮아지는 체험도 하게 되었다. 특히 겨울에 신는 신발에서는 고약한 냄새가 무척이나 나지만 하나하나를 정돈하면서 겸손과 사랑을 배우며 실천하게 되었다.

새벽마다 교인 한 사람 한 사람 이름을 부르며 하나님께 매달려 사랑하게 해 달라고 기도하고, 각 교인과 가정 위에 예수 그리스도의 충만하신 은혜와 하나님의 크신 사랑과 성령 충만을 부어 장성한 믿음을 갖도록 간절히 기도했다. 아내와 나는 많은 눈물과 희생과 봉사와 사랑을 성도들에게 힘껏 쏟았다. 나는 또한 담임 목사님을 최선을 다하여 섬기고 대접하는 모범을 실천하는데 최선을 다했다. 지금까지도 그렇다. 내가 지금 하나님 앞에 선다 해도 담임 목사님을 섬기는 일에 있어서는 칭찬을 받을 만큼 부족한 나로서는 신앙 인격으로 최선을 다하여 왔고 앞으로도 최선을 다하려고 늘 다짐한다.

두 가지 예를 들고 싶다. 1981년 8월 정진구 목사님께서 앵커리지 열린문 교회에 파송되어 오셨을 때는 31세의 젊은 나이였다. 1980년에 한국에서 목사 안수를 받자마자 미국에 이민 오셔서 목회 경험도 거의 없으신 분이었다. 교회를 시작하는 장로의 입장으로는 새로

와이 미(Why me?)

오시는 목사님의 배경(background)도 자세히 알아보고 직접 인터뷰도 해서 가장 적합하다고 생각되는 목사님을 청빙하는 것이 상례일 것이다. 그러나 나의 경우는 그렇지 않았다. 당시 나는 앵커리지에 살고 있었으나 라성 빌라델비아 교회 시무 장로로 계속 시무하고 있었는데 하루는 조천일 목사님께서 전화를 하셔서 정 목사님에 대하여 간단히 설명하신 후,

"김 장로는 내 밑에서 강한 훈련을 받은 사람이야. 정 목사는 아주 젊어요. 나를 보아서라도 최선을 다하여 잘 모셔요. 내가 무슨 말을 하는지 김 장로는 잘 알 거야."

라고 말씀하셨다. 목사님의 명령이었다. 나는 정 목사님의 얼굴이 어떻게 생겼고 목사님의 코가 어디에 붙어 있는지 키가 작은지 큰지 어떤 성격과 인격을 소유하였는지 전혀 알지 못하고 조 목사님을 전적으로 신뢰하고 하나님께 온전히 맡기면서 믿음으로 정 목사님을 모시기로 결정했었다. 8년 이상 정 목사님을 모시고 함께 교회를 섬기는 동안에 기쁜 일 뿐만 아니라 궂은 일, 속상한 일이 피차간에 있었으나, 1989년 10월 20일 정 목사님께서 교회를 떠나실 때까지 나는 최선을 다하여 그분을 모셨다고 생각한다. 물론 정 목사님께서도 최선을 다하셨음을 안다. 하나님께서 그분을 통하여 나의 신앙을 잘 훈련시키셨다. 나는 조 목사님과의 약속을 어기지 아니하고 그것을 끝까지 지키게 하신 하나님께 감사와 찬송을 드린다.

정 목사님이 떠나시자 조천일 목사님께서 이번에는 75세 된 전 서울 충현교회 장로님이셨던 이동규 목사님을 파송하셨다. 나는 1986년 6월 미주 한인 예수교 장로회 총회가 L.A. 근처에서 열렸을 때

교회를 통한 풍성안 삶

참석하여 이 목사님을 며칠 동안 만나 뵙고 친해 질 수 있는 기회를 갖게 되었었다. 엘파소에서 교회당을 지으시고 2년 동안 교회를 잘 가꾸신 후 뉴욕에 계실 때 조 목사님께서 당분간 앵커리지 열린문 교회로 파송하신 것이다. 하나님께서 처음에는 31세 된 아주 젊은 목사님을 모시게 하시더니 이번에는 아버지 같이 연세가 많으신 목사님을 모시게 하셨다. 이동규 목사님은 3개월만 계시려고 별 짐도 없이 오셨다.

1990년 2월에 나는 이동규 목사님 위임을 위한 투표를 청원하였다. 그 당시 열린문 교회 시무장로는 나 혼자뿐이었다. 가미 노회에서는 76세 된 연로하신 목사님을 어떻게 위임목사로 모시겠느냐고 하면서 그런 전례가 없다고 반대했다. 나는 전례나 법도 중요하지만 우리 교인들이 원한다면 하나님의 은혜로 투표할 수 있도록 허락해 달라고 간곡히 부탁했다. 결국은 가미 노회의 허락을 받아서 우리는 이동규 목사님 위임을 위한 투표를 실시했는데 불과 몇 사람을 제외하고는 모두가 그것을 찬성했다. 이동규 목사님은 76세에 앵커리지 열린문 교회 제2대 위임목사로 취임하게 되었다. 조천일 목사님과 가미 노회 임원들이 위임식을 성스럽게 그리고 아름답게 인도해 주셨다. 이 목사님은 젊은 사람들이 부끄러울 정도로 밤낮으로 열심히 뛰면서 목회를 하셨다.

그분은 교인들을 잘 판단해서 적재적소에서 봉사하게 하는데 큰 탈랜트를 가지신 분이다. 목사님께서는 어느날 당회에서 현 교회 위치가 너무 외지고 앞으로 발전하기가 어려우니 교회를 팔고 좀더 좋은 위치의 큰 건물로 이전하자고 의견을 내놓으셨다. 내가 여행에서

와이 미(Why me?)

돌아오자 한 건물을 보게 하시더니 그것을 매입하자고 하셨다. 건물이 내 마음에 들지 않았다. 나는 그 건물 사는 것을 포기하고 좀더 기다리자고 하였다. 그날 밤 목사님께서는 한국을 방문 중이신 사모님을 급히 돌아오라고 하시면서 앵커리지를 떠나시겠다고 하셨다. 다음날 아침 나는 이 목사님을 찾아뵈었다.

"내가 누구를 보고 여기까지 왔는데 김 장로가 나를 반대하면 내가 이곳에 있을 필요가 없소. 나는 떠나겠소."

무척 상한 마음으로 말씀하셨다. 나는 그 자리에서,

"목사님, 용서하십시오. 제 불찰입니다."

목사님의 마음을 위로해 드렸다. 결국은 그 건물을 매입하지 않고 가장 좋은 위치에 있는 큰 건물을 60만 달러에 구입했다. 이 목사님은 대단한 목수 기술과 아이디어를 가지신 분이신데 매일 직접 목수일을 하시면서 교인들을 동원하여 아름다운 교회당을 완성하였고 모든 활동을 위한 장소들도 완벽할 정도로 만들어 놓으셨다. 교회 옆 땅도 구입했다. 또한 뜯어 고치는 데는 어느 목수보다도 잘 하셨다.

나는 6살 때 내 육친을 여의었기 때문에 아버지를 가진 친구들이 참 부러웠다. 이동규 목사님을 목사님으로 뿐만 아니라 아버님같이 모시면서 함께 힘을 모아 목사님께서 목회를 잘 하시도록 충성스럽게 최선을 다해 섬겼다. 이 목사님은 열심히 공부하여 78세에 시민권도 받으셨다. 교회는 계속해서 성장했다. 교회에 대한 좋은 소문이 지역사회에 퍼졌다.

교회를 통한 신앙 생활이 큰 기쁨과 감사 속에서 풍성해 질 때 내가 섬기는 대학교와 연구소와 알라스카 주가 나를 통해서 엄청난 복

교회를 통한 풍성안 삶

을 받는 체험을 했으며 이 체험을 통하여 하나님의 놀라운 비결도 발견하게 되었다.

1993년 6월 노스 캐롤라이나 주 샤롯(Charlotte)에서 열린 미주 한인 예수교 장로회 총회에 이 목사님을 모시고 참석했다. 그때 이 목사님께서는 다음해 봄에 은퇴하시겠다는 말씀을 하시면서 내 나이 80이고 이제는 교회가 이만큼 발전했으니 좋은 후임자를 모색하자는 것이었다. 물론 나는 이 목사님께서 더 오래 계시기를 원했으나 조천일 목사님께서도 이 목사님 의견대로 하는 것이 좋겠다고 하셨다. 1993년 12월에 나는 당회원들에게 이 목사님을 원로목사로 추대하자고 제의했다. 당회의 결정으로 가미 노회에 요청했더니 이 목사님이 열린문 교회에서 5년밖에 시무하지 않았기 때문에 노회에서 원로목사 추대를 허락할 수 없다는 것이다. 나는 가미 노회 노회장님과 전 노회장께 연락하여 우리 교회와 우리 교인들의 간절한 소원이니 변칙이라 할지라도 은혜로 허락해 주시기 바란다고 간곡히 요청했다.

"물론 20년 동안 시무해야 하지만 이 목사님은 그 연로하신 몸으로 최선을 다하여 5년 동안 목회하신 것이 보통 사람 20년 이상의 수고와 같습니다."

노회가 정식으로 인정하지 않는다 해도 지교회의 청원이니 그렇게 허락하자고 노회에서 결정을 내려 주었다.

1994년 5월 이동규 목사님 원로목사 추대식과 새로 오시는 유재일 목사님 취임식을 알라스카 교회 역사상 처음으로 성대하게 가졌다. 너무나도 아름답고 성스러운 모범적인 행사였다. 이동규 목사님

와이 미(Why me?)

께서는 은퇴 후 사모님께서 모아 두셨던 사재 9만 불을 다 헌금하여 이영춘 선교사님께서 사역하시는 몽골과 이 목사님이 자랐던 중국에 교회당을 지어서 봉헌했고 지금도 계속 중국 선교를 위해서 활동하고 계신다. 가장 젊은 목사님과 가장 연로하신 목사님을 섬기게 하시면서 나를 훈련시키신 하나님께 감사와 찬송과 영광을 돌린다.

교인들과의 관계에 있어서도 나는 그리스도의 피에 부끄럽지 않게 나의 몸과 마음과 뜻과 정성과 물질과 전문적인 지식을 다 동원하여 최선을 다해 봉사를 했으며 거기에 대하여 한푼의 대가도 요구하지 않았다. 깨끗한 마음과 순수한 동기에서 신앙 인격(integrity)을 가지고 복음에 빚진 자로서 늘 선을 베풀어 왔다. 오늘날까지 우리 가정과 관계를 맺고 그리스도 안에서 형제 자매로 휄로우쉽(fellowship)을 나눈 가정 중에서 한 가정도 피해나 어려움을 당한 가정이 없다. 우리와 신앙생활을 같이 한 성도들 중에서 한 영혼도 우리 때문에 실족하거나 어려운 피해를 당한 사실이 없다. 지금 섬기고 있는 몬트레이 한인 제일 장로교회에서도 마찬가지다. 오히려 수많은 가정과 성도들이 우리 가정을 통해서 구원 받고 많은 은혜와 복을 누리는 것을 보면서 교회 안에서, 성도들과의 관계에서 부끄럼 없이 살도록 인도해 주신 하나님께 감사와 영광을 돌릴 뿐이다. 이러한 관계 속에서 우리 가정은 성도들의 최고의 사랑을 받으며 살아 왔으며 지금도 그렇게 살아가고 있다.

사랑하는 아내는 앵커리지 미국 기관에서 재정부장(director of finance)으로 9년간 근무하다가 그 일을 그만 두고 부동산을 거래하

교회를 통한 풍성한 삶

는 직업으로 바꾸었다. 미국에서는 부동산을 거래하는 직업을 갖기 위해서는 국가고시와 살고 있는 주의 고시에 합격해야 한다. 그렇게 직업을 바꾼 것은 부동산 거래를 통하여 고객들에게 복음을 전하고 (만약에 한국인이면 그들을 우리 교회로 인도했다) 고등학교에 다니는 아들을 좀더 잘 보살피기 위해서였다.

사실 지금 앵커리지 열린문 교회 교회당이 1992년 당시 시가 120만 불이었는데 아내를 통해 60만 불에 사게 되었다. 얼마 전에는 교회 옆에 있는 앵커리지 시 소유의 땅을 잘 흥정해서 절반 값으로 샀으며 그때는 내 제자가 시의회 의장이었고 의원들이 나와 친한 사이였다. 시 소유의 땅 옆에 붙어있는 땅도 아주 헐값으로 사게 되었다. 이 부동산 거래를 통하여 내 아내에게 할당되는 모든 커미션(commission)도 일체를 헌금하여 교회에 큰 도움을 주었다.

1970년에는 우리의 은행구좌에 단 1불이 있었는데(그때 1불이라도 은행에 남겨둔 이유는 우리 구좌를 없애지 않기 위해서였다) 1992년에는 우리가 4만 불을 교회에 헌금하여 지금 앵커리지 열린문 교회의 건물을 구입하는데 적지 않게 공헌할 수 있는 하나님의 엄청난 은혜와 복을 받는 체험도 하게 되었다. 절대로 자랑이 아니고 우리 같이 부족한 사람을 사용하여 하나님이 어떻게 역사하시는가를 보여주고 싶은 마음뿐이다.

아내가 전도를 위해서, 그리고 아들을 돌보기 위해서 전임(fulltime)으로 일하기를 포기하고 파트 타임으로 융통성있게 일하고자 하는 그 순수한 마음과 동기를 하나님께서 기특하게 보시고, 결국은 교회당 구입과 앞으로 확장할 대지까지도 우리 가정을 통해서 더 넘

와이 미(Why me?)

치게 주시는 하나님의 큰 복을 체험하면서 그러한 아내를 주신 하나님께 감사와 영광을 돌렸다.

1981년 8월 2일 하나님께서 우리 가정을 통해서 앵커리지 열린문 교회를 시작하신 이후 많은 어려움과 견디기 힘든 고통과 적잖은 위기도 겪었지만 참는 인내를 주셨고 조금도 변함없이 늘 보호하시고 인도하시며 역사하시는 하나님의 크신 사랑과 은혜 때문에 나와 아내와 우리 가정이 큰 복을 받으며 끝까지 한 교회를 잘 섬길 수 있게 하신 것을 늘 감사한다.

1991년 3월 9일 다른 장로 두 분이 피택되어 장립을 받을 때까지 나는 10년 동안 단 한사람의 장로로서 앵커리지 열린문 교회 재정부장, 건축위원장, 선교 전도위원장, 교육위원장직을 모두 맡아 오면서 하나님의 크신 능력과 은총과 은혜와 지혜에 힘입어 한 번도 부족함 없이, 적자 없이 모든 일에 풍성하게 넘치도록 채워주시고 인도해 주신 하나님과 그 아들 우리 주 예수 그리스도께 충심으로 감사와 찬송과 영광을 돌린다.

나는 하나님께 예배를 어떠한 마음으로 어떻게 드리느냐에 따라서 하나님께서 넘치게 주시는 복과 풍성한 삶을 늘 체험할 수도 있고 반대로 하나님의 진노를 받을 수도 있다고 분명히 믿는다. 거룩, 거룩, 거룩하신 하나님은 하나님의 자녀들을 통하여 거룩한 예배(worship)를 받으시기를 원하시며 이 예배를 통하여 영광 받으시기를 원하신다. 우리 가정은 이 예배를 통하여 풍성한 복을 받았고 지금도 계속해서 받고 있다.

1996년 8월 11일 앵커리지 열린문 교회 공로장로로 추대를 받고

♦알라스카 열린문 교회 공로장로 추대식(1996년 8월)

또 송별식을 받은 후 나는 북가주 쪽에 위치한 몬트레이 베이 소재 캘리포니아 주립대학교 교수로 부임하기 위하여 12일 새벽 1시 비행기로 16년 동안 우리 삶을 바쳤던 알라스카 대학과 주와 정든 교회를 떠나게 되었다.

알라스카 요셉의 꿈

알라스카 자원과 경제

1867년 미국은 제정 러시아에 속해 있던 알라스카 땅을 7백 20만 불에 구입했다. 그 당시 미연방 국회와 뉴욕 타임즈 등 미국의 지도자들과 언론들이 동토의 땅 알라스카를 사는 것을 극렬히 반대했으나 당시 국무장관 쓰워드(Seward) 씨는 큰 비전을 가지고 끝까지 노력하여 결국 미국이 알라스카 땅을 구입하는데 성공했다. 계속해서 미국 연방 정부의 직할 영토(U. S. Territory)로 관할하다가 연방 국회에서 법을 통과시켜(Statehood Act) 1959년에 알라스카를 49번째 주로 승격시켰다. 그때 연방 정부는 새로 승격된 알라스카 주에 1억 4백 만 에이커의 땅을 선택할 수 있는 권한을 부여했다. 지상권(surface right)뿐만 아니라 지하권(sub-surface right) 까지 부여했기 때문에 알라스카 주정부는 가장 좋은 땅과 지하자원이 풍부한 땅을 골라 선택했다.

알라스카 원주민들을 위해서는 연방 국회에서 1971년에 특별법

(Alaska Native Claims Settlement Act; ANCSA)을 통과시켜 12개 지역으로 나누어 각 지역에 원주민 회사(Native Regional Corporation)를 설립하고 연방 정부에서 10억 불을 운영자금으로 지급했다.

13번째 원주민 회사는 알라스카에 살지는 않지만 미국 전역에 퍼져 있는 알라스카 원주민을 위해서 설립했다. 또한 약 4천 4백 만 에이커의 땅을 선택케 하면서 역시 지상권과 지하권을 동시에 부여했기 때문에 지역마다 지하자원이 많이 묻혀 있는 가장 좋은 땅들을 택하게 되었다. 물론 연방 정부가 정한 국립공원이나 자연 보호지역 또는 특수 전략적인 지역은 알라스카 주정부나 원주민이 선택할 수 없었다.

1967년에 석유회사의 지질 전문가들을 통하여 알라스카 주에 속한 북극 지역 푸르드호 베이(Prudhoe Bay)에서 원유가 발견되었다. 북극 해안에 접해 있는 지역의 깊은 지하에서 북미 역사상 최대의 원유지(crude oil reservoir)를 발견한 것이다. 무려 130억 배럴(13 billion barrel)이 묻혀 있는 엄청난 유전이었다. 미국은 그 추운 북극 땅에 세계적 규모의 어마어마한 생산 플랜트(plant)를 짓고 알라스카 남쪽 밸디즈(Valdez)까지 북극의 원유를 수송하는 800마일의 송유관을 건설했다.

드디어 1977년 8월 2일 첫 원유가 이 송유관을 통해서 밸디즈항 터미널에 도착되었다. 송유관 건설 비용은 당초 비용의 거의 10배가 늘어 90억 불에 완공했으며 세계 역사상 최고의 과학과 공학과 기술을 동원하여 건설하였는데 어떻게 알라스카 남북을 가로지르는 그

와이 미(Why me?)

긴 송유관을 완벽하게 건설하였는지 공학적인 면에서 아직도 불가사의한 일이라고 한다.

내 사무실 책상 위에는 1977년 8월 2일에 처음으로 도착한 원유를 담은 아름다운 유리 조각이 기념물로 놓여 있다. 원유를 생산하는 기름회사들은 땅의 소유주인 알라스카 주정부에 로열티와 여러 가지 세금을 내기 때문에 주에 들어오는 세입(revenues)은 실로 엄청나다. 알라스카 주정부 1년 예산의 85%를 원유세입에 의존하고 있다. 이 세입 중에서 매년 25%는 무조건 영구 기금(Permanent Funds)에 집어 넣어 원금은 쓰지 않고 계속 늘려가면서 원금을 잘 관리해서 나오는 이익금의 반을 주민에게 나누어 준다. 1998년 알라스카 한 주민당 배당액이 1천 5백 불이었다. 나머지 이익금의 일부는 나중에 인플레 조종을 위해서 원금에 다시 넣고 또 일부는 주의회의 결정에 따라 주정부 예산에 보태기도 하고 특수 구좌를 만들어 관리하기도 한다.

현 알라스카 퍼머넌트 휜드의 총 액수는 250억 불(25 billion dollors)이 넘으며 그 액수도 점점 더 늘어나고 주민들에게 1년마다 나누어 주는 배당액도 그 이익금에 비례해서 증가하고 있다. 그러나 1986년부터 1989년까지 오펙(OPEC)의 영향으로 원유값이 형편없이 떨어졌을 때는 원유세입이 크게 줄어들어 알라스카 경제가 심하게 침체되기도 했다. 그외 수산업, 임업, 광산업, 관광업 등이 중요한 산업으로 알라스카 경제 발전에 이바지하고 있다.

첫 번째 부딪힌 시련

1980년 8월 25일 나는 알라스카 주립대학교 경영 행정대학(대학원도 포함) (School of Business and Public Affairs) 교수겸 과장으로 부임하기 위하여 가족과 함께 앵커리지 공항에 도착했다. 새 학장과 조교가 나와서 우리를 반갑게 맞이해 주었다. 전에 만났던 학장은 그만 두었다고 했다.

미국에서 원유를 제일 많이 생산하는 알라스카 주는 원유 생산에서 나오는 세입이 크게 증가함에 따라 교육에 투자를 더 하게 되었다. 대학교의 질을 높이기 위해서 전국적으로 젊고 실력있는 교수들을 특별한 우대 조건으로 20명을 스카웃하는 중에 나도 그 중 한 사람으로 뽑인 셈이다. 나는 미국 정치학 중에서도 그 당시 가장 중요한 이슈로 등장한 미국 에너지 자원 정책과 환경 정책을 중심으로 논문을 써서 박사학위를 받았고(1973~1974년, 세계적인 석유파동을 중심으로 한 미국의 에너지 정책 분석) 이 전공 분야를 중심으로 대학과 대학원에서 강의를 하면서 계속해서 그에 관한 논문을 발표하고 있었다. 내가 에너지 정책 분야에서 탁월한 논문을 많이 발표할 뿐 아니라 특별히 1976년 페퍼다인 대학교에서 최우수 교수상을 받은 관계로 나를 스카웃한 것 같았다.

나는 도착 다음날 학교에 나갔다. 매달 봉급을 받기 위해서 서류에다 싸인을 하려던 차에 내가 부교수가 아니고 조교수로 임명된 것을 발견했다. 나는 싸인을 거부하고 학장에게 찾아 갔다. 그 내용을 물었다. 자기도 이제 새로 임명 받은 학장이라 잘 모르겠으니 알

와이 미(Why me?)

아 보겠다고 했다. 나는 대단히 기분이 좋지 않았다. 일찍 집으로 돌아왔다. 다음날 학교에 갔더니 학장이 만나자고 하면서 나에게 설명을 해 주는데 도저히 이해가 가지 않았다. 한마디로 말해서 내가 5월에 싸인해서 보낸 계약서에는 부교수로서 오퍼를 받았는데 3개월 후 알라스카에 도착하니 조교수로 둔갑하여 총장 결재까지 다 끝나 있었다. 1979년에 나는 이미 페퍼다인 대학교에서 부교수로 임명을 받아 엄연한 부교수인데도 알라스카 대학에 와서 조교수로 떨어지게 되었으니 봉급을 더 많이 받는다 해도 이것은 중요한 명예 문제였다. 나는 부총장에게 면담을 요청하여 그를 만났다. 부총장도 몇 주 전에 도착한 새 부총장이었다. 싼타 바바라(Santa Babara)에 소재한 캘리포니아 대학교에서 왔기 때문에 내가 가르쳤던 페퍼다인 대학을 잘 아는 분이었다. 자기도 내가 그 좋은 대학교에서 부교수였는데 어떻게 알라스카 대학에 조교수로 오게 되었는지 이해할 수가 없다고 하면서 빨리 알아 보겠다고 약속했다.

이틀 후에 부총장실에서 연락이 왔다. 다시 부총장을 만났다. 내용인즉, 경영 행정대학에 새로 청빙할 교수를 5명 배당했는데 내 분야에는 조교수 자리를 배당했다는 것이다. 그런데 전 학장이 나를 부교수로 초빙하여 일단 내가 알라스카로 오겠다는 서류에 싸인만 하면 3개월 기간을 두고 학장이 부총장과 총장의 승인을 받아 나를 조교수 자리에서 부교수 자리로 옮길 수 있다는 전제하에 나를 청빙한 것이었다. 3개월 동안에 총장은 자기 입장을 고수하고 있었고 그 동안 부총장(학사담당 부총장)과 학장도 사람이 바뀌어 나에 관한 일이 해결되지 않은 채 내가 도착했고 며칠 후부터는 강의를 시작할 형편이 된 것이다. 너무나 기가 막혔다. 이제 나에게는 세 가지 선택이 주어진 셈이다.

첫째로, 모든 것을 중지하고 손해 배상을 청구하여 그것을 받은 후 다시 L.A.로 내려가는 일이다. 오렌지 카운티에 있는 집은 팔지 않고 세를 주고 떠났기 때문에 그렇게 해도 문제가 없을 것 같았다.

둘째로, 변호사를 채용하여 대학교의 부당성 조사 위원회(Grievance Committee)에 호소하여 공청을 하든가, 그렇지 않으면 인종차별 또는 대학교의 의식적인 거짓말과 행정 유기죄로 법정에 호소하여 나의 부교수 신분을 회복하는 방법이다.

셋째로, 대학교의 부당성을 인정받아 공식적인 기록으로 남겨놓고 나는 가르치는 일과 연구에 최선을 다하고 대학교와 지역사회에 최대의 봉사를 하여 나의 실력을 데몬스트레이션(demonstration) 함으로써 빨리 정당한 과정을 거쳐 부교수로 승진하는 일이다.

아내와 나는 크게 실망했다. 참으로 어처구니 없는 일이었다. 알라스카에 오기 전 나에게 사정을 말해 줬으면 가부간에 결정할 수도 있었고 또 서로 이해하는 가운데 잘 해결될 수도 있었을 텐데 완전히 모든 것을 정리하고 그렇게도 가기 싫다는 가족을 데리고 정든 곳을 떠나 그 먼 곳에 도착한 뒤에서야 이 사실을 알게 되었으니 너무나 실망할 수밖에 없었다. 나는 이 문제를 놓고 집중적으로 기도했다.

"하나님, 어느 길이 하나님의 뜻입니까?"

나는 셋 중에서 하나를 선택해야만 했다. 하나님께서 내 명예는 친히 책임질 테니 세상 사람들의 방법대로 하지 말고 성령님께서 인도하시는 대로 순종하라는 마음을 주셨다. 모든 것을 하나님께 맡기고

와이 미(Why me?)

오직 하나님을 믿고 신뢰하면서 최선을 다하여 노력하면 하나님께서 주시는 지혜와 총명과 명철과 능력에 힘입어서 나를 실력자로 만들어 주시겠다고 약속해 주셨다. 그러나 그 방법은 너무나도 어려운 선택이었다. 내가 둘째 방법을 택하면 이길 승산이 분명했다. 한 교수는 나에게 자기가 대학교를 대항해서 이겼는데 자기를 도와준 변호사를 당장 소개해 주겠다고 했다. 변호사를 통하여 법정에 호소한다면 대학 당국이 법정에서 질 것이 뻔하기 때문에 나와 흥정하여 법정 밖에서 빨리 해결해 줄 것이라고(out of court settlement) 하면서 그는 나에게 그렇게 하도록 재촉했다. 그렇게 하는 것이 나에게 유익이 될 뿐 아니라 가장 빠르고 쉬운 길 같았다. 인간적으로 생각하면 보통 자존심이 상하는 문제가 아니었다. 학회에서 만나는 동료 교수들에게 뭐라고 변명할 수 있겠는가? 내가 바보 같이 생각되기도 했다.

그러나 하나님은 하나님 뜻대로 그 자녀가 순종하기를 원하셨다. 나는 하나님 뜻대로 순종하기로 결심했다. 다시 학장과 부총장을 만났다. 나는 그 자리에서 내가 앞으로 보여줄 실력을 바탕으로 2년 후에 부교수겸 종신 교수직(tenure)을 동시에 신청하겠다고 요청하고 그렇게 하도록 약속 받았다. 나는 하나님의 약속을 믿고 하나님께 온전히 의존하면서 지혜와 총명과 명철함을 받아 최선을 다하는 가운데 최우수 교수가 되어 하나님께 영광 돌리기로 결심했다.

최우수 교수가 되는 길

첫째로, 나는 강의 준비를 빈틈없이 철저하게 했다. 준비할 때마다 하나님께 먼저 간절히 기도하면서 내 전문 분야를 잘 이해할 수 있고 잘 가르칠 수 있는 능력과 지혜를 구했다. 나는 언제나 클라스에 들어가기 전에 내 사무실에서 준비한 것을 최선을 다하여 가르칠 수 있도록 하나님께 도움을 구하는 기도를 했다.

"하나님, 저에게 능력과 지혜를 충만케 주셔서 최선을 다하여 가르치게 하옵소서. 강의를 받는 학생들에게 은혜를 주셔서 그들이 배운 것을 잘 깨달아 알게 하시고 저들이 하나님의 자녀가 되어 배운 지식을 자신들 뿐만 아니라 지역사회와 나라와 세계를 위해서 크게 사용할 수 있게 하옵소서."

그 전에도 그렇게 했지만 나는 언제나 그날 강의할 노트를 다 외웠다. 노트는 꼭 가지고 들어가지만 2시간이든 4시간이든 어떤 때는 하루 종일 하는 특강시간에도 강의에 필요한 내용과 자료 일체를 다 준비해서 모조리 외워버렸다. 나는 지금까지 27년 동안 교수를 하면서 첫 해만 빼놓고는 준비한 노트를 보지 않고 완전히 외워서 머리에 뿐만 아니라 내 심장에 넣고 학생들을 위해서 열심히 충심으로 강의해 왔다.

학기가 시작하는 첫 날 내 과목을 받기 위하여 클라스에 들어온 학생들을 서로 소개하는 시간을 갖는다. 소개가 끝나면 나는 바로 그 자리에서 학생들의 이름을 다 외우는 습관을 가지게 되었다. 50명까지는 쉽게 외울 수 있다. 지금은 한국 이름을 외우는 것보다는 영어

와이 미(Why me?)

이름을 외우는 것이 훨씬 편하고 쉽다. 교수가 학기 첫 날부터 학생들에게 관심을 두고 자기의 이름을 기억해 주면 그것이 크게 동기 부여가 되는 것을 일찍부터 알게 되어 그렇게 실천해 오고 있다. 한 가지 유익은 교수가 학생 자신들의 이름을 기억해 주니까 기분이 좋아서 마음을 쉽게 열고 더 배우고 싶은 동기를 갖는다는 것이다. 또 한 가지는 다음 강의 시간부터는 출석을 부르지 않아도 누가 강의실에 출석했는지 결석했는지를 알 수 있기 때문에 학생들로 하여금 강의에 빠지지 않고 계속 출석할 의무와 책임감을 갖게 한다. 또 내가 교수로서 책임 완수를 위해서 최선을 다하겠으니 학생들도 최선을 다하여 열심히 공부하도록 서로 약속을 한다.

학기 첫 날은 한 학기 동안 배울 내용과 과제 등 중요한 사항을 설명한 후 효율적인 시간 관리와 어떻게 하면 공부를 재미있게 하고 점수를 잘 받을 수 있는지 그 비결을 강의한다. 내 과목 뿐만 아니라 학생들이 그 학기에 받는 모든 과목을 위해서 목표를 세우게 하고 목표를 달성하기 위한 구체적인 공부 방법과 효과적이고 생산적인 시간 관리의 실천 계획을 세우게 한다. 계획을 구체적으로 실천하도록 하기 위하여 나는 학생들과 만나 상담(advising)도 해 준다. 뿐만 아니라 멘토링(mentoring)과 코칭(coaching)을 통하여 그들의 인격 성장과 학문 연구에 큰 영향을 끼치는 일을 하게 되었다. 한편 나는 클라스 룸에서 강의하는 것이 그렇게도 재미있고, 그렇게도 익사이팅(exciting) 하고, 그렇게도 도전이 되며 그렇게도 기쁠 수가 없다. 나는 참으로 나의 직업을 만끽하며 즐기고(enjoy) 있다.

이와 같은 나의 열정적인 교수 활동과 비전을 제시함으로 많은 학생들에게 큰 동기 부여가 되고 효과적인 시간 관리의 실천을 통하여 공부를 능률적으로 하게 함으로써 자신들의 성적을 향상시킬 뿐만 아니라 공부를 더 재미있게 할 수 있게 되었다. 특히 B나 C학점만 받던 학생들이 강하게 동기 부여를 받아(self motivated) 목적을 분명히 정하고 내가 가르친 공부 방법과 효율적이고 생산적인 시간 관리를 적용하면서 최선을 다하게 되니 A학점을 받게 되었고 공부를 포기하려던 학생들도 격려와 힘을 얻어 좋은 점수를 받게 되는 사례가 많이 나오게 되었다. 학생들에게 교수를 잘 한다는 평판이 점점 높아질 뿐만 아니라 학생들의 롤 모델(role model)로 인정받게 되었다.

둘째로, 우선 가르치는 일에 모든 마음과 정성과 노력을 다하면서 연구하는 일에도 최선을 다했다. 하나님은 창조자이시기 때문에 그 자녀들도 하나님의 뜻에 따라 살면 성령 충만의 능력으로 창조적이고 생산적인 삶을 살 수 있다. 나는 이 비밀을 깨달아 효율적이고 생산적이며 창조적인 시간 관리의 원리를 내 강의 뿐만 아니라 연구에도 적용하여 1980년 가을부터는 몇몇 교수와 팀을 만들어 집중적인 연구를 시작했다.

1981년 봄에는 국립과학재단(National Science Foundation)에 제출한 '지진 정책과 그 수행의 문제점'이라는 연구 프로포살(proposal)이 심사결과 좋은 평가를 받아 대학에 25만 달러의 연구비를 들여오는데 결정적인 역할을 했다. 지진 정책은 자원 개발, 환경 보호, 주택과 주민 보호, 경제 개발 및 교통, 도시 개발 등에 중대한 영향을 끼치기 때문에 그 정책과 그 정책 수행에 큰 관심을 두지

와이 미(Why me?)

않을 수 없었다. 우리 4명의 교수가 2년간 연구하여 제출한 연구 논문과 자료는 지진 대책을 위한 정책과 그 수행에 있어서 중요한 영향력을 끼쳐 연방 위기 관리국(Federal Emergency Management Agency; FEMA)에서는 우리의 제안을 정책에 반영하겠다고 발표하기도 했다.

이러한 연구 때문에 1984년 6월에는 FEMA의 초청으로 전국 33명의 학자들이 메릴랜드 주 에밋스버그(Emittsburg)에 소재한 연방 고위정책 연구원(Senior Executive Policy Center)에 모여 2주간 합숙하면서 천재지변, 즉 대홍수, 대태풍, 대화재, 대지진, 화산폭발, 토네이도 등과 그리고 인간이 만들어 낸 대사고, 즉 대오염, 오일스필(oil spill), 핵 발전소 폭발, 테러 사건 등과 같은 각 분야의 위기 관리에 관해서 발표하고 토론하면서 그 결과를 FEMA에 제출하여 국가 정책에 반영하도록 했다.

전국에서 초청되어 온 33명의 교수들은 위기 관리 분야에 크게 인정받는 학자들이었는데 뜻밖에 나도 초청되어 놀라움을 금치 못했다. 더욱 놀란 일은 나의 발표와 토론이 큰 칭찬을 받았을 뿐만 아니라 모든 교수들이 만장일치로 나와 인디아나 대학교 찰스 교수(Dr. Mick Charles)를 선정하여 위기 관리(Crisis Management)에 관한 책을 엮어서 출판하도록 했다. 나는 찰스 교수와 함께 33명의 교수가 제출한 논문들을 심사 정리하고 최종적으로 마무리해서 미국 역사상 처음으로 위기 관리에 관한 책 「Crisis Management: Text and Cases」을 출판했다.

이 책은 미국이 매년마다 각 지역에서 일어나는 위기에 대처하여 관리하는데, 특히 위기를 대비하는 일과 위기가 났을 때 관리하는 일과 다시 복구하는 일 등에 큰 공헌을 하고 있다는 평을 받고 있다. 연방 정부 각 기관과 각 주, 각 도시, 학교 등 공공 단체가 꼭 참고해야 할 중요한 책이 되었고 위기 관리를 가르치는 교수들은 이 책을 교재로 사용하고 있다. 최근에 출판사를 통하여 제2편을 내라는 권고를 받았다.

나는 또한 에너지와 환경 정책 그리고 대륙붕 원유 생산에 관한 논문들을 1년 반 동안에 19편을 발표했으며 그 논문들이 논문집들에 실리기도 했다. 1982년에는 다른 교수들과 함께 미 전국의 중요한 260개 도시의 세금 정책(tax policy)과 예산 제도(budgeting system)를 분석하면서 도시 생활 수준(quality of life)과의 상관 관계를 연구해서 6편의 논문들을 학회에서 발표하고 학회지에 실었다. 그 중의 한 논문은 Decision Science 학회 전국 회의에서 최우수 논문의 하나로 선정되기도 했다. 하나님의 크신 은혜와 능력과 지혜의 복을 받아 연구면에 있어서도 전국적으로 인정받는 학자로 자리를 굳히게 되었다.

셋째로, 가르치고 연구하는 일 외에 사회와 대학을 섬기는 일에도 나는 최선을 다했다. 연방 정부의 그랜트(grant)를 받아 친구 교수와 함께 알라스카 8개 도시를 순방하면서 각 지역의 지도자들을 훈련시켰다. 이것은 내가 앞으로 주의 경제 발전을 위해서 일하는데 네트워킹(networking)을 하는 중요한 기회가 되었다. 하나님께서 자세하게 보살펴 주시는 것을 매일매일 경험하게 되었다.

나는 1983년 봄에 알라스카 주지사로부터 아시아 태평양 지역과

와이 미(Why me?)

의 교역 증진 그리고 알라스카 주 자원 개발과 환경 보호 정책을 수행하는데 있어서 고문의 한 사람으로 임명 받았다. 특히 알라스카 토지보호정책(Alaska National Interest Lands Conservation Act)이 1980년에 카터 대통령의 주도하에 미 연방 국회에서 통과되었는데, 이 법은 미국 역사상 가장 전격적이고 대대적인 법으로 알라스카 토지 계획, 자원 개발, 환경 보호, 수산, 야생동물 보호, 국립 공원, 특별 보호 지역, 산림 보호, 경제 개발 등에 크게 적용되었다. 이 법을 수행하기 위해서 알라스카 땅의 소유주인 연방 정부의 내무부, 알라스카 주, 원주민을 대표하는 고위층 지도자들로 구성된 알라스카 토지사용위원회(Alaska Land Use Council)를 만들었는데 이 위원회를 고문하는 나는 영광스럽게도 부회장으로 임명되었다. 하나님께서 알라스카 요셉의 꿈을 이루시고자 이러한 중요한 임무들을 직접 맡게 하시고 경험하게 하시면서 많은 능력과 지혜로 함께 해 주셨다.

나는 그 후 8년 동안 연방 정부, 주정부, 원주민 대표들과 함께 알라스카를 위해 일하면서 서로 상반된 의견과 정책 수행 방법들을 조정하는데 최선을 다했다. 각 대표들을 통하여 그 위원회가 원만하게 운영되고 기능을 발휘하도록 하는데 많은 공헌을 했다는 칭찬을 수없이 들었다. 전적으로 하나님의 은혜 때문이었다.

최우수 교수상

2년이 지난 뒤 나는 부교수 승진과 종신 교수직(tenure)을 신청했다. 알라스카 주립대학교 RTP(Retention, Tenure and Promotion) 교수 위원회에서는 만장일치로 나의 부교수 승진과 종신 교수직을 허락하면서 특별히 짧은 기간 동안 그 많은 업적을 세운 공로를 치하했다. 대학교의 정책은 교수가 승진하면 10%의 봉급을 올려주는데 부총장은 나와 만난 자리에서 나의 월급을 21% 올려 주겠다고 약속했고 그대로 실행해 주었다. 그 부총장은 1년 후에 총장이 되었고 나와 깊은 관계를 맺으며 함께 많은 큰 일들을 하게 되었다. 하나님의 뜻대로 순종하면서 최선을 다하였더니 하나님께서 함께 하심으로 모든 일이 합력하여 크게 선을 이루게 되는(로마서 8:28) 체험을 또 하게 되었다.

계속해서 최선을 다하는 중에 1984년 10월에는 전체 교수와 학생들과 직원이 모인 알라스카 주립대학교 전체회의(University Convocation)에서 앵커리지 캠퍼스가 설립된 이래 처음으로 시행되는 최우수 교수상(Chancellor's Award for Excellence in Teaching)을 내가 받게 되었다. 교수, 학생, 졸업생, 대학원 학생으로 구성된 17명의 선정위원들이 1개월 이상의 심사를 거쳐 수상자를 선정했는데 알라스카 대학교에서 교수한 지 4년만에 내가 그 상을 받게 된 것이다.

그 날 교직원, 학생, 전체회의에서 선정위원장이 수상자를 발표할 때까지는 누가 최우수 교수로 선정되었는지 아무도 알지 못했다. 그 전날 총장 비서가 내가 대학교 개교기념일 축하식에 참석하는지 여부를 물어왔다. 물론 참석한다고 했다. 나는 총장 비서가 다른 교수들에게도 연락하여 다음날 행사를 상기시키는 줄로만 알았다. 선정

와이 미(Why me?)

위원장이 선정 과정을 설명한 후 내 이름을 불렀다. 나는 너무나 감격했다. 눈물이 핑 돌았다. 하나님께 크게 감사했다. 우레와 같은 박수를 받으며 앞으로 나갔다. 총장이 축하의 말을 한 후 나에게 상패와 수표가 든 흰 봉투를 전해 주었다. 나는 간단하게 답사를 했다.

"나보다 더 잘 가르치고 더 실력있는 교수가 많은데 내가 뽑히게 된 것을 정말 송구스럽게 생각합니다. 지금부터 최우수 교수가 되라고 격려해 주는 것으로 알고 아주 감사히 받겠습니다. 사실은 내가 경험이 많고 실력이 있어서 잘 가르치는 것이 아니고 전적으로 하나님의 은혜와 능력과 지혜 때문에 내가 최우수 교수로 뽑힌 것을 여러분이 꼭 아시기 바랍니다. 계속해서 최선을 다하겠습니다. 하나님의 복이 여러분들에게 함께 하시기를 기도합니다."

다시 우레와 같은 박수가 터졌다. 수십 년 간 가르쳐 온 교수가 그렇게 많은데 왜 하필이면 나를 뽑았을까? 하나님께 감사와 찬송과 영광을 돌렸다. 며칠 후 총장 부부가 우리 부부를 만찬에 초청하여 기쁘고 즐겁고 감격적인 시간을 함께 가졌다. 그 총장(Dr. David Outcalt)은 신앙인으로 아주 좋은 가정을 이루고 있었다.

비전을 펼치다

1983년 12월과 다음해인 1월초 방학 동안에 나는 내가 3년 동안 목격해 왔고 실제 경험해 온 알래스카와 우리 대학교의 위치를 분석하면서 세계 속의 알래스카, 특히 아시아 태평양 속의 알래스카가 가야 할 방향을 제시하는 비전과 그 비전을 실현하는데 내가 섬기고 있는 대학교가 어떠한 역할을 해야 하는지 구체적인 계획을 세웠다. 나는 실력있는 교수들과 학장과 함께 몇 차례 만나 내가 쓴 비전을 놓고 비판도 받고 조언도 들으면서 그것을 완성했다. 총장에게 그 사본을 보냈더니 너무 좋아했다.

나는 쉐필드(Sheffield) 주지사 비서실장에게 연락하여 주지사와 경제장관들과 비서실장 그리고 예산국장이 같이 참석하여 내가 쓴 비전을 나누는 시간을 만들어 주도록 부탁했다. 우리는 1984년 1월 둘째 주일에 주지사 회의실에서 함께 만났다. 나는 알라스카 경제가 전적으로 원유 생산에 의존하게 되면(주 예산의 85%가 원유 생산 로열티에서 나옴) OPEC의 원유 생산 결정에 따라 알라스카의 경제가 좌우될 뿐만 아니라 경제 다원화(economic diversification)와 세계화 시대 특히 아시아 태평양 시대를 맞으면서 알라스카의 위치를 올리지 못하면 알라스카 장래는 경제면에서 뿐만 아니라, 교육, 문화, 과학면에서도 뒤떨어질 수밖에 없다는 것을 역설하면서 알라스카 경제를 다원화하기 위해서는 세계 시장에 진출하는 정책을 세워 국제 무역을 증진시키고 이를 위해서 주정부는 무역 증진 향상과 그 훈련과 세계화 교육을 위해서 큰 투자를 해야 할 것을 제의했다. 아울러 우리 대학교가 국제 경영과 통상을 위한 연구소를 설치하여 각 지역과 나라의 경제 동향과 시장성을 긴밀히 조사하여 그 정보를 알라스카 회사들에게 제공해 주는 역할을 하면 좋겠다는 계획을 발표했다.

대단히 좋은 반응을 보였다. 특히 주지사는 나를 격려하면서 예산

와이 미(Why me?)

국장으로 하여금 나와 함께 이 비전을 추진하도록 임명했다. 앵커리지에 돌아온 후 나는 총장에게 연락하여 주지사의 반응을 전한 후 3월 초에 열리는 전체 주립대 대학 이사회에 알라스카 국제 경영 무역 연구소 설치를 위한 요청을 정식으로 제출하여 허락을 받도록 부탁했다. 나는 제출할 프로포살(proposal)을 잘 준비하여 총장에게 보냈다.

원주민 회사의 사장으로 1982년에 내 과목을 수강한 바 있으며 그 이후로 나와 아주 친하게 지내는 알라스카에서는 크게 존경을 받고 성공한 헌도후(Huhndorf) 씨가 1983년에 주지사로부터 알라스카 전체 주립대 이사(board of regents)로 임명을 받았기 때문에 나는 그와 만난 자리에서 나의 비전에 대한 주지사의 반응을 전하면서 연구소 설립을 위한 요청을 앞장 서서 처리해 주도록 간곡히 부탁했다 (나는 교수들과 학장, 총장 뿐만 아니라 헌도후 같은 친한 기업주들과도 나의 비전을 나누면서 그들의 조언을 들어 참고했다).

그는 흔쾌히 승낙하면서 최선을 다하겠다고 약속했다. 그는 이 요청을 대학교 이사회 어젠다(agenda)에 넣는데 성공했다. 나는 친분이 있는 몇몇 주의원들과도 만났다. 연구소를 설치하고 주의 경제 발전을 위한 계획들을 진행하기 위해서는 우선 68만 달러가 필요하다고 그들에게 요청했다. 나는 재정분과 위원장과 상공분과 위원장을 만나 상의한 결과 68만 달러를 의회에 법안으로 상정하겠다는 약속을 받아냈다.

이러한 일이 진행되는 동안에 대학교 이사 중에서 국제 경영 통상 연구소가 앵커리지 소재 주립대에 속하는 것을 반대하는 이사들이 나오게 되었다. 앵커리지 시는 훼어뱅스(Fairbanks) 인구의 4배가 될 뿐 아니라 교통과 모든 면의 중심지가 되기 때문에 훼어뱅스에 소재한 주립대의 발전에 더 관심이 있는 그 지역 출신 이사들이 그것을 싫어했던 것이다. 나는 그들과도 만났다. 비전은 좋으나 비용이 많이 든다는 것과 연구소가 앵커리지 캠퍼스에 소속하는 것에 대한 반대 의사를 굽히지 않았다. 나는 앵커리지 지역의 기업주들을 하나하나 만났다. 그들은 내가 제시한 비전을 들은 후 적극적으로 찬성하게 되었다. 상공회의소 소장, 기름회사 사장들 그리고 주지사와 가까운 지도자들과도 만나 하나하나 설득시켜 도움을 받게 되었다.

마침 내가 알라스카 토지 사용 정책 수행을 위한 고문직을 맡고 있었기 때문에 각 지역에 있는 연방 정부, 주정부, 원주민 리더들에게도 편지나 전화 또는 직접 면담을 통하여 계속해서 설득하며 도움을 요청했다. 적극적인 반응을 보여 주었다. 특히 알라스카에서는 큰 실력자요 연방 정부 대표인 죤 쌘더스(John Sanders) 국장과도 만났다. 그는 독실한 기독교인이다. 함께 저녁식사를 하면서 나는 나의 알라스카와 우리 대학에 대한 꿈을 나누었다. 그는 식사 도중 내 손을 잡고 간절히 기도해 주었다.

"이것은 분명히 하나님께서 당신을 통하여 이루고자 하시는 꿈입니다. 내 마음에 큰 감동과 전율을 느끼게 합니다. 같이 기도합시다."

서로 신앙적인 깊은 대화를 나누며 너무도 아름다운 시간을 가졌다. 최선을 다하여 돕겠다고 약속했다. 그 뒤로 우리 가족과 그 분의 가족은 아주 가까운 사이가 되어 신앙적인 차원에서 형제같이 지냈고

와이 미(Why me?)

그분과 나는 10년 이상을 알라스카 삼림 정책을 위해서 같이 협력하며 일하기도 했다.

나는 그를 통해서 알라스카 주립대학교 전체 총장이 훼어뱅스에 살고 있었기 때문에 훼어뱅스 캠퍼스와 그 지역 리더들의 압력을 받아 반대 의사를 표현했다는 소식을 들었다. 알라스카 전체 주립대학교는 앵커리지(Anchorage) 캠퍼스, 훼어뱅스(Fairbanks) 캠퍼스, 쥬노(Juneau) 캠퍼스로 구성되어 있는데 학생수는 앵커리지 캠퍼스가 제일 많아 훼어뱅스 캠퍼스와 쥬노 캠퍼스를 합친 학생수의 배가 된다. 마음에 걱정이 되었다. 그러나 하나님의 뜻이면 누가 막을 수 있겠는가? 마음을 정하고 치밀한 계획으로 계속해서 정부 지도자들, 지역사회 지도자들, 경영주들을 만나서 그들이 영향력을 발휘하여 이사들을 설득시키도록 연합전선을 펴면서 만반의 준비를 다했다. 한 이사는 중립을 지키겠다고 했다. 나는 헌도후(Huhndorf) 이사에게 그분을 설득시키도록 요청했다.

국제 경영 무역 연구소

1984년 3월 9일이 이사회 날이었다. 나는 그 전날에 비행기로 쥬노에 내려갔다. 앵커리지에서 주 수도 쥬노까지는 1시간 20분 걸린다. 오후에 도착하여 밤 늦게까지 그 다음날 이사회에서 그 프로포살(proposal)이 통과될 수 있도록 나는 내가 할 수 있는 최선을 다했다. 전체 총장이 반대하는 줄 알면서도 나는 호텔에서 제이 바튼

(Jay Barton) 총장을 잠깐 찾아가 만났다. 아주 부드럽게 그리고 정중하게 연구소가 알라스카 주 경제 발전과 대학교의 발전을 위해서 해야 할 역할에 대하여 다시 한 번 강조하면서 도와 줄 것을 요청했더니 그는 몹시 언짢은 태도로 대하면서 연구소가 꼭 설치되어야 하는가에 대한 확신이 없다고 했다. 나는 다시 한 번 부탁을 하고서 헤어졌다.

나는 에이버리(Avery) 이사장과 만나 인사를 나누었다. 그는 나를 친절하게 대해 주면서 일이 잘 될 것이라고 격려해 주었다. 나는 주지사나 대학의 총장도 아니고 정책을 결정하는 위치에 있는 사람도 아닌 평범한 교수인데 무엇 때문에 내가 마음을 태우며 밤잠도 제대로 못 자면서 주의 발전과 대학의 장래를 위해 이렇게 최선을 다하면서 이러한 일을 해야 하는지 인간적으로 생각하면 이해하기 힘든 어처구니 없는 일을 하고 있었다. 사실 총장이 해야 할 일을 내가 하고 있는 셈이었다. 다른 교수들은 주어진 일만 하면서 편안하게 지내고 있는데 더구나 나는 그들보다는 더 인정받는 교수로서 가르치는 것과 연구만 잘 하면 종신토록 교수직이 보장되어 잘 지낼 수 있는데 왜 이러한 엄청난 모험과 도전을 감수하며 사서 고생하는지 이해하기가 힘들었다. 그렇다고 해서 그것이 나에게 개인적인 큰 유익을 가져다 주는 것도 아니었다. 오히려 많은 오해를 받기까지 했다. 그러나 이 길이 하나님이 원하시는 길이요 우리 가족을 알라스카에 오게 하신 하나님의 뜻이라면 다시 한 번 살 수 있는 생명을 주신 하나님께 무슨 불평을 할 수 있겠는가? 나는 알라스카가 내 것이라는 주인의식을 갖게 되었다.

와이 미(Why me?)

3월 9일 드디어 대학교 이사회 날이 왔다. 나는 호텔에서 주님과의 귀한 시간을 가졌다. 꼭 이루어 주신다는 약속을 받았다. 쥬노 소재 알라스카 주립대 캠퍼스 홀에서 이사회가 시작되었다. 오전에는 주로 회무가 처리되었다. 점심 후 오후 이사회가 재회되었다. 나는 화장실에 들어가 앉아서 하나님께 기도했다. 나는 방청석에 돌아와 앉았다. 마침내 내가 제출한 안건이 이사회에 상정되었다. 헌도후 이사가 통과시키자는 동의를 하였고 제청이 나왔다. 열렬한 찬반의 토론이 시작되었다.

토의가 한참 진행되는 중 알라스카 주재 연방 정부 대표인 쌘더스(John Sanders) 국장이 문을 열고 들어와 이사장에게 다가가서(이 두 사람은 개인적으로 각별히 친한 사이였다) 자신의 편지와 많은 지도자들이 각 지역에서 보내온 편지들을 직접 이사장에게 전해 주었다. 쌘더스 국장이 많은 지도자들에게 연락해서 내 안을 동의(endorse)하는 편지를 모았던 것이다. 갑자기 장내가 아주 숙연해졌다. 이사장이 수십 통이나 되는 편지 중에서 몇 통을 골라서 낭독했다. 이는 전례가 없는 광경이었다. 분위기가 완전히 바뀌었다. 열렬히 진행되던 논쟁이 중단되고 만장일치로 찬성하게 되었다. 이사장은 알라스카 전체 주립대를 대표하는 최초의 국제 경영 무역 연구소(Alaska Center for International Business; ACIB)가 앵커리지 캠퍼스에 설립될 것과 적극적으로 도울 것을 약속하면서 연구소 설치를 허락하는 이사회 정책을 공식적으로 발표했다(주립대학교 이사회 이사들은 주지사가 직접 임명하며 주상원의 인준을 받아야 한다. 전체 주립대 총장을 선정하고 해고하는 권한도 이 이사회가 갖고 있다). 나는 방청석에 앉아서 감사와 감격의 눈물을 흘렸다.

　마지막으로 제이 바튼 전체 총장이 일어나더니 국제 경영 무역 연구소 설치를 위한 이사회의 인준은 끝났지만 연구소를 위한 특별 예산이 주의회에서 통과된다 해도 대학교 당국으로서는 받지 않을 것이라는 이해하기 힘든 발언을 했다. 얼마 후에 알려진 일이지만 그날 바튼 총장의 그와 같은 행동이 대부분의 이사들의 마음을 상하게 하여 결국 몇 개월이 못되어 그해 6월에 총장직을 사임케 했다. 그 후 알라스카 대학교에는 대학교 역사상 제일 좋고 실력있는 오다우드 (O' Dowd) 총장이 그 후임으로 부임하게 되었다. 이 새 총장은 나의 팬(fan)이 되어 최선을 다해서 나를 도와 주었다.

　나는 자동차를 타고 곧 바로 주의회로 달려갔다. 가까운 주의원들과 만나 자세한 설명을 한 후 빨리 나의 특별 예산 요청을 의회에 제출하도록 부탁했다. 그 특별 예산의 내력을 설명하는 내용을 발췌해서 속히 하원과 상원에 동시 제출하겠다는 약속을 받았다. 나는 그날 밤 빌리 그레헴(Rev. Billy Graham) 전도대회에 한국어 통역을 위해서 하나님께 감사하면서 가벼운 마음으로 앵커리지에 돌아왔다.

　주일 예배 후 다시 빌리 그레헴 전도대회에 가서 통역을 하고 집에 돌아와 아내와 나는 단출하게 결혼 17주년을 기념하면서 다음날 일본에 갈 준비를 하였다.

와이 미(Why me?)

행복한 일본 여행

1984년 3월 12일 아내와 나는 일본항공(Japan Airline)을 타고 동경에 가게 되었다. 17년만에 다시 가는 것이었다. 동경과 앵커리지를 직접 왕래하는 일본항공의 처녀 출항을 기념하기 위해서 알라스카 리더들을 일본에 초청했는데 앵커리지 노울스(Knowles) 시장 부부도 초청을 받았다. 그런데 시장 부부가 시의 중요한 일 때문에 갈 수 없게 되어 나와 아내에게 대신 시 대표로 참석해 달라고 부탁을 해 온 것이다.

나는 당시 앵커리지 시 국제 도시 자매 관계 위원회 위원장직을 맡고 있었고 1981년에 노울스(Knowles) 시장이 선거에 당선된 후에는 새 정부 인수위원으로 활동했기 때문에 시장과 나는 각별히 친한 관계를 맺고 있었다(그는 현재 알라스카 주지사). 우리는 결혼 17주년을 기념하는 최고의 선물을 받은 셈이었다. 우리는 1등석에 앉았다. 평생 처음으로 아내와 함께 국제선 1등석에 앉게 되니 황송하기도 하고 감개가 무량했다. 8명의 알라스카 리더들이 부부 동반으로 한 비행기를 탔다. 우리 일행은 비행기 내에서도 특별 대우를 받았다. 나는 비행기가 동경을 향해서 가는 도중 아내에게 물었다.

"여보, 17년 전에 우리가 일본에서 6개월 동안 신혼여행을 했었는데(사실은 우리의 비용으로 여행을 한 것이 아니고 일본 역사상 가장 유명하고 실력있고 크게 존경받는 명문가의 자손인 시부쟈와 부부가 우리를 초청하여 그 분들이 우리의 모든 비용을 감당해 주었다) 이제 17년 만에 둘이서 함께 동경에 가게 되니 다시 신혼여행을 가는 기분이 들어요. 당신이 나와 결혼할 때 나에게 기대했던 것이 어찌 되었는지 좀 말해 봐요."

"내가 당신과 결혼한 것은 오직 당신의 성실성과 진실한 성격 때문이었어요. 오늘 이 시간까지 당신의 그 성실함과 진실함은 한 번도 나를 실망시킨 일이 없어요."
라고 아내가 대답했다. 나는 감사의 눈물을 흘렸다. 나는 아내의 손을 꼭 붙잡으며 키스를 해 주었다. 나는 한자어 중에 忠誠(충성)과 誠實(성실)이라는 단어를 제일 좋아한다. 忠誠(충성)은 내 마음 중심에 하나님의 말씀이 이루어진다는 의미이고, 誠實(성실)은 하나님의 말씀이 이루어져 열매를 맺는다는 의미로 해석하면서 이 충성과 성실을 진실로 모든 면에서 나의 인생 전체의 생활 모토로 삼아왔었다.

나는 아내에게 그 동안의 수고를 뜨겁게 감사하면서 계속해서 그리스도 안에서 성실하고 진실한 삶을 살겠다고 약속했다. 잠깐 사이에 동경에 도착했다. 우리 일행은 8일 동안 일류 호텔에서 최고의 대접을 받으며 동경과 경도 등을 방문하면서 즐겁게 보냈다.

특별히 그 기간에 시부쟈와 부부가 우리를 위해서 옛날 친구들 12명을 한 자리에 모아 만찬을 베풀어 주어서 그 동안 지내왔던 과거를 서로 이야기하면서 즐겁고 기쁜 시간을 갖기도 했다. 17년의 세월이 지난 후 그들은 다 굵직굵직하게 성공한 친구들이었다. 나는 그 때 시부쟈와 씨에게 알라스카에 와서 1년 동안 머물면서 연구소와 대학교를 위해서 특별교수를 해 달라고 요청했다. 그 일이 성취되어 시부쟈와 부부는 1985~1986년에 훌브라이트(Fulbright) 학자로 알라스카에 초청되어 우리 대학교에서 강의를 하게 되었다. 나는 일본에

와이 미(Why me?)

서 오랜만에 아내와 함께 아주 좋은 시간을 갖고 앵커리지로 돌아왔다. 돌아오자마자 나는 뜻밖의 대시련이 나를 기다리고 있었다.

두 번째 부딪힌 더 큰 시련

내가 주지사와 주장관들 그리고 몇몇 주의원들에게 발표한 그 비전과 실천 방안이 큰 반응을 보였다는 소식과 함께 알라스카 주립대 이사회의 결정이 보도되자 우리 주립대 옆에 있는 조그마한 사립대학(Alaska Pacific University)의 올스(Olds) 총장이 자기와 개인적으로 가까운 친구인 쉐필드(Sheffield) 주지사에게 연락하여 주지사의 이름으로 주 상하 의원 60명 전체와 주정부 각료 등 중요한 인물들을 초청하여 주 수도 쥬노에서 만찬을 베풀 수 있도록 해달라고 부탁했다. 물론 올스 총장이 대접하지만 주지사의 이름으로 초청하도록 했으므로 초청받은 알라스카 지도자들은 거의 다 참석했다.

저녁을 잘 대접한 후에 올스 총장은 그 만찬석상에서 우리 주립대학을 골리앗으로, 자기 대학을 다윗으로 비유하고 큰 주립대학교가 작은 사립대학을 먹어 삼킬 듯이 위협하고 있다고 하면서 최근에 발표한 김춘근 교수의 알라스카 장래에 대한 비전은 원래 자기 아이디어인데 김교수가 그것을 이용했다고 주장했다. 내가 올스 총장의 아이디어를 훔쳐서 내 것으로 사용하여 내 비전처럼 발표했다는 것이다. 너무나 어처구니가 없었다. 나는 그 때까지 올스 총장을 직접 만난 일도 없고 그 사람의 글을 읽은 적도 없는데 어떻게 내가 자기 아이디어를 훔칠 수 있단 말인가? 그 비전은 내 것도 아니고 기도하는 가운데 하나님께서 나에게 주신 오리지널(original) 아이디어일 뿐만 아니라 다른 교수들과 학장으로부터 건설적인 비판과 좋은 충고를 받으면서 완성한 것이기 때문에 그들이 산 증인들이었다.

미국 사회 인간관계에서 가장 창피하고 추잡한 말이 있다면 '거짓말쟁이'(liar)와 '인종 차별주의자'(racist)라고 불리우는 것이다. 나는 일순간에 나의 인격을 완전히 땅에 떨어뜨리는 거짓말쟁이가 되었다. 그것도 나를 고문으로 임명한 주지사와 전체 주의원들 그리고 나와 가까운 주 경제 장관들에게 내가 자기의 아이디어를 훔쳐 갔다고 공공연하게 발표했으니, 나와 주지사와의 관계는 그 때부터 어렵게 되었고 나를 돕고 있었던 주의원들도 내가 요청한 예산을 법안으로 내놓는 것을 중단하기까지 했다.

창피해서 머리를 들고 다닐 수가 없었다. 너무도 억울했다. 나는 어떻게 이 일을 처리해야 할지 암담했다. 교수들과 학장을 함께 만났다. 교수들은 인종차별과 인격 손상죄로 법정에 고소하자고 야단이었다. 우리 대학교 총장과도 만났다. 총장도 대단히 분개하고 있었다. 그는 우리 대학교 대외관계 부총장을 통해서 성명서를 발표하면서 신문에 특별 기고하여 올스 총장의 기만과 거짓말을 상세하게 공개하고 공식적으로 사과를 받도록 하자고 했다. 우리 총장도 올스 총장을 개인적으로 만난 일이 없는데 몇 번이나 공개석상에서 공격을 받은 일이 있다고 했다.

하나님께서 나를 변화시키신 후 내가 가장 싫어하는 것 중의 하나가 내 자신을 위해서 변명하는 일이었다. 나는 특히 내가 한 일이 하

와이 미(Why me?)

나님의 뜻에 비추어 옳다고 믿으면 아무리 오해를 받아도 변명하지 않는다. 이 땅에서 오해가 풀리지 않더라도 하늘나라에 가면 모든 일들이 명백하게 다 들어날 터인데 내가 왜 굳이 변명하면서 시간을 소비할 필요가 있겠는가? 그러나 이 사건은 나에게 너무도 큰 충격을 주었다. 하늘이 무너지는 것 같았다. 아무리 내가 애써 변명한다 해도 이미 엎지러진 물을 얼마나 다시 담을 수 있겠는가? 학교 당국에서는 이미 받은 손상을 어떻게 처리하여 회복할 것인가(damage control) 하는 문제를 놓고 많은 신경을 쓰고 있었다.

아내는 내가 수많은 날 동안 밤낮으로 심혈을 기울여 하나님의 도움을 받아 오리지널 작품을 만드는 것을 목격하였을 뿐 아니라 자신이 직접 타이프를 쳤기 때문에 모든 것을 다 알고 있었다. 그런 아내는 내가 한 번도 만난 일이 없고 알지도 못하는 사립대 총장으로부터 나의 인격과 명예가 공개적으로 추락당하는 것을 보면서 너무나 큰 상처를 받았다. 어린 자녀들도 크게 상처를 입었다. 내가 중생한 이후 겪은 가장 고통스러운 시련이었다. 모든 것이 다 허사로 되는 것 같았다.

"하나님, 왜 제가 이런 시련을 당해야 합니까? 나의 진실한 마음, 순수한 마음을 주님이 아시지 않습니까? 어떻게 이런 모함을 받을 수 있습니까? 하나님, 이 일을 어떻게 해결하시기를 원합니까? 하나님 아버지, 이 아들의 명예를 어떻게 회복시키시겠습니까?"

나는 이 고통스러운 시련을 놓고 가슴을 찢는 듯 하나님께 울부짖었다. 친구 교수들과 총장실에서는 내가 대학교 변호사를 통하여 법정에 소송하든지 또는 신문을 통하여 공식 사과를 요청하든지 빨리 결정하여 진행하도록 강하게 권했다. 나는 기도하면서 하나님의 뜻을 찾았다.

"하나님께서 나로 요셉의 꿈을 갖고 강권적으로 알라스카에 오게 하시더니 왜 이러한 억울한 일을 당하게 하십니까?"

하나님께서는 나에게 보디발 아내 때문에 감옥에까지 가야했던 요셉이 당한 그 어려운 시련들을 상기시키시면서 하나님께서 명예를 회복시킬 때까지 끝까지 참고 기다리라는 마음을 주셨다. 뿐만 아니라 나에게 주신 알라스카 요셉의 꿈을 다시 한 번 상기시키시며 도전을 주시었다. 순종하기 힘든 하나님의 뜻이었다. 어느 때까지 참아야 내 명예가 회복이 된단 말인가? 나는 이 일에 대한 처리 방안으로 세 가지 가능한 방법을 생각할 수 있었다.

첫째로, 올스 총장을 인종차별과 명예 훼손죄(slander)로 법정에 고소하는 방법이다. 그렇게 하면 내가 분명히 이긴다. 나는 그를 만난 일도 없고 또 나에게는 아내와 교수들과 학장 등 확실한 증인들이 있었다. 또 내가 쓴 프로포살(proposal)은 정말 어디에서도 볼 수 없는 유일하고 원색적이며 창조적인(creative) 내용이기 때문에 사실 여부가 금방 분명하게 드러날 것이다. 그러나 이 방법으로 한다면 하나님의 자녀들이 소송을 하게 되고 법정 안에서 모든 인증심문을 하는 등 아름답지 못한 일들이 많이 일어날 것이다. 또 아무리 법적으로는 이긴다 해도 대학과의 관계나 인간 관계는 두고두고 좋지 않을 것이며 반면에 올스 총장의 명예는 크게 추락되고 말 것이다. 싸움이 붙으면 이기는 쪽과 지는 쪽이 있지만 결국 똑같은 사람이 되고 마는 것이 상례인데 나는 그렇게 하고 싶지가 않았다. 또 법정에서 문제를

와이 미(Why me?)

해결하고자 하면 비용도 많이 들고 시간도 오래 걸릴 것이기 때문에 내 명예 회복이 생각보다 늦어질 가능성이 클 수도 있었다.

둘째로, 내 명예 회복을 위해서 가장 쉬운 방법은 신문에 공개적으로 발표하여 올스 총장의 인종차별과 명예 훼손을 공격하면서 그의 명예와 인격을 추락시키는 것이었다. 신문을 통하여 공방전이 오고 갈 수도 있겠으나 이로 인하여 그의 명예와 인격이 추락되면 그는 무슨 방법을 써서라도 자신을 변호하려고 나설 것이다. 나의 명예도 추락시키려고 갖은 수단을 다 쓸 것이다. 주위 사람들에 의하면 올스 총장은 자기가 잘못한 줄 알면서도 자신을 변호하고 변명하는데 뛰어난 소질이 있다고 한다. 내가 그 방법을 택하면, 신문지상을 통하여 서로 공격을 주고 받으면서 설령 내가 이겨서 그 일에 관한 나의 명예를 회복한다 할지라도 서로 간의 심한 상처는 피할 수 없을 것이다. 나는 내 명예가 속히 회복되어 우리 대학교 이사회에서 통과시킨 국제 경영 무역 센터와 주지사에게 제출한 알라스카 발전 비전을 수행하는 일을 전격적으로 시작하고 싶었다. 그러나 이렇게 하는 것이 하나님께서 기뻐하시는 방법이라고 판단되지 않았다.

셋째로, 하나님께서 내 명예를 회복시킬 때까지 참고 기다리되 미워하지 말고 기쁘게 참고 기다리는 것이었다. 가슴에 끌어 오르는 억울한 심정이나 분노는 다 묻어 버리고 오직 하나님만 바라보고 믿고 순종함으로 하나님의 때를 기약없이 기다리는 방법이다. 이 방법을 택하는 것은 솔직히 너무도 힘든 결단이었다. 그러나 나는 이렇게 하는 것이 아무리 어려워도 이것이 하나님께서 바라시는 대안임을 깨달았다. 나는 마음을 정했다. 모든 것을 하나님께 맡기고 온전히 그를 신뢰하기로 했다(시편 37:1~6). 나는 친구 교수들과 학장 그리고 총장을 각각 만나서 나의 결심을 나누었다. 그들은 실망하면서 나를 이해할 수 없다고 했다. 나는 그들에게 이 일을 나에게 맡겨 달라고 사정했다. 언젠가는 분명히 우리 학교가 크게 승리하고 내 명예가 회복될 것이니 그 때까지 기다리자고 설득했다. 그들은 마지못해 모든 것을 나에게 위임해 주었다.

그렇게 억울하게 당한 일을 막연히 참고 견디려고 하니 너무도 어렵고 힘들었다. 그 많은 노력을 기울여 만들어서 쉐필드(Sheffield) 주지사에게 제출한 알라스카 발전의 비전과 계획은 빛도 보지 못하고 사장되었고, 주의회에 제출한 예산도 분과위원회에 상정되기도 전에 누락되고 말았다. 올스 총장은 단지 시기와 질투로 내 비전이 실현되지 못하도록 방해를 한 것이지 그것이 본인의 비전도 아니고 마음에도 전혀 없는 계획이었기 때문에 그것을 실천할 리가 만무했다. 나는 하나님 앞에서는 떳떳하였지만 어느 모임에서든지 지역사회 지도자들과 주의원들을 만날 때마다 그들이 나를 어떻게 생각할까 하는 생각 때문에 마음이 아주 편하지가 않았다.

기다림, 그리고 하나님의 비전

나는 지역사회와 알라스카 주 발전을 위한 계획을 당분간 포기하고 가르치는 일과 연구하는 일에 전력을 기울이며 계속 실력을 쌓아갔다. 또 성경 말씀을 더 깊이 상고하고 하나님과 깊은 대화를 나누

와이 미(Why me?)

는 진정한 큐티를 더 많이 가지면서 내 자신의 영적 훈련을 강하게 했다.

"하나님, 이 시련을 통하여 무엇을 이루시렵니까?"

나는 하나님의 인도를 주의 깊게 살피면서 계속 기도했다. 한편 나는 그 동안 전국 에너지 심포지움을 조직하여 공동회장으로 일하면서 시카고, 뉴욕, 덴버 등지에서 매년마다 대회를 가졌고 그 때마다 많은 논문을 발표하여 그 분야에서 나의 학문적 실력을 인정 받았다.

1985년 1월에는 우리 대학교의 추천으로 주의회 상하원에서 나에게 알라스카 고등교육에 큰 공헌을 했다고 상패를 수여하기도 했다. 1985년 봄에는 RTP(Retention, Tenure, Promotion) 교수 위원회에서 만장일치로 나를 부교수에서 정교수로 승진시켰다. 얼마나 아이로니칼한 일인가? 하나님께서 서서히 나의 명예를 회복시키시는 것이 분명했다. 하나님께서 나에게 이런 어려운 시련을 당하게 하시면서 나를 어떻게 인도하시려는지 마음에 큰 기대감이 점점 부풀어 오기 시작했다. 그러던 중 1985년 1월 초에 나는 7일 동안 금식하며 혼신을 다하여 하나님께 기도 했다.

"하나님, 내 인생의 마지막 장을 어떻게 보내시기를 원하십니까? 하나님, 내 인생에 대한 하나님의 계획(plan)이 무엇입니까? 내가 어떤 삶을 살기를 원하십니까? 나에게 보여 주십시오."

나는 하나님께 매달려 응답해 주시기를 기도했다. 그 날 하나님께서 나에게 "Making America greater with the Korean-American Christians by revitalizing their faith in God."(미주 한인 크리스천들과 함께 우리의 신앙을 다시 회복함으로 미국을 더 위대하게 만들라)라는 엄청난 비전을 주셨다. 그 때 받은 "Making America Greater"의 비전이 오늘 JAMA(Jesus Awakening Movement for America; 북미주 예수 대각성 운동)의 시작과 기초가 되었다. 구체적인 비전에 대해서는 이 다음에 쓰려고 하는 『한 번 사는 인생 어떻게 살 것인가?』(One Life to Live)에서 다루겠다.

1985년부터는 새로 부임한 전체 총장이 내가 운영하는 국제 경영무역 센터에 특별한 관심을 가지고 대학교의 특별 자금을 지원해 주었다. 나는 그 자금으로 내 주위에 중요한 전문가들과 직원을 채용하여 그들과 함께 주 경제 뿐만 아니라 지역사회와 대학의 발전을 위하여 큰 역할을 담당할 수 있는 기초를 닦기 시작했다.

위로하시는 하나님

나는 1985년 초에 받은 비전이 과연 성경적으로 그리고 역사적으로 증명될 수 있는지를 부지런히 연구하면서 1985년을 보내고 1986년 초를 맞이했다. 한편으로 그 무렵 내가 섬기던 교회의 한 남자 집사가 신앙인 이전에 인간으로서도 도저히 용납할 수 없는 폭력으로 나에게 어려움을 주었다. 나와 우리 가정은 그 일로 인해서 너무도 큰 상처를 받았다. 평생에 그러한 어려움을 누구에게도 당해 본 일이 없었다. 더 마음이 아팠던 것은 담임 목사님께서 이 사실을 직접 목격했고 또 내용을 다 알면서도 그 사건을 완전히 묵인하는 것을 보고 너무나 기가 막혔다. 하나님께서 우리 가정을 통하여 교회를 시

와이 미(Why me?)

작하셨지만 우리 가족은 조용하게 교회를 떠날 것을 결심했었다.

마침 이 사건이 있자 마자 나는 국제경영통상(International Business and Trade) 교육을 전국적으로 확산시키고 강화하기 위하여 미연방 교육성 주최로 열린 전국 대학교 경영대학 학장들과 책임교수들 회의에 초청되어 참석하기 위해서 마이애미(Miami)에 가게 되었다. 회의에는 참석하였으나 마음이 착잡했다. 나는 회의 중 오후 시간에 마이애미 해변가로 나와 걷기도 하고 또 배를 타고 도시를 돌면서 하나님께 기도했다.

"하나님, 우리 가족이 교회를 떠나는 것이 하나님의 뜻입니까? 우리 가족이 한인 교회를 조용히 떠나 미국 교회에 다니면서 미국 교수 친구들과 함께 얼마든지 하나님을 잘 섬길 수 있지 않습니까? 우리 가족은 언어 문제도 없지 않습니까? 그러한 사람들하고는 도저히 같이 하나님을 섬길 수 없습니다. 우리로 하여금 조용히 떠나게 허락해 주십시오."

나는 그때 도심에서 흘러나오는 더러운 물이 출렁거리는 바닷물에 아무런 저항도 없이 삼키우는 것을 보게 되었다. 하나님께서 나를 위로 하시며 격려하셨다.

"아무리 더러운 물일지라도, 아무리 요란스럽게 내려오는 강물일지라도 이 엄청난 바다가 다 수용하면서 삼켜 버리지 않느냐? 네 마음이 이 큰 바다같이 넓고 깊어서 바다가 강에서 흘러나오는 모든 것을 다 삼켜 버리듯이 너도 어떤 것이라도 다 수용할 수 있어야 한다. 그래야 내 일을 할 수 있다. 대서양과 태평양같이 넓은 마음을 가져라."

"하나님 뜻대로 순종 하겠습니다."

나는 하나님께 약속했다.

어려운 중에서도 마이애미에서 회의를 잘 마치고 앵커리지로 돌아와 가족과 같이 상의를 한 후 마음을 정하고 우리가 모든 것을 참고 견디면서 계속해서 기쁘게 열린문 교회에서 주님을 섬기기로 했다.

그 뒤 그 부인 집사가 우리 집에 찾아와 응접실 바닥에 엎드려서 1시간 이상을 울면서 남편의 잘못을 용서해 달라고 사정했다. 나는 그 남편 집사를 용서했을 뿐만 아니라 그 집사님이 1991년 3월 9일에 우리 교회에서 장로 장립을 받을 수 있도록 2년 전에 부임하신 이동규 목사님과 함께 최선을 다하여 그 집사와 그 가정을 영적으로 힘껏 도와 주었다. 장로 장립을 받은 그날 저녁 장로 부부는 꽃다발을 들고 우리 집에 방문해서 너무나 감격스러운 내용이 적혀 있는 감사 카드를 전해 주었다. 믿음과 사랑으로 끝까지 참아 하나님의 뜻이 이루어진 것이다. 찬송과 영광을 하나님께 돌릴지어다.

알라스카 요셉의 꿈

1986년 5월 초에 나와 가까운 친구 교수 릭 앤더 박사(Dr. Rick Ender)의 소개로 새로 주지사에 출마한 스티브 쿠퍼(Steve Cowper; 그는 변호사로서 주하원 의원을 지냈다)와 교수 식당에서 함께 점심을 먹게 되었다. 나는 그 사람과 한 번도 만난 일이 없었다. 앤더 교수가 나를 간단하게 소개하면서 알라스카 주립대학과 알라스

와이 미(Why me?)

카 장래에 대한 나의 비전을 쿠퍼 후보와 같이 나누라고 했다. 나는 그 비전을 거의 한 시간 이상 나누었다. 쿠퍼 후보는 내 비전을 듣더니 너무 감격해 하면서 지금 약속 때문에 떠나야 하지만 수일 내에 자기 공보비서와 함께 아침식사를 하면서 충분한 시간을 갖고 상의하자고 제의하고 떠났다.

며칠 후 공보비서에게서 전화가 왔다. 날짜를 약속해서 아침식사 시간에 함께 만났다. 우리는 3시간 동안 내가 준비한 모든 비전과 구체적인 전략과 시행 방법까지 함께 나누면서 상의했다. 진지한 모임이었다. 쿠퍼 후보의 통찰력과 지도력에 나는 큰 감명을 받았다. 쿠퍼 주지사 후보는 공보비서에게 김 교수가 제의한 모든 것을 일반 주민이 이해할 수 있도록 쉽게 풀이해서 쿠퍼 주지사 후보의 알라스카 비전으로서 대대적으로 홍보하자고 제의했다. 우리는 그렇게 하기로 결정하고 나는 쿠퍼 후보에게 한 가지 약속을 부탁했다.

"당신이 주지사가 되면 지금 대학교에서 설립하여 운영하고 있는 ACIB를 알라스카 주의 띵크 탱크(Think Tank)로 승격시켜 알라스카 경제 발전에 큰 몫을 담당할 수 있도록 주에서 자금을 지원해 주시오."

그는 쾌히 승낙했다. 일반적으로 정치가들의 공약이 잘 지켜지지 않는 것을 알지만 나는 쿠퍼 주지사 후보의 약속을 꼭 믿기로 했다. 나는 최선을 다해 그를 도왔다. 1986년 11월초 주지사 선거에서 쿠퍼 후보자가 당선되었다. 사실 쿠퍼 후보는 민주당이었고 나는 공화당에 속해 있었다. 그러나 쿠퍼 당선자는 곧 약 50명의 새 정부 인수인계팀(transition team)을 임명하여 조직하면서 나를 7개 분과 위원회 중 경제 개발과 국제 통상위원회 위원장으로 임명했다. 7명으로 구성된 우리 위원회는 곧바로 맡은 임무를 수행하기 시작했다. 현 행정부의 경제 개발 정책과 통상 관계 및 그 시행 성과를 조사하기 위하여 우리는 경제 담당 장관들, 책임자들, 그리고 각 지역의 리더들과 만나 인터뷰를 하면서 리뷰(review)를 했고 몇 주 동안에 걸쳐 많은 시간을 들여 같이 논의하면서 쿠퍼 새 정부의 경제 정책과 통상 정책의 초안을 만들었다.

그해 12월 1일에 새 주지사 쿠퍼의 취임식이 있었다. 다음날 아침 8시쯤에 전화 벨이 울렸다. 아내가 받았다. 아내가 나를 부르면서 주지사 사무실에서 전화가 왔다고 했다. 주지사 비서였다. 쿠퍼 주지사가 나와 전화하기를 원한다고 했다.

"어제는 취임식만 했고 주지사가 오늘부터 정식으로 집무실에서 일을 시작하는데 아침에 도착하자마자 김 교수님께 제일 먼저 전화를 연결해 달라고 부탁하셨습니다. 굉장히 중요한 일인 모양입니다."

전화가 연결되었다. 서로 기쁜 인사를 나누었다. 어제 취임식을 마치고 오늘 등청하여 집무를 시작하는 기분이 어떠냐고 물었더니 아주 좋다고 했다. 그러면서,

"죤(John, 내 미국 이름), 중요한 일로 전화합니다. 당신이 새 행정부의 4개년 경제 발전 백서(white paper) 초안을 준비해 주십시오. 다음주 월요일 오후 2시부터 4시까지 120분 동안 내 사무실에서 나와 단둘이 만나 발표해 주시기 바랍니다. 대단히 중요한 임무이니까 잘 부탁합니다."

와이 미(Why me?)

나는 놀람을 금치 못하며 쿠퍼 주지사에게 정중하게 부탁했다.

"나 같은 사람이 어떻게 이 큰 직무(task)를 감당할 수 있겠습니까? 더구나 오늘이 화요일인데 다음주 월요일까지 6일 동안에 어떻게 4개년 경제 발전 백서를 쓴단 말입니까? 시간을 더 주십시오."

그러나 쿠퍼 주지사는 전화로 굿바이하면서 말했다.

"최선을 다해서 백서를 완성하고 쥬노(Juneau)에 내려와 나와 만납시다."

나는 당장 책상 앞에서 무릎을 꿇고 하나님께 기도했다.

"하나님, 제 실력을 아시지 않습니까? 제가 이 엄청난 사명을 어떻게 감당합니까? 저는 경제학자도 아니지 않습니까? 우리 대학교에 하버드(Harvard)나 예일(Yale) 출신의 경제학자들도 많은데 왜 하필이면 제가 이 일을 맡아야 합니까? 잘못하면 실력있는 경제 전문가들의 웃음거리가 될까 두렵습니다. 저의 지식과 능력과 재능으로는 할 수 없습니다. 이것이 부족한 종에게 알라스카 요셉의 꿈이 이루어지기 위해 시작하는 일이라면 제가 순종하겠습니다. 그러나 오직 하나님이 주시는 지혜와 총명과 명철 그리고 믿음과 성령 충만의 능력으로만 가능합니다. 충만하게 채워 주옵소서. 하나님이 함께 하실 줄 믿고 최선을 다하겠습니다."

마음에 큰 평강과 확신이 생겼다.

내 강의가 화수목에 있었는데 나는 총장과 학장에게 전화를 해서 대강 내용을 말하면서 1주일 휴가를 요청했다. 쾌히 승낙해 주었다. 나는 즉시로 백서를 쓰기 시작했다. 성령 충만의 능력과 크신 하나님의 지혜에 힘입어서 그 동안 배우고 연구하고 경험하고 보고 들은 모든 것을 총동원할 수 있는 기회가 되었다. 다른 교수들이나 전문가들과 함께 모여 머리를 짜내어 이 경제 발전 백서를 준비 할 수도 있겠으나 나는 그렇게 하지 않았다. 오직 기도하는 마음으로 그 동안 쌓은 내 지식과 지혜의 모든 것을 총동원하여 그것을 하나님 중심의 비전에 맞추어 쓰기 시작했다.

지구본을 보면 알라스카는 지구의 맨 꼭대기에 위치해 있다. 전 세계를 보는 비전 속에서 알라스카 장래를 마음 속에 그림으로 그리면서 전략을 세우기 시작했다. 우선 아웃트라인(outline)을 잡았다.

첫째로, 세계화를 촉진시키는 세력(accelerating forces)들을 확인하고 하나하나 분석하면서 세계 동향을 예상(forecasting).

둘째로, 이러한 세계 동향 속에서 미국의 위치를 분석하고 리뷰(review).

셋째로, 21세기의 아시아 태평양 시대(Asia-Pacific Era)와 미국과의 관계를 분석하면서 앞으로의 전망을 설계(projection).

넷째로, 이러한 흐름 속에서 알라스카는 장차 어떠한 비전과 전략으로 큰 역할을 담당할 수 있는지를 제시.

다섯째로, 알라스카의 비전을 성취하기 위해서 12개의 전제(premises)와 사실(facts)을 투명하게(transparent) 표현하면서 이러한 전제와 사실 하에서 12개의 구체적인 전략을 세움.

여섯째로, 이러한 전략을 이루기 위하여 실행 계획(action plan)을 만들어 구체적인 시행 방법을 제시(특히 내가 시작한 ACIB가 주의 띵크 탱크로서 할 수 있는 역할을 제시했다).

나는 화요일 아침부터 이 일을 시작하여 아내가 가져다 주는 음식

와이 미(Why me?)

  과 음료수를 책상에 앉아 먹고 마시면서 만 3일(72시간) 동안 1분도 자지 않고 집중하여 하나님의 은혜 가운데 백서의 초안 작성을 끝마쳤다. 멋있는 작품으로 확신되었다.
  금요일 아침이었다. 온몸이 뻐근했다. 나는 샤워를 하고 상쾌한 기분으로 12시쯤에 출근을 했다. 나는 내 비서에게 타이핑을 부탁했다. 분량이 원체 많았기 때문에 비서도 타이프를 치는데 금요일 밤을 꼬박 새웠다. 그러나 그녀는 조금도 불평하지 않고 흔쾌히 그 일을 해 주었다. 감사한 것은 하나님께서 오늘 이 시간까지 나에게 언제나 충성스럽고 실력있는 비서들을 붙여 주셨다. 토요일 오후에 만나서 첫 초안을 리뷰(review)하고 고칠 것을 다시 고치도록 부탁했다.
  월요일에는 쥬노(Juneau)에 내려가야 했기 때문에 벌써부터 마음이 조금 초조해졌다. 다음날 주일 예배를 마치고 오후 늦게 비서 집에 들려서 그 남편과 함께 오자(誤字)를 마지막으로 고치는 일(proof reading)을 하고 있는데 아내에게서 전화가 왔다. 주지사가 화요일에 앵커리지에 올라오니까 쥬노에 내려오지 말고 앵커리지 주지사 사무실에서 똑같은 시간에 만나자는 내용의 전화가 왔다는 것이었다. 나는 마음이 놓였다. 이것까지도 간섭하시는 하나님의 은혜를 다시 한 번 경험했다. 오자(誤字) 교정을 다 마치고 마지막으로 백서 전체를 프린트하니 78페이지가 되었다. 다음날 카피(copy)를 몇 부 만들어서 멋있는 바인더에 넣었다. 주지사에게 발표할 수 있도록 모든 작업을 마쳤다. 나는 그날 오후부터 오랜만에 충분한 수면을 취했다.
  화요일 오후 2시에 나는 새로 임명된 주 상공장관도 합석하도록 요청하여 앵커리지 주지사 사무실에서 주지사와 상공장관과 셋이서 만났다. 만반의 준비를 다했다. 원탁을 중심으로 셋이 앉은 자리에서 나는 한 시간 반 동안 준비한 백서를 발표했다.

주지사와 상공장관은 질문 하나 없이 총집중하여 신중하게 듣고 있었다. 발표가 끝났다.

"주지사님, 이제 끝났습니다(This is it, Governor!). 어떻습니까?"

주지사는 긴 소매를 위로 걷어 붙이면서 말했다.

"죤(John), 이건 너무나 좋습니다. 내가 다 채택하겠습니다."

나는 눈물이 핑 돌았다. 그리고 등에 전율이 느껴졌다. 우리 셋은 이 백서가 어떠한 과정을 거쳐 구체적으로 시행될 수 있는지 그 방법을 함께 논의했다.

주지사는 1월 초에 자기 관저에서 경제 관계 장관들과 비서실장, 자기가 신뢰하는 실업인 대표 몇 사람, 예산국장 등을 초청하여 이 백서 시행을 위한 방법을 상의하고 주지사 연두교서도 준비하자고 제의했다. 주지사는 그날 어려운 질문(tough question)들이 나올 수 있고 반론과 코멘트(comment)도 나올 수 있으니까 잘 준비하라고 충고도 해 주었다. 날짜를 결정하면 알려 주겠다고 했다.

오후 4시가 조금 지나서 나는 앵커리지 주지사 사무실을 나왔다. 하나님께 진심으로 감사했다. 이 백서는 전적으로 하나님의 은혜와 능력과 지혜로 만들어졌다. 밖은 벌써 캄캄해졌고 추운 겨울 날씨였지만 마음은 한없이 상쾌하기만 했다. 나는 집에 돌아와 아내와 그날 되어진 일들을 기쁘게 나누고 거기까지 인도하신 하나님께 감사하면

와이 미(Why me?)

서 홀가분한 마음으로 크리스마스 캐롤을 감상했다.

한편 우리 인수인계 위원회는 그 동안 여러 차례 모임을 가지면서 12월 말까지 보고서 작성을 마치고 그것을 주지사와 새 행정부 장관들과 관계자들에게 보고하는 것으로 우리 임무를 끝마쳤다.

크리스마스 바로 전날 주지사 비서에게서 전화가 왔다. 1987년 1월 6일 오후 2시에 주지사 관저에서 모임을 시작하여 저녁식사까지 들면서 계속해서 마라톤 쎄션(marathon session)을 할 것이라고 했다. 나는 주지사에게 죠지 워싱턴 대학교 박윤식 교수도 1월 6일에 초청하자고 제안했다. 박 교수는 하버드 출신으로 경영학 박사와 경제학 박사학위를 받았고 국제 금융 재정학자로서도 미국에서 크게 인정을 받을 뿐만 아니라 1985년에는 세계 금융 재정 센터인 월 스트리트(The Wall Street)의 주식 거래 이사회(Stock Exchange Board)에서 미국에서 가장 우수한 10대 재정 금융전문가의 상을 받을 만큼 실력있는 학자이기 때문에 앞으로 알라스카에 큰 도움이 될 수 있으니 박 교수를 초청하자고 한 것이었다. 주지사는 흔쾌히 승락하고 자기가 직접 초청하여 박 교수도 그 모임에 참석하게 되었다. 박 교수와 나는 대학 동기동창으로 형제같이 지내는 사이일 뿐 아니라 그리스도 안에서 우리 두 가정은 깊은 관계를 맺고 있었다.

나는 하루 전에 쥬노(Juneau)에 도착하여 주지사 소개로 새로 임명된 주지사 비서실장과 주장관들과 서로 교제하는 시간을 가졌다. 1월 6일 오후 2시 주지사 관저에서 준비한 자리에 경제와 상공, 자원, 재정 관계 장관 3명과 주지사 비서실장과 예산국장, 몇 명의 주지사 특별 보좌관, 공보비서, 주지사와 가까운 큰 회사 사장 3명 그리고 박 교수가 참석했다. 주지사가 간단히 인사를 하면서 나를 소개했다. 나는 주지사의 요청에 따라 4개년 경제발전 백서의 요점을 약 30분간 발표했다. 나는 참석자들에게 요약서(executive summary)를 나누어 주었다. 특히 쿠퍼 행정부가 이 비전을 이루기 위해서는 주정부와 주립대학교와 기업이 서로 협력하고 합동하여 추진해야 한다는 것을 강조하면서(Tri-Partite Participation of State Goverment, State University, and Industry) 특히 알라스카 국제경영 무역 센터(Alaska Center for International Business)를 주 땅크 탱크로 승격하는 법과 6백만 달러의 기금과 매년 60만 달러의 항구적인 예산(perpetual line-item)을 세워 줄 것을 요청했다. 예산국장이 펄쩍 뛰었다.

"죤(John), 당신이 아시다시피 원유값이 배럴당 33불에서 10달러 미만으로 하락하여 우리 주는 지금 엄청난 경제적 어려움을 겪고 있으며 주지사부터 시작해서 주의 모든 공무원들이 10%의 봉급을 삭감해야 하는 형편인데 어디서 그런 큰 돈이 나온단 말입니까? 김 교수의 비전과 계획은 대단히 좋다고 생각합니다. 그러나 현실은 불가능한 일입니다."

다른 참가자들도 예산국장의 말에 공감하는 눈치였다.

"알라스카의 경제가 어느 때까지 원유에서 나오는 세수(revenues)에만 의존할 것입니까? 우리 알라스카 경제는 오펙(OPEC; Oragainzation of Petroleum Exporting Countries, 석유수출국 협회)의 원유값 결정에 따라 좌우되고 있지 않습니까? 언제까지 다른 나라가 알라스카의 경제와 우리의 장래를 좌우하도록 계

와이 미(Why me?)

속 놓아 둘 것입니까? 사실 알라스카는 오펙(OPEC)의 경제 식민지 생활을 하고 있는 셈입니다. 다른 자원을 개발하고 수출을 대폭 증가시켜서 알라스카 경제를 다원화할 때가 왔습니다. 알라스카의 원유 생산은 우리 경제에 막대한 큰 도움을 주고 있지만 우리가 여기에만 전적으로 의존하니까 오펙(OPEC)의 종속국이나 다름 없지 않습니까? 알라스카 경제를 다원화하고 경제 안정을 계속 유지하기 위해서는 원유생산을 통하여 지금까지 쌓아온 그 많은 재원을 다른 산업 발전을 위하여 투자해야 할 뿐 아니라 여기에서 생산되는 산업 제품과 다른 자원들(생선, 목재, 광물질, 관광 등)을 세계 시장으로 수출해야 합니다. 가치를 부가하여(value added) 상품을 다원화하고 수익률을 높이며 고용을 증대하여(알라스카의 비고용률이 당시 11%가 넘어 미국 다른 주보다 훨씬 높았다) 중소기업을 크게 향상시킬 뿐 아니라 이들을 재정적으로 지원하고 정책적으로 무역, 특히 수출을 대대적으로 도와 우리 기업을 세계 시장으로 진출시킨다면 원유값이 내려간다 해도 알라스카 경제에는 큰 영향을 받지 않을 것입니다. 지금 당하고 있는 알라스카 경제 침체(recession)는 축복으로 바꿀 수 있는 기회라고 봅니다(blessing in disguise). 세계 시장에의 수출을 위해서 무역 데이타 베이스(trade database)를 설립하여 시장 조사를 하면서 최신식 기술을 적용하여 상품의 가치를 부가하고 주의 각 지역마다 국제 경영과 무역을 가르치고 훈련할 뿐 아니라 초등학교 때부터 외국어를 가르치고 고등학교 때부터는 국제 통상(international trade)을 가르치면서 3개 부의 협력을 통하여 투자 전략과 교육 그리고 세계 시장 진출을 위한 시장 조사를 포괄성 있는

알라스카 요셉의 꿈

계획 아래 시행한다면 장차 알라스카의 발전은 확실하게 보장될 것입니다. 또 이 일을 위해서 매년마다 예산을 요청한다는 것은 불가능한 일입니다. 선거의 결과에 따라 행정부가 바뀌고 주의원들이 바뀌고 주의회의 다수당이 바뀔 때마다 예산을 얻기 위해서 모든 심혈을 기울어야 할 것이기 때문에 이 비전을 지속적으로 추진해 간다는 것은 결국 불가능하게 될 것입니다. 일단 주지사의 요청에 따라 6백만 달러의 기금이 주의회에서 통과되면 그 기금을 잘 운영하여 매년 50만 달러 이상의 이익금을 만들고 또 주가 매년 60만 달러의 예산을 계속해서 지원한다면 주 경제 발전과 세계 시장 진출에 큰 역할을 담당할 것입니다. 내가 분명히 믿기는 이렇게 해서 주 경제 발전과 수출에 큰 도움을 주면 여기에서 도움을 얻는 회사들이 우리 ACIB에 많은 훤드(funds)로 지원할 것이며 기금의 이익금을 매칭 훤드(matching fund)로 사용하면 더 많은 훤드를 들여 올 수 있을 것입니다. 따라서 나는 ACIB의 훤드는 몇 배로 증가하리라고 확신합니다."

나는 혼신을 다하여 그들을 설득하면서 내 주장을 피력했다. 박 교수도 현재 세계 동향과 자신이 직접 관찰한(박 교수는 세계 은행의 수석 경제학자였고 지금도 세계은행의 컨설턴트(consultant)로 아시아와 구라파에서 큰 역할을 하고 있다) 알라스카 상황을 설명하면서 김 교수가 내놓은 알라스카 비전은 너무 훌륭하며 이 비전을 이루기 위해서는 요청한 기금과 예산이 최소한 필요하다고 강조했다. 박 교수는 김 교수가 경제학자도 아닌데 어떻게 이렇게 대단한 백서를

와이 미(Why me?)

내놓을 수 있는지 정말 감탄해 마지 않는다면서 미국의 다른 주들이 따라야 할 정말 모범적인 매스터피스(masterpiece)라고 덧붙여 칭찬했다.

주지사는 각자에게 의견을 물어 보았다. 참석자들은 각자의 소감을 발표하면서 자신들의 아이디어들도 첨부했다. 토의 중에 저녁이 준비되어 다이닝 룸(dining room)으로 자리를 옮겼다. 화기애애한 저녁식사였다. 저녁식사 후 계속해서 각자들의 소감이 발표되었다. 한 사람도 내가 내놓은 백서를 반대하지는 않았다. 다만 어디에서 기금을 만들어 내야 할지가 모두의 관심이었다. 각자의 소감을 다 들은 주지사는,

"대단히 감사합니다. 모두의 소감을 들어보니 반대하는 사람은 하나도 없고 다만 기금 마련이 문제인 것을 지적하셨습니다. 나는 존(John)이 세운 ACIB를 주 띵크 탱크로 승격시켜 앵커리지 소재 알라스카 주립대학교에 정식으로 설립하고, 6백만 달러의 기금과 매년 60만 달러의 예산을 책정하는 것을 법으로 통과시키도록 2개의 법안을 만들어 주의회에 제출하겠습니다. 존(John), 내가 6백만 달러를 약속합니다. 염려하지 마시오. 그리고 여러분들은 이 돈이 어디에서 나올 수 있는지를 즉시 조사해서 나에게 알려 주시오. 버트(Bert), 알라스카 산업 개발청(Alaska Industiral Development Authority)에서 6백만 달러를 만들 수 있는지 알아보시오. 그리고 1월 21일에 있을 내 연두교서는 존이 발표한 알라스카 비전과 백서를 중심으로 준비될 것입니다. 존은 내일 상공장관과 비서실장 그리고 법무장관과 함께 만나서 내가 의회에 제출할 법 초안을 만들기 바랍

니다."
라고 하면서 자신의 입장을 강력하게 밝혔다. 모두가 흔쾌히 박수치면서 주지사의 결정에 찬성했고 특히 나를 축하해 주었다. 주지사와 인사를 하고 관저를 나오는데 주지사는 다시 나에게 귀띔했다.

"죤, 염려하지 마시오, 내가 꼭 해 줄게요. 정말 감사합니다."

그 때부터 나는 주지사 측근 써클(Inner Circle)의 한 사람으로 인정과 대우를 받게 되었다. 감격스러운 시간이었다. 내가 가족과 함께 알라스카로 올 때 하나님께서 나를 여기까지 인도하실 줄을 꿈에라도 기대할 수 있었겠는가? 전적으로 하나님의 은혜였다.

그날 밤 박 교수와 같은 호텔에 머물며 밤이 깊도록 서로의 꿈을 나누었다. 박 교수도 이 모든 일을 목격하면서 감격해 했다.

"김 형, 알라스카의 요셉이 되어가고 있소!"

나는 박 교수의 도움이 필요했다. 그는 나를 돕겠다고 약속했다. 다음날 일찍 박 교수는 워싱턴 D.C.로 떠났다. 오전 중에 법무장관실에서 네 사람이 모여 2개의 법안을 작성했다. 일을 다 마치고 상공장관과 점심을 함께 한 후 나는 휘파람으로 찬송가 495장을 부르며 비행장으로 향했다. 하나님께서 부족한 나를 알라스카에 보내신 그 계획이 이루어지는 것을 직접 체험케 하시는 하나님께 감사와 영광을 돌렸다. 어떻게 하나님이 원하시는 방법으로 최선을 다하여 최대의 결과를 가져 올 수 있는지 계속 큐티를 하는 동안 하나님께서는 지혜로운 실천 방법을 날마다 공급해 주셨다. 하나님께서 주신 비전이 그분의 세밀한 간섭으로 성취될 때 오직 하나님만 영광을 받으실 것이다.

와이 미(Why me?)

주의회가 1월 11일부터 시작되었다. 1987년 1월 21일 저녁 주지사는 상하 합동회의에서 15개 항목을 중심으로 연두교서(State of the State Address)를 발표했다. 전 알라스카에 TV와 라디오로 생방송되었다. 그 중 내가 제안한 12개의 항목이 다 포함되어 있었다. 함께 TV를 보던 아내가,
"여보, 당신이 제출한 것들이 다 포함되어 있네!"
좋아하면서 축하해 주었다. 그리고 나를 꼭 껴안고 키스를 해 주었다. 아내가 더 흥분해 있었다. 지난 번 주지사와 약속한 것이 있었다.
"나의 제안들이 당신에게 제출되어 일단 채택되면 그 때부터는 그 안들이 당신 것이니까 초안자인 내 이름을 다른 사람들에게 알리지 않았으면 좋겠습니다. 나는 뒤에서 당신을 위해 최선을 다해서 돕겠으니 그렇게 약속을 해 주십시오."
하고 주지사에게 말했더니 좋다고 받아 주었다. 다음날 아침 TV 방송국과 신문사 기자들이 학교로 나를 찾아왔다. 내용인즉, 주지사가 연두교서를 발표한 후에 기자회견에서 나를 크게 칭찬했다고 하면서 연두교서에서 발표된 정책들이 준비된 과정을 나에게 묻는 것이었다. 나는 그것들이 다 주지사의 아이디어일 뿐만 아니라 그 과정은 공보비서에게 물어보는 것이 좋을 것이라고 말하고 그들을 돌려보냈다. 내 상전을 최선을 다하여 충심으로 섬기는 것이 나의 삶의 모토(motto) 중의 하나이다(에베소서 6:7).
주지사는 연두교서에서 발표한 대로 내가 요청한 주 띵크 탱크 설립과 6백만 달러 기금 그리고 매년 60만 달러의 예산을 세우는 법안을 주의회에 정식으로 제출했다. 물론 주지사는 주 전체 예산 뿐만

아니라 매년 수많은 법안을 의회에 제출해야 한다. 특히 1986년 가을부터 원유값의 대폭적인 하락으로 인하여 주의회는 1987년과 1988년의 예산을 증가하는 것보다는 삭감을 얼마나 하느냐에 더 큰 비중을 두어야 했기 때문에 주지사 법안에 대한 의회의 반응은 냉담했다. 특히 대부분의 공화당 의원들은 민주당 주지사 정책에 대하여 대체로 지지를 하지 않을 뿐만 아니라 예산을 전폭적으로 삭감한다는 입장을 취하고 있었기 때문에 나와 관련된 법안은 통과되기가 어렵다는 반응을 보였다. 시기적으로 아주 어려울 때였다. 원유값이 높을 때는 엄청난 예산을 세워 마음껏 쓰다가 이제 원유값이 폭락하니까 야단들이었다.

사실 알라스카의 많은 주민들이 살기가 어려워 주택 할부금(mortgage payment)도 못내서 은행에다 열쇠를 반납하고 떠나는 숫자가 매일매일 수없이 증가했고, 사업도 잘 되지 않고 직장도 얻지 못하여 많은 사람들이 대거 알라스카를 떠나 남쪽으로 가는 알라스카 대탈출(Alaska Exodus)이 발생하고 있었다. 많은 한인들도 앵커리지와 알라스카를 떠나고 있었다. 매년 원유 생산을 통하여 주에 들어오는 수익세 중 25%를 저축하여 그 기금(Permanent Fund)의 액수가 수십억 달러를 능가했지만, 이익금만으로는 예산의 부족을 충당할 수 없었기 때문에 사실 1987년 의회는 초비상에 걸려 있었다.

이러한 어려운 상황 속에서도 절대로 굽히지 아니하고 하나님께서 분명히 이루어 주실 것을 믿으면서 우선 주지사의 비서실장, 의회담당 보좌관, 상공장관과 같이 만나 전략을 세웠다. 그들은 그 법안이

와이 미(Why me?)

내 아이디어이니까 내가 세일즈맨(salesman)이 되어 큰 심장을 가지고 주의원들을 하나하나 설득해야 한다고 의견을 모았다. 우리는 현재 누가 찬성하고 누가 반대하며 누가 중립을 지키고 있는지 의원 한 사람 한 사람씩 분석하면서 설득할 대상들을 단계적으로 접촉하기로 했다. 특히 이 법안을 찬성하는 의원들을 동원하여 다른 의회 동료들을 설득시키는 전략도 세웠다. 먼저 잘 아는 양당의 중직 위원들을 개인적으로 만나 설득하기 시작했다. 각 분과위원회 위원장들과 핵심 멤버(key member)들도 개인적으로 만났다.

이 법안이 통과되기 위해서는 6개 분과위원회, 상하 합동분과 위원회, 특별위원회, 상하 재정분과 위원회 그리고 상하 의회를 통과해야 하는 엄청난 난관이 앞에 놓여 있었다. 포기하고 싶은 마음도 생겼다. 개인적으로는 이 일이 나에게 봉급을 올려주는 것도 아니었다. 사실은 총장이나 주지사 등 주의 리더들이 알라스카의 장래를 걱정해야 할 일이지 교수가 무엇 때문에 이렇게 불철주야로 헌신하면서 아쉬운 말을 할 필요가 있겠는가? 내 친구 교수들은 정해진 과목이나 가르치고 연구하면서 편안한 생활을 하고 있는데 나는 최우수 교수상까지 받고 종신토록 교수를 보장받은 정교수(full professor)로서 그 많은 논문들을 발표하면서 무엇이 부족해서 이런 일을 해야 하는지 생각하면 바보같기도 했다. 심지어 교수들 중에도 알라스카 주의 장래를 무엇 때문에 내가 걱정해야 하는지 이해가 되지 않는다고 하는 사람도 있었다. 그러나 이것은 분명히 하나님이 주신 비전이기 때문에 나는 계속해서 그 비전이 이루어질 때까지 최선을 다하기로 결심했다.

248

통과

나는 4월 말까지 주의회에 12번이나 부름을 받아 발표도 하고 질문에 대답하기도 했다. 점점 지지하는 의원들이 늘어갔다. 4월 초에 씻카(Sitka)에서 알라스카 주 전체 상공회의 연차회의가 열렸다. 알라스카 각 지역에서 상공인들과 실업인들이 대거 참석했다. 주지사는 이 회의에서 연설을 하면서 서두에 나에 관한 에피소드를 말했다고 한다. 나에게 과거를 간단히 소개하면서 주지사를 위한 나의 역할을 크게 칭찬하고 자기 행정부를 위한 나의 비중을 크게 부각시켜 각 지역의 경제인, 상공인들에게 공공연하게 나를 인식하도록 했다. 우리 대학교 총장도 그 회의에 참석하였는데 모두가 나의 위치를 크게 인정하게 되었다. 이 사건은 나의 비전을 수행하는데 큰 밑받침이 되었다.

5월 초에 주지사가 갑자기 나를 만나자고 했다. 급히 비행기를 타고 쥬노(Juneau)에 내려갔다. 주지사 집무실에서 비서실장과 의회 담당 보좌관도 같이 만났다. 내용인즉, 공화당측 리더들이 주지사가 제출한 나에게 관련된 법안을 통과하는 대신 자기들이 내놓은 1억 달러의 특별법안을 주지사가 지지해 줄 것을 흥정하자는 요청이 왔다는 것이었다. 나에게 관련된 두 법안을 주지사가 굉장히 좋아하고, 커밋트먼트(commitment) 한 것을 알기 때문에 그것을 미끼로 다른 큰 것을 얻으려는 전략이라고 주지사가 전해 주었다.

"죤(John), 내가 도저히 공화당 의원들이 내놓은 1억 달러의 특별법안을 지지할 수 없으니 당신에게 관련된 법안들이 통과되기가 어

와이 미(Why me?)

렵게 되었습니다."

어려운 표정을 하면서 솔직하게 상황을 설명해 주었다. 나는 주지사에게,

"당신이 내놓은 법안이 절대로 1억 달러 특별법안을 위한 인질(hostage)이 될 수는 없습니다. 당신의 입장을 충분히 이해합니다. 다만, 가능하다면 양당 상하원 리더들의 모임을 당신이 주선하여 내가 직접 그들에게 비전을 제시하며 도전할 수 있도록 해 주십시오. 그렇게 하면 가능할 수도 있지 않겠습니까? 마지막 전략으로 한번 그렇게 해 봅시다."

주지사는 내 요청을 실행해 보겠다고 했다. 그리고 공화당 지도자들에게 흥정은 하지 않겠다고 통보할 것을 비서실장에게 지시했다.

나는 나를 지지하는 몇 명의 의원들을 만나고 그날 밤 앵커리지로 돌아왔다. 10일 후면 예산과 법안 심의가 다 끝나는데 마음이 초조했다. 그러나 하나님께서 꼭 이루어 주실 것이라는 확신을 가지고 기도했다.

이러한 내용을 아는 내 친구 교수는 "죤(John), 네가 주의회에서 우리 대학교 예산 외에 6백만 불이 아니라 1만 불의 기금이라도 가져오면 내가 가장 비싸고 좋은 저녁식사를 대접하겠다."고 하면서 과거 역사를 보아서 절대로 불가능한 일이라고 장담했다. 나는 그 친구에게 대꾸했다.

"나는 꼭 될 것을 믿는다. 저녁식사 살 돈이나 많이 준비해라."

며칠 후 주지사의 비서로부터 주지사가 양당 합동 의회 전체 지도자 모임을 마련했으니 30분 동안 발표할 준비를 하고 내려 오라는

알라스카 요셉의 꿈

통보를 받았다. 나는 그날 오후 발표하기 직전에 하나님께 간절히 기도하고 의회 지도자들 앞에서 알라스카의 비전과 구체적인 전략과 계획과 프로그램들을 30분 동안 담대하게 연설했다. 많은 방청객들과 다른 의원들까지 입추의 여지없이 꽉 차 있었다. 내 연설이 끝나자 박수가 터져 나왔다. 하원 원내총무가 앞으로 나와서 나와 악수를 하면서 강력하게 호소했다.

"나의 동료 의원 여러분, 나는 지금까지 나의 의회생활에서 이렇게 도전적이고 가슴 벅찬 비전을 들어본 일이 없습니다. 나도 지금까지는 주지사가 내놓은 2개 법안을 반대하여 왔으나 오늘 김 교수의 비전을 듣고 마음을 바꾸었습니다. 우리가 이 일을 도와주지 않는다면 누가 돕겠습니까? 양당의 동료들이여! 이 법안들을 우리가 힘써서 통과시킵시다."

다시 박수가 터져 나왔다. 나는 코끝이 시큰해지고 눈물이 핑돌았다. 많은 의원들이 떠나지 않고 나와 악수를 나누면서 격려해 주었다. 나는 모임을 마치고 주지사 사무실로 올라왔다. 의회담당 보좌관과 함께 앉아서 40명의 하원과 20명의 상원 중 이 법안을 반대하는 의원들과 아직까지 마음을 결정하지 않은 의원들을 자세히 분석하였다. 19명이나 되었다. 나는 그날 오후 늦게 19명을 다 만나기로 결심하고 2시간 동안에 19명을 모두 만나 설득하는데 성공했다. 엘리베이터를 타면 기다리는 시간이 너무 길었기 때문에 나는 5층에서 지하층까지를 뛰어서 오르락 내리락 하면서 19명 모두를 각 의원들의 시간에 맞추어 2시간 동안에 최선을 다하여 한 사람도 빠짐없이 다 만났던 것이다. 같이 따라 다니던 의회담당 보좌관과 상공차관은,

와이 미(Why me?)

"2시간 동안에 19명의 의원을 만나 설득하는 일은 의회 역사상 없는 일일 것이다. 도저히 당신을 쫓아 다니기가 불가능하오. 당신은 지독한 친구요. 다 끝난 후 주지사 사무실에서 만납시다."
라고 하면서 숨을 허덕이며 그만 포기하고 말았다. 나는 기도했다.

"하나님, 저는 최선을 다 했습니다. 이제는 하나님께서 책임져 주십시오."

그날 밤 늦게 투표가 부쳐졌다. 수많은 법안과 예산을 통과시키는 과정이었기 때문에 어느 때 나에게 관련된 법안과 예산이 통과될 지 예상할 수 없는 형편이었다. 결국 하원에서 35대 0(40명 중 35명만 참석) 그리고 자정이 되어 상원에서 18대 0(20명중 18명 참석) 만장일치로 통과되었다. 그날 밤 하나님께 찬송과 영광과 감사를 드렸다.

투표하고 나오던 많은 의원들이 밖에서 기다리고 있던 나를 축하해 주었다. 한 의원은 나를 껴안으며 격려해 주었다.

"김 교수의 비전과 그 정열과 헌신에 누가 넘어가지 않겠습니까? 꼭 성공하십시오."

다음날 주지사와 몇몇 장관과 비서실장 그리고 특히 의회 담당 특별보좌관과 주의회 지도자들에게 감사를 표현한 다음, 나는 불가능을 가능하게 하시는 하나님께서 나와 함께 하심을 체험하면서 비행기를 타고 앵커리지에 돌아왔다. 앵커리지에 도착하자마자 나는 앵커리지 캠퍼스의 총장에게 그리고 알라스카 주립대학교 전체 총장에게 전화로 그 결과를 보고해 주었다.

다음날 앵커리지 신문에 내 사진과 함께 나에 관한 기사와 내 연설

내용이 발췌되어 톱 뉴스(top news)로 실렸다. 1만 불만 가져와도 저녁식사를 사겠다던 친구 교수는 아무리 저녁을 크게 대접한다 해도 어떻게 이 기분을 달랠 수 있겠느냐면서 무척이나 기뻐했다. 나중에 나와 내 아내를 초청하여 멋있는 저녁을 대접해 주었다.

1987년 6월 8일에 앵커리지(Anchorage)에서 주지사가 싸인하는 쎄리모니(ceremony)가 대학교 총장과 이사들 그리고 주장관들이 참석한 가운데 개최되었고 주지사는 그날 싸인하는데 썼던 펜을 나에게 선물로 주었다.

이 기사를 읽은 사립대학교 올스 총장은 깜짝 놀랐을 것임에 틀림 없었다. 그는 주지사에게 면담을 요청하여 주립대학교에서 세운 ACIB에 그 많은 재정을 지원해 준다면 자기 대학교도 지원해 달라고 요청했단다. 주지사는,

"ACIB는 주립대학교의 것이 아니고 주의 떵크 탱크를 주립대학 안에 세운 것이다. 그리고 앞으로 경제 개발과 통상에 관계되는 정책을 위해서는 김 교수가 나의 특별 고문이 되어 나를 보좌할 뿐만 아니라 그 시행은 김 교수 센터에서 담당하게 되었으니 무역(특히 수출)과 경제 개발과 리서치(reserach) 그리고 국제 교육에 관한 일체의 프로포살(proposal)은 김 교수와 상의하라."

고 전했다고 한다. 올스 총장이 나에게 만나자고 전화를 해왔다. 이제는 입장이 완전히 바뀌어졌다. 그가 내 사무실을 찾아와 나는 그를 처음으로 대면하고 만났다. 그는 주에서 약속한 기금과 예산을 나누어서 같이 쓰자고 제안했다.

"올스 총장님, 기금은 누구도 손 댈 수 없습니다. 그 이자만 써야

와이 미(Why me?)

하며 우리 센터로 책정된 예산은 법대로 써야 합니다. 그러나 경제 개발과 수출에 관한 좋은 아이디어가 있으면 제출해 주십시오. 우리가 최선을 다하겠습니다."

그는 만족할 만한 대답을 받지 못하고 언짢은 기분으로 내 사무실을 떠났다. 내가 1984년에 68만 달러를 주의회에 신청했었는데 올스 총장의 질투와 장난으로 의회에서 완전히 사장되었으나 소송의 길을 택하지 아니하고 또 신문을 통해서 명예를 회복하는 것도 포기하고 정말 너무나도 어려웠지만 하나님의 뜻대로 순종하였더니(시편 37:1~6) 이제는 자금을 10배나 더 주시고 내 이름을 높이시는 하나님의 엄청난 섭리와 능력을 크게 체험하게 하셨다. 전 주지사의 힘을 빌어 나를 비참하게 매장시키려 했으나 나는 그와 똑같은 방법을 취하지 아니하고 하나님께 기꺼이 순종했더니 하나님께서 넘치는 풍성함으로 이기게 하시며 복을 주셨다.

주의 법이 통과됨으로 말미암아 ACIB는 주의 띵크 탱크로 승격되었고 나는 그 센터의 총책임자(Executive Director)로 임명을 받아 학장이나 부총장을 거치지 아니하고 직접 총장에게 보고하게 되었으며 주지사의 특별 고문(Special Advisor)으로 임명을 받아 주지사에게 직접 보고할 수 있는 위치로 승진되었다. 그리고 외부 또는 타국에서 주지사를 방문하는 모든 지도자들을 위한 알라스카 브리핑도 거의 나에게 맡겨졌다.

알라스카 오셉의 꿈

악을 선으로

나의 제의로 1987년 7월 21일부터 23일까지 알라스카 주지사 주최로 국제금융 재정회의(International Finance and Banking Conference)를 개최하게 되었다. 앵커리지(Anchorage)에 국제 금융 재정 센터를 설립할 수 있는가 하는 실행성(feasibility)을 조사하기 위해서 미국과 세계적으로 유명한 23명의 학자들과 전문가들을 초청하여 알라스카 역사상 최초로 이와 같은 회의를 열게 되었다. 내가 제의를 했지만 나는 재정 금융 전문가가 아니기 때문에 나는 주지사에게 박윤식 교수를 추천했다. 주지사는 박 교수를 공동의장(co-chair)으로 임명하여 대회를 준비하고 모든 프로그램을 책임지도록 했다. 박 교수는 이 회의를 준비하면서 3일 동안의 프로그램을 위해

◆ 김 교수의 연구소를 방문한 Steve Cowper 주지사

와이 미(Why me?)

서 세계적으로 권위있는 전문가들을 추천하여 주지사가 직접 초청하도록 했다. 그리고 알라스카 지도자 150명을 초청하여 역사적이고 의미있는 회의를 갖게 되었다.

회의 마지막 날 저녁은 주지사 초청 만찬으로 하기로 했다. 주지사는 내가 만찬 연설을 하면 좋겠다고 했다. 박 교수와 회의를 준비하는 다른 인사들도 그렇게 하자고 찬성했다. 하나님께서 나에게 지혜를 주셨다. 나는 올스 총장을 내 대신 주지사 저녁 만찬 주제 강사(keynote speaker)로 세우자고 제의했다. 올스 총장과 나의 관계를 아는 그들은 나더러 미쳤느냐고 야단하면서 반대했다. 내 스태프(staff)들도 반대했다. 내 아내마저도 펄쩍 뛰면서 야단이었다.

"당신에게 그렇게 어려움을 주고 당신을 거짓말쟁이로 만든 올스 총장을 초청한다니 이해할 수 없어요. 주지사가 당신에게 부탁했으면 그대로 하지 왜 그 사람을 세워요?"

그도 그럴만한게 남편이 그 동안 억울하게 당한 것을 생각하면 정말 이해하기 힘든 일이었을 것이다.

"여보, 하나님께서 나에게 10배 이상을 주셨고 또 승리자로 만드셨지 않아? 그 분이 알라스카를 위해서는 나보다 훨씬 좋은 스피커(speaker)요."

사실 올스 총장은 유명한 연설가였다. 올스 총장에게 연설을 하게 하고 나는 사회(master of ceremonies)를 하겠다고 주지사에게 건의했더니 그렇게 하도록 승낙해 주었다. 미국 동북쪽 버몬트(Vermont)에서 가족과 함께 여름 휴가를 보내고 있는 올스 총장에게 전화를 했다. 주지사 만찬 주제 강사로 연설을 해달라고 했더니

알라스카 요셉의 꿈

쾌히 승낙하면서 7월 23일에 맞추어서 앵커리지로 돌아 오겠다고 했다. 회의는 기대 이상으로 좋은 발표들이 나왔을 뿐만 아니라 성공적으로 잘 진행되었다. 박 교수가 주지사와 함께 회의를 능숙하게 잘 진행했다.

드디어 7월 23일 만찬 시간이 왔다. 올스 총장도 도착했다. 캡틴 쿡(Captain Cook) 호텔 연회장에는 만찬에 초청받은 인사들로 꽉 찼다. 우리는 헤드테이블에 앉았다. 올스 총장과 박 교수가 나란히 앉게 되었다. 피아노와 바이올린 연주를 들으며 식사가 진행되었다.

디저트(dessert)를 먹는 시간에 나는 사회자로서 헤드테이블에 앉은 지도자들을 소개하고 참석한 인사들 가운데 중요한 사람들과 회의 준비에 수고한 사람들도 소개했다. 이어서 주지사가 회의 소감을

◆국제 재정금융대회에서 사회를 하는 김춘근 교수(1987년)

와이 미(Why me?)

말한 후 주제 강사를 소개했다. 올스 총장은 알라스카의 과거와 현재와 미래를 분석하면서 알라스카의 비전을 제시하는 연설을 유창하게 마쳤다. 박수가 크게 터져 나왔다.

나는 사회자로서 짤막하게 리마크(remarks)를 한 후에 만찬이 끝남을 선언했다. 다시 박수가 터져 나왔다. 만찬이 끝난 후 헤드테이블에 앉아있던 주지사와 인사들이 서로 격려하고 칭찬하면서 인사하는 중이었다. 올스 총장이 나에게 다가오더니 나를 꼭 껴안았다.

"죤(John), 그 동안 나 때문에 얼마나 고통을 당했습니까? 정말 죄송합니다. 나를 용서하십시오."

나는 눈물이 왈칵 쏟아졌다. 고맙다고 대답하면서 나도 그를 꼭 껴안아 주었다. 내가 그에게 모함을 당한 날부터 꼭 3년 반의 세월이

♦오른쪽에 앉아 있는 사람이 나를 그렇게 힘들게 했던 올스(Olds) 총장이다.

알라스카 요셉의 꿈

지났던 것이다. 하나님의 뜻대로 끝까지 참고 악을 악으로 갚지 아니하고 악을 선으로 갚았더니 하나님께서 신실하게 약속을 이루어 주신 것이다. 그날 밤 호텔에 돌아와 나는 아내와 박 교수와 함께 밤이 맞도록 이야기를 나누었다.

박 교수가 올스 총장과 헤드테이블에 앉아서 식사할 때 있었던 일을 전해 주었다. 식사할 때 박 교수가 올스 총장에게 존 김(John Kim) 교수를 잘 아느냐고 물었더니 자세히는 모른다고 하더란다. 박 교수가 나에 대해서 특히 나의 신앙 간증을 그에게 들려 주었더니 그가 몹시 충격을 받은 것 같더라고 했다. 그리고 박 교수는 올스 총장을 주제 강사로 세우는데도 모두가 반대했으나 김 교수가 강하게 추천하여 주지사가 초청한 것이라고 전했다고 한다.

사실 올스 총장은 UNESCO 미국대사, Kent State University 총장 등을 지낸 감리교 출신 목사로 많이 알려진 인물이며 감리교 재단에서 세운 Alaska Methodist University 총장으로 1977년에 부임하여 그 대학의 이름을 Alaska Pacific University로 바꾸고 2년 동안 문을 닫았던 대학교를 다시 발전시키는데 큰 공을 세운 사람이다. 그래도 옛날에 목사였기 때문에 박 교수의 나에 대한 간증에 성령님의 감동을 받아 3년 반 전에 나에게 억울한 누명을 씌운 죄를 깨달은 모양이었다. 자기의 잘못에도 불구하고 내가 주제 강사로 추천하여 오게 했으니 큰 충격을 받아 결국 나에게 진심으로 사과하는 데까지 이른 것이다. 3년 반의 누명은 정말 어려운 고통이었다. 그러나 하나님께서 멋지게 인도하셨다. 로마서 12장 20절과 21절이 생각났다.

와이 미(Why me?)

    1988년 올스 총장은 민주당 상원 후보자로 출마했으나 낙선되었다. 그 후 그는 대학교 총장직을 은퇴하고 알라스카를 떠나게 되었다. 그는 총장으로 재임하면서 알라스카 세계 무역 센터(World Trade Center Alaska: 본부는 뉴욕)를 준회원 자격으로 자기 사립 대학교의 후원을 받아 알라스카에 세웠었다. 이것도 당시 우리 대학교가 세운 ACIB에 대항하기 위한 전략이었다.

    그런데 그가 은퇴하고 알라스카를 떠나기 바로 전 나를 만나자고 하더니 알라스카 세계 무역 센터(World Trade Center Alaska)를 자기 대학교에서는 운영하기가 힘들다고 하면서 나에게 인계해 줄 테니 맡아 달라고 부탁하는 것이었다. 운영하는데 빚이 조금 있었다. 전체 총장과 우리 대학교 총장의 승인을 얻어야 하기 때문에 나는 최선을 다하여 인계 받도록 하겠다고 약속했다. ACIB가 알라스카 세계 무역 센터(World Trade Center Alaska)를 운영하면 알라스카 무역 증진에 큰 도움이 될 것이라고 총장들을 설득했더니 그들은 쾌히 승낙했다.

    "존(John), 당신이 잘 알아서 처리하십시오"

    나는 다시 올스 총장과 만나 알라스카 세계 무역 센터(World Trade Center Alaska)를 정식으로 인계받았다. 나는 알라스카 세계 무역 센터를 정회원으로 가입시켰으며 매년 열리는 세계 대회에 알라스카 대표로 여러 유지들을 인솔하고 참석하게 되었다.

    그는 은퇴 후 책을 쓰기 위해 워싱턴 D.C.(Washington D.C.)로 떠났다. 그 후 워싱턴 D.C.에서 알라스카를 방문하는 자기 친구들에게 늘 나를 소개하면서 알라스카에 가면 존 김(John Kim)을 꼭 만

나라고 권하여 그쪽에서 오는 많은 인사들이 앵커리지에 오면 나에게 전화를 하곤 했다. 나는 그들과 만나 좋은 사귐도 가졌으며 뿐만 아니라 많은 네트워크(network)를 이루게 되었다. 그들은 나에게 올스 박사가 나의 대단한 팬이라고 전해 주었다. 사실 올스 박사는 나의 응원단장(cheerleader)이 된 것이다. 하나님께서 나를 억울하게 만들었던 그를 3년 반 후에 나의 팬으로 바꾸어 응원단장으로까지 만들어 주셨다. 이 하나님의 엄청난 섭리와 능력과 은혜 앞에 나는 다만 감격하며 겸손하게 찬송과 영광을 하나님께 돌렸다.

나는 그 당시는 이해할 수 없었지만 이 사건을 경험하면서 하나님께서는 자녀들을 늘 형통하게만 인도하시는 것이 아니고 더 큰 사명이나 사역을 맡기려고 하실 때에는 반드시 자녀들을 시련 속에서 연단시키시고 높은 차원의 신앙인으로 키워 준비시키신다는 것을 깨닫게 되었다.

이 시련은 내가 잘못하여 초래한 고통과는 전혀 다르다. 내가 잘못하여 받는 고통은 그 잘못에 대한 대가일 뿐이다. 따라서 하나님의 자녀들이 주님 앞에서 바르게 살 때 시련과 어려운 고통을 만났다고 겁을 내거나 실망할 것이 아니고 '하나님, 무엇을 더 크게 주시려고 이 어려움을 주십니까?' 하고 기대하면서 믿음과 기쁨으로 인내하고 견디면서 하나님의 뜻대로 순종하고 그 시련을 극복하면 반드시 큰 것을 준비하셨다가 주시는 하나님이신 것을 그 뒤로 나는 계속해서 체험하여 오고 있다.

와이 미(Why me?)

모든 영광을 하나님께

1984년 올스 총장 사건과 1986년 우리 교회 사건을 통하여 하나님께서 나를 연단시키시고 훈련시키지 않으셨다면 1985년 1월에 금식기도하며 받았던 '더 위대한 미국 건설'(Making America Greater)의 엄청난 비전과 현재 하나님께서 역사하고 계시는 JAMA(Jesus Awakening Movement for America; 북미주 예수 대각성 운동)를 나같은 사람을 통하여 시작하실 수 없었을 것이다.

지금 돌이켜 생각해보면 하나님의 전적인 도우심과 은혜 가운데 그리고 성령 충만의 능력으로 하나님께서 부족한 나를 통하여 알라

◆구 소련에서 수산장관과 함께

알라스카 요셉의 꿈

스카 주립대학교와 지역사회와 알라스카 주에 큰 발전을 가져오게 하셨다.

1989년 나는 북태평양 어업회의(North Pacific Fisheries Conference)를 조직하여 미국, 캐나다, 러시아, 중국, 한국, 일본 등 북태평양 주변 국가들의 정부 지도자들과 어업회사 중역들과 과학자들을 동원하여 3년마다 회의를

◆Steve Cowper 주지사와 국제 수산회의 참석(1989년)

개최하던 중(그 동안 알라스카, 블라디보스톡, 북경, 동경에서 회의 개최) 상호간의 어업 협력을 통한 광범위한 북태평양의 발전을 이루었으며 각국의 리더들을 설득시켜 북태평양 어업 협력 사무처를 알라스카 주립대학교에 항존시키는데 주역을 담당하기도 했다.

와이 미(Why me?)

 북방포럼(Northern Forum)이 알라스카 쿠퍼 주지사의 지도력으로 조직되었는데 나는 그의 고문으로서 북극 36개 지역(스칸디나비아 국가들과 시베리아 지역, 러시아 극동 지역, 알라스카, 캐나다, 중국 동북쪽 지역, 일본 홋카이도, 아이스랜드, 그린랜드 등)의 환경 보호, 자원 개발, 경제 협력, 야생동물 보호, 어업 협력과 기술 과학 협력 등을 추진하는 데도 크게 기여할 수 있었으며 한국, 일본, 중국, 대만, 스칸디나비아, 캐나다, 동남아시아, 유럽, 러시아(특히 극동 지역) 등 여러 국가와 무역 관계, 경제 협력, 자원 개발, 문화 교육 교류와 협력 등에도 중요한 역할을 담당하게 되어 상호 경제 발전에 큰 공헌을 하게 되었다.

 나는 1987년 가을부터는 월간 알라스카 비즈니스(Alaska Business Monthly)의 요청을 받아 48개월 동안 내 사진과 함께 김춘근 칼럼(John Kim Column) 「기회를 잡으라」(Seize the Opportunity)에 2~3 페이지씩의 글을 실었는데, 나는 그 글을 통해서 세계 시장 진출을 위한 수출의 기회와 알라스카 지역 경제 발전을 위한 새로운 아이디어들을 발표했다. 계속해서 글을 써 주도록 요청했지만 내가 이 일을 위해 더 이상 틈을 낼 수가 없어서 안타깝게도 중지할 수밖에 없었다. 내 칼럼이 큰 인기를 얻어 월간 알라스카 비즈니스의 판매부수가 많이 늘었다고 한다.

 나는 좋은 아이디어만 떠오르면 지방 신문에 계속 발표했고, 이슈를 중심한 TV와 라디오 인터뷰를 수없이 가졌다. 알라스카의 많은 지역들을 자주 방문하면서 지방 유지들과 학교 책임자들을 만나 지역 발전과 국제화 교과 과정 등을 상의하며 협력하는데도 꾸준히 노

알라스카 요셉의 꿈

력을 기울였다.

알라스카 무역 증진과 경제 발전, 자원 개발과, 환경 보호의 균형을 맞추는 정책 계획과 시행 그리고 알라스카 교육의 교과 과정을 국제화하는 작업 등 수많은 일들을 담당할 수 있었던 것도 전적으로 하나님이 주시는 지혜와 능력 때문이었음을(에베소서 3:20-21) 고백한다.

그 동안에 알라스카 주의 수출이 3배(300%)나 증가되어 1990년 5월 알라스카 수출의 날 기념 주지사 만찬에서 주지사는 500여 명의 알라스카 지도자들 앞에서 김춘근 교수가 국제 통상을 통한 알라스카 경제 발전에 가장 큰 공을 세운 두 사람 중의 하나라고 공식적

◆홍콩에서 개최된 세계 무역협회 총회 동안 앵커리지가 베푼 리셉션 환영 인사를 하는 앵커리지 무역협회 회장 김춘근 교수(1991년)

와이 미(Why me?)

으로 발표하면서 나에게 주지사 표창장을 주었다. 나는 깜짝 놀랐다. 우레와 같은 박수가 터졌다. 나는 감격 중에 먼저 하나님께 감사하고 겸손히 나아가 주지사의 표창을 받았다.

그 동안 대학교에도 2천 3백만 달러의 기금과 기부금과 연구 자금을 들여왔다. 2천 5백만 달러의 경영 교육관 건축 예산이 주의회에서는 통과되었으나 쿠퍼 주지사가 완강하게 거절했을 때(알라스카 법에 의하면 주지사가 거절하면 아무리 주의회에서 통과되었어도 소용이 없다) 주지사를 강하게 설득하여 그 건물이 완공되도록 하는데도 큰 공헌을 했다.

나의 강의에 대한 학생들의 평가도 언제나 최고로 높았다. 위기 관리(Crisis Management)와 미국 에너지 정책(U. S. Energy Policy)에 관한 책들을 출판하여 대단히 좋은 평가를 받기도 했다. 또한 알라스카 장래 발전의 비전을 성취하기 위해서 우리 대학교의 큰 역할을 최선을 다해 추진했다.

1992년 9월에는 알라스카 주립대 전체 총장과 주립대 재단의 주최로 300여 명의 인사들이 리셉션에 초청되었다. 우리 앵커리지 열린문 교회 이동규 목사님과 장로님들 그리고 우리 어머님과 아내도 초청을 받았다. 그날 나는 알라스카 주립대학교가 1917년에 설립된 이래 전체 대학교에서 수여하는 최고 영예상(Edith R. Bullock's Prize for Excellence)을 받게 되었다. 총장은 나와 아내를 단상으로 올라오게 하더니 내 아내에게는 상금 1만 5천 불을 그리고 나에게는 알라스카 제이드(jade)로 만든 무겁고 큰 상패를 주었다. 총장은 그 자리에서 왜 내가 영예의 수상자로 선정되었는지를 설명하면서 나를

알라스카 요셉의 꿈

◆알라스카 주립대학 최고 영예상을 받던 날 주지사, 총장 등 주 리더들의 축하를 받는 장면(1992년)

크게 칭찬했다. 그 때 나는 수상자로서 다음과 같이 답사를 했다.

"하나님을 찬양합니다. 여러분은 내가 실력있고 능력이 있어서 모든 일을 성공적으로 이루었다고 판단해서 심사숙고한 결과 나에게 분에 넘치는 이 큰 영예상을 주신 줄 압니다. 그러나 이 모든 일을 가능하게 하신 분이 하나님이신 것을 분명히 말하고 싶습니다. 저에게는 이것이 전적으로 하나님의 은혜 때문입니다. 모든 보상(credit)을 하나님께로 돌립니다. 저는 조금도 보상을 주장할 수 없습니다. 이 모든 일을 이루신 하나님께 찬양과 영광을 돌립니다. 특별히 주지사께서 저에게 많은 기회를 부여해 주셨습니다. 주의원들과 각료들 그리고 우리 총장과 동료 교수들의 도움이 컸던 것을 인정할 뿐 아니라

와이 미(Why me?)

실력 있는 스탭(staff)들의 끊임없는 협력과 노력 그리고 끊임없이 뒷바라지 해주고 헌신하며 기도하는 아내와 어머니와 자녀들이 제 뒤에 있었다는 것을 고백합니다. 계속해서 최선을 다 하겠습니다. 정말 감사합니다. 하나님의 복을 받으십시오." (God bless you all)

큰 박수가 터졌다. 상패를 들고 사진도 많이 찍었다. 마땅히 하나님께 돌려야 할 영광을 공공연하게 그리고 담대하게 하나님께 돌릴 때마다 하나님께서 나의 이름을 높이시며 나에게 필요한 것들을 영적으로, 지적으로, 정신적으로, 육체적으로 풍성하게 넘치도록 채워 주시는 것을 계속해서 체험해 오고 있다.

하나님께서 나와 우리 가정을 통하여 교회와 주립대학교와 지역사회와 알라스카 주가 복을 받게 하심으로 하나님께서 우리를 알라스카로 보내신 꿈이 이루어지는 것을 체험하며 목격하게 되었다. 결국 '알라스카 요셉'의 별명을 듣게 되었다.

내가 병으로 죽게 되어 소망을 잃고 하나님을 원망하며 "Why me?" (왜 하필이면 나입니까?) 하고 소리쳐 울부짖었던 죄 많은 나를 살려주시고 오늘날까지 인도하신 하나님께 나는 또다시 조용히 감격하며 "Why me?" (왜 하필이면 나입니까?)라고 내 영혼과 심장으로 속삭이곤 한다.

"하나님, 내가 무슨 자격이 있기에 나 같이 부족한 사람에게 하나님의 이 엄청난 은혜와 사랑과 능력과 지혜를 이렇게 넘치도록 충만하게 부어 주십니까?"

나는 나의 삶을 통하여 하나님께 영광을 돌리고, 우리 주 예수 그리스도의 존귀하신 이름을 크게 높이며, 미국을 영적으로 각성시켜서 이 땅의 젊은이들과 자원을 동원하여 땅끝까지 복음을 전하는 일에 내 마음과 뜻과 성품과 정성과 물질과 시간을 다 바쳐서 끝까지 최선을 다하며 전진할 것이다. 아멘.

와이미(Why?)

초판 01쇄 발행　1999. 07. 15.
　　　23쇄 발행　2019. 06. 10.
2판 02쇄 발행　2019. 10. 31.

지은이　　김춘근
펴낸이　　방주석
펴낸곳　　베드로서원
주　소　　10252 경기도 고양시 일산동구 고봉로 776-92
전　화　　031-976-8970
팩　스　　031-976-8971
이메일　　peterhouse@daum.net
창립일　　1988년 6월 3일
등　록　　(제59호) 2010년 1월 18일

ISBN　978-89-7419-075-0　03810
책값은 뒤표지에 있습니다.

베드로서원은 말씀과 성령 안에서 기도로 시작하며
영혼이 풍요로워지는 책을 만드는 데 힘쓰고 있으며,
문서선교 사역의 현장에서 세계화의 비전을 넓혀가겠습니다.

나의 힘이신 여호와여 내가 주를 사랑하나이다(시 18:1)